U0620329

落其实者思其树，饮其流者怀其源。
谨以此书感谢香港意得集团有限公司对满文古籍文献事业发展的
重视以及对满文档案整理研究工作的大力支持。

"十四五"国家重点出版物出版规划项目

黑龙江省档案馆　黑龙江大学满学研究院◎编

第二册

清代黑龙江户口档案选编

鄂伦春索伦达呼尔贡貂牲丁册

黑龙江大学出版社

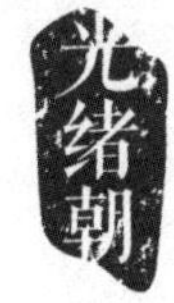

图书在版编目（CIP）数据

清代黑龙江户口档案选编．鄂伦春索伦达呼尔贡貂牲
丁册．光绪朝 / 黑龙江省档案馆，黑龙江大学满学研究
院编．-- 哈尔滨：黑龙江大学出版社，2023.12
ISBN 978-7-5686-1075-9

Ⅰ．①清… Ⅱ．①黑… ②黑… Ⅲ．①户籍－历史档
案－档案整理－黑龙江省－清代 Ⅳ．① K293.5

中国国家版本馆 CIP 数据核字（2023）第 254625 号

清代黑龙江户口档案选编·鄂伦春索伦达呼尔贡貂牲丁册（光绪朝）
QINGDAI HEILONGJIANG HUKOU DANG'AN XUANBIAN·ELUNCHUN SUOLUN DAHU'ER GONGDIAO SHENGDINGCE（GUANGXU CHAO）
黑龙江省档案馆　黑龙江大学满学研究院　编

策　　划　戚增媚　陈连生
责任编辑　魏　玲
出版发行　黑龙江大学出版社
地　　址　哈尔滨市南岗区学府三道街 36 号
印　　刷　哈尔滨市石桥印务有限公司
开　　本　880 毫米 ×1230 毫米　1/16
印　　张　200
字　　数　2562 千
版　　次　2023 年 12 月第 1 版
印　　次　2023 年 12 月第 1 次印刷
书　　号　ISBN 978-7-5686-1075-9
定　　价　1280.00 元（全十册）

本书如有印装错误请与本社联系更换，联系电话：0451-86608666。

目录

IV

VI

X

清代黑龙江户口档案选编·鄂伦春索伦达呼尔贡貂牲丁册 光绪朝

ᠪᠣᠳᠣᠨᠣ
ᠠᠶᠠᠨ
ᠭᠠᠮᠵᠢᠨ
ᠪᠣᠷᠣᠬᠢ
ᠪᠣᠶᠠᠨ

ᠪᠠᠶᠠᠨ᠂

ᠪᠠᠶᠠᠨ᠂

ᠪᠠᠶᠠᠨ᠂

ᠪᠠᠶᠠᠨ᠂

ᠪᠠᠶᠠᠨ᠂

ᠪᠠᠶᠠᠨ᠂

ᠪᠠᠶᠠᠨ᠂

清代黑龙江户口档案选编·鄂伦春索伦达呼尔贡貂牲丁册 光绪朝

ᠮᠠᠨᠵᡠ

清代黑龙江户口档案选编·鄂伦春索伦达呼尔贡貂牲丁册 光绪朝

管理布特哈索伦达呼尔等处地方副都统衔总管诺穆德勒赫尔等为呈报索伦达呼尔贡貂牲丁旗佐职名册致黑龙江将军（光绪十一年六月十九日）

二五七

管理布特哈索伦达呼尔等处地方副都统衔总管诺穆德勒赫尔等为呈报索伦达呼尔贡貂牲丁旗佐职名册致黑龙江将军（光绪十一年六月十九日）

清代黑龙江户口档案选编·鄂伦春索伦达呼尔贡貂牲丁册 光绪朝

清代黑龙江户口档案选编·鄂伦春索伦达呼尔贡貂牲丁册 光绪朝

ᠮᠠᠨᠵᡠ ᠪᡳᡨᡥᡝ

管理布特哈索伦达呼尔等处地方副都统衔总管诺穆德勒赫尔等为呈报索伦达呼尔贡貂牲丁旗佐职名册致黑龙江将军（光绪十一年六月十九日）

ᠮᠠᠨ ᠠᠮᠠᠨ᠂
ᠮᠠᠨ ᠠᠮᠠᠨ᠂
ᠪᠣᠣ ᠠᠮᠠᠨ᠂
ᠪᠣᠣ ᠠᠮᠠᠨ᠂
ᠪᠣᠣ ᠠᠮᠠᠨ᠂
ᠪᠣᠣ ᠠᠮᠠᠨ᠂
ᠪᠣᠣ ᠠᠮᠠᠨ᠂
ᠪᠣᠣ ᠠᠮᠠᠨ᠂
ᠮᠠᠨ ᠠᠮᠠᠨ᠂

ᠪᠣᠳᠣᠯᠵᠠᠮᠪᠢ᠂

ᠪᠣᠳᠣᠵᠠᠮᠪᠢ ᠂

ᠬᠠᠮᠢᠶᠠᠯᠠᠮᠪᠢ ᠂

ᠪᠠᠢᠭᠠᠯᠢ ᠂

ᠭᠡᠮᠡᠨ᠎ᠠ ᠂

ᠪᠠᠢᠭᠠᠯᠢ ᠪᠠᠢᠭᠠᠯᠢ ᠂

ᠪᠠᠢᠭᠠᠯᠢ ᠪᠠᠢᠭᠠᠯᠢ ᠪᠠᠢᠭᠠᠯᠢ ᠂

ᠪᠠᠢᠭᠠᠯᠢ ᠪᠠᠢᠭᠠᠯᠢ

ᡝᠮᡠ

管理布特哈索伦达呼尔等处地方副都统衔总管诺穆德勒赫尔等为呈报索伦达呼尔贡貂牲丁旗佐职名册致黑龙江将军（光绪十一年六月十九日）

三三三

管理布特哈索伦达呼尔等处地方副都统衔总管诺穆德勒赫尔等为呈报索伦达呼尔贡貂牲丁旗佐职名册
致黑龙江将军（光绪十一年六月十九日）

管理布特哈索伦达呼尔等处地方副都统衔总管诺穆德勒赫尔等为呈报索伦达呼尔贡貂牲丁旗佐职名册致黑龙江将军（光绪十一年六月十九日）

ᠰᠠᡳᠨ

ᠰᠠᡳᠨ

ᠰᠠᡳᠨ

ᠰᠠᡳᠨ

ᠰᠠᡳᠨ

ᠰᠠᡳᠨ

ᠰᠠᡳᠨ

ᠰᠠᡳᠨ

ᠰᠠᡳᠨ

ᠰᠠᡳᠨ

ᠮᡝᠨᡳ
ᠪᠠᡳᡨᠠ
ᠠᠯᠪᠠᠨ
ᠠᠯᠪᠠᠨ
ᠠᠯᠪᠠᠨ
ᠠᠯᠪᠠᠨ
ᠠᠯᠪᠠᠨ

清代黑龙江户口档案选编·鄂伦春索伦达呼尔贡貂牲丁册 光绪朝

管理布特哈索伦达呼尔等处地方副都统衔总管诺穆德勒赫尔等为呈报索伦达呼尔贡貂牲丁旗佐职名册致黑龙江将军（光绪十一年六月十九日）

三七一

ᠮᠠ ᠮᠠ ᠮᠠ ᠮᠠ ᠮᠠ ᠮᠠ ᠮᠠ ᠮᠠ ᠮᠠ ᠮᠠ

管理布特哈索伦达呼尔等处地方副都统衔总管诺穆德勒赫尔等为呈报索伦达呼尔贡貂牲丁旗佐职名册致黑龙江将军（光绪十一年六月十九日）

三八三

ᠪᠣᠳᠣᠯᠣᠭᠰᠠᠨ

管理布特哈索伦达呼尔等处地方副都统衔总管诺穆德勒赫尔等为呈报索伦达呼尔贡貂牲丁旗佐职名册致黑龙江将军（光绪十一年六月十九日）

清代黑龙江户口档案选编·鄂伦春索伦达呼尔贡貂牲丁册 光绪朝

ᠮᠠᠨᠵᡠ

ᠮᡝᠨ ᠮᡝᠨ ᠮᡝᠨ ᠮᡝᠨ ᠮᡝᠨ ᠮᡝᠨ ᠮᡝᠨ ᠮᡝᠨ ᠮᡝᠨ ᠮᡝᠨ

管理布特哈索伦达呼尔等处地方副都统衔总管诺穆德勒赫尔等为呈报索伦达呼尔贡貂牲丁旗佐职名册致黑龙江将军（光绪十一年六月十九日）

管理布特哈索伦达呼尔等处地方副都统衔总管诺穆德勒赫尔等为呈报索伦达呼尔贡貂牲丁旗佐职名册致黑龙江将军（光绪十一年六月十九日）

ᠮᠠᠨᠵᡠ

管理布特哈索伦达呼尔等处地方副都统衔总管诺穆德勒赫尔等为呈报索伦达呼尔贡貂牲丁旗佐职名册致黑龙江将军（光绪十一年六月十九日）

管理布特哈索伦达呼尔等处地方副都统衔总管诺穆德勒赫尔等为呈报索伦达呼尔贡貂牲丁旗佐职名册致黑龙江将军（光绪十一年六月十九日）

ᠪᠣ

ᠪᠣᠯᠠ
ᠪᠠᠨᠵᡳᠨ
ᠮᠠᠨᠵᡳ
ᠨᡳᠶᠠᠯᠮᠠ
ᠠᡳᠰᡳᠨ
ᠪᠠᠨᠵᡳᠨ
ᠮᠠᠩᡤᠠ

ᠮᠠᠨᠵᡳ
ᠨᡳᠶᠠᠯᠮᠠ

管理布特哈索伦达呼尔等处地方副都统衔总管诺穆德勒赫尔等为呈报索伦达呼尔贡貂牲丁旗佐职名册致黑龙江将军（光绪十一年六月十九日）

清代黑龙江户口档案选编·鄂伦春索伦达呼尔贡貂牲丁册 光绪朝

ᢀ

ᠵᠠᠢ
ᠪᠠᠳᠣ

ᠵᠠᠢ
ᠰᡠᠷᠠ

ᠵᠠᠢ
ᠰᠠᠮᠠ

ᠵᠠᠢ
ᠪᠠᡵᠠᠨ

ᠵᠠᠢ
ᠨᠠᠮᠣ

ᠵᠠᠢ
ᠪᠠᡵᠠ

ᠵᠠᠢ
ᠪᠠᡧᠠ

ᠵᠠᠢ
ᠪᠠᠨᠠ

管理布特哈索伦达呼尔等处地方副都统衔总管诺穆德勒赫尔等为呈报索伦达呼尔贡貂牲丁旗佐职名册致黑龙江将军（光绪十一年六月十九日）

四四一

管理布特哈索伦达〔呼尔等处地方副都统衔总管诺穆德勒赫尔等为呈报索伦达〔呼尔贡貂牲丁旗佐职名册致黑龙江将军（光绪十一年六月十九日）

管理布特哈索伦达呼尔等处地方副都统衔总管诺穆德勒赫尔等为呈报索伦达呼尔贡貂牲丁旗佐职名册致黑龙江将军（光绪十一年六月十九日）

清代黑龙江户口档案选编·鄂伦春索伦达呼尔贡貂牲丁册 光绪朝

管理布特哈索伦达呼尔等处地方副都统衔总管诺穆德勒赫尔等为呈报索伦达呼尔贡貂牲丁旗佐职名册致黑龙江将军（光绪十一年六月十九日）

管理布特哈索伦达呼尔等处地方副都统衔总管诺穆德勒赫尔等为呈报索伦达呼尔贡貂牲丁旗佐职名册致黑龙江将军（光绪十一年六月十九日）

ᠪᠠ ᠶᠠ᠊ᠨ

ᠰᠠ᠊ᠠᠠ᠊ᠠᠠ᠊ᠰᠨ᠊

ᠰᠨ᠊ᠶᠨ᠊ᠰᠨ᠊ᠰᠨ

ᠰᠨ᠊ᠰᠨ᠊ᠰᠨ

ᠰᠨ᠊ᠰᠨ᠊ᠰᠨ

ᠰᠨ᠊ᠰᠨ

ᠰᠨ᠊ᠰᠨ

ᠰᠨ᠊ᠰᠨ

[Manchu/Mongolian script text, 9 vertical columns]

[Manchu script text]

[Manchu script document, 9 columns of vertical text]

ᠮᠠᠨᠵᡠ

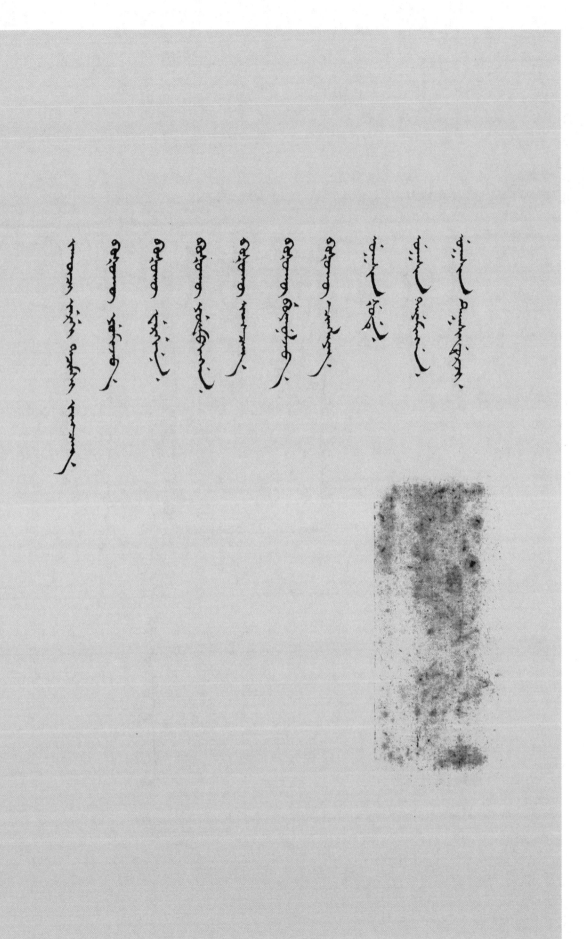

ᠪᡠᡨᡥᠠ᠂
ᠰᠣᠯᠣᠨ᠂
ᡩᠠᡥᡠᡵ᠂
ᡳ᠂
ᠪᠠ᠂
ᠪᠠᡳᡨᠠᠯᠠᡵᠠ᠂

ᠠᠮᠪᠠᠨ᠂
ᠵᠠᠰᠠᡴ᠂
ᠪᠠ᠂

ᠪᠣᠣᠰᠠᠯᠠᠮᠪᡳ᠂

ᠵᡳᠩᠰᡝ ᠰᠠᠪᠠᠯᠠᠮᠪᡳ᠃

ᡝᠯᠪᠠᠮᠪᡳ᠂

ᠯᠠᠮᠪᡳ᠂

ᠨᠠᠮᠪᡳ᠂

ᡝᠯᡝᠮᠪᡳ᠂

ᠪᠣᠣᠮᠪᡳ᠃

ᡝᠯᡝ᠃

管理布特哈索伦达呼尔等处地方副都统衔总管诺穆德勒赫尔等为呈报索伦达呼尔贡貂牲丁旗佐职名册
致黑龙江将军（光绪十一年六月十九日）

ᠪᠠᠶᠠᠨ ᠰᠠᠶᠢᠨ
ᠮᠠᡳ᠌ᠯᠠᠨ

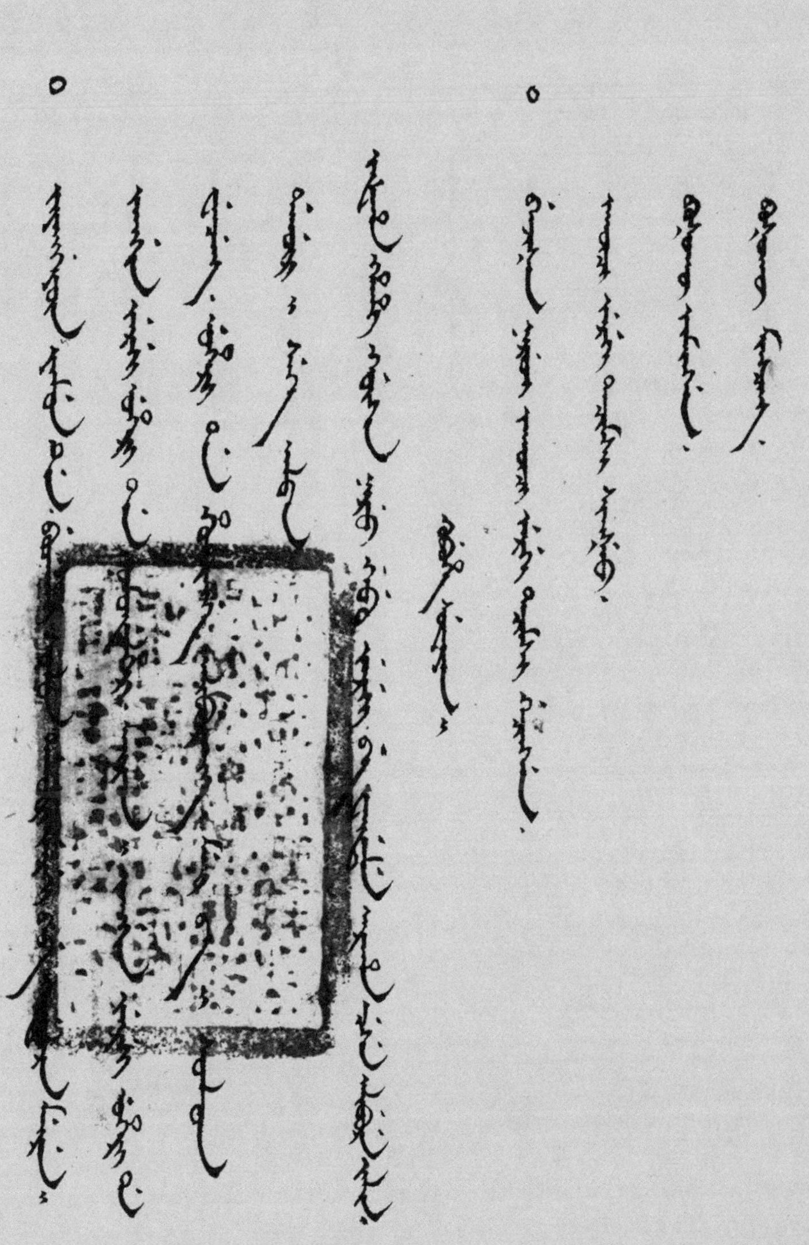

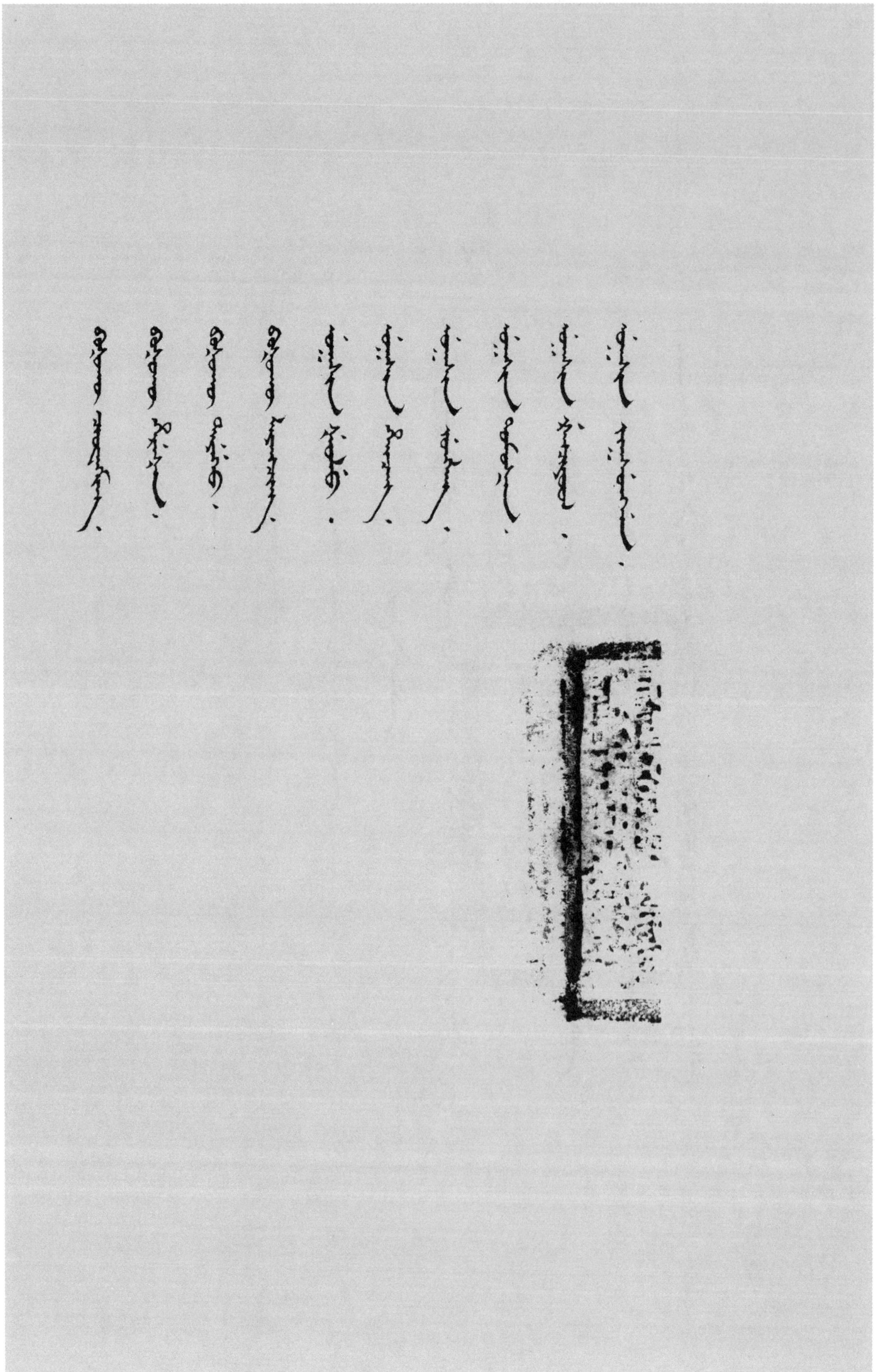

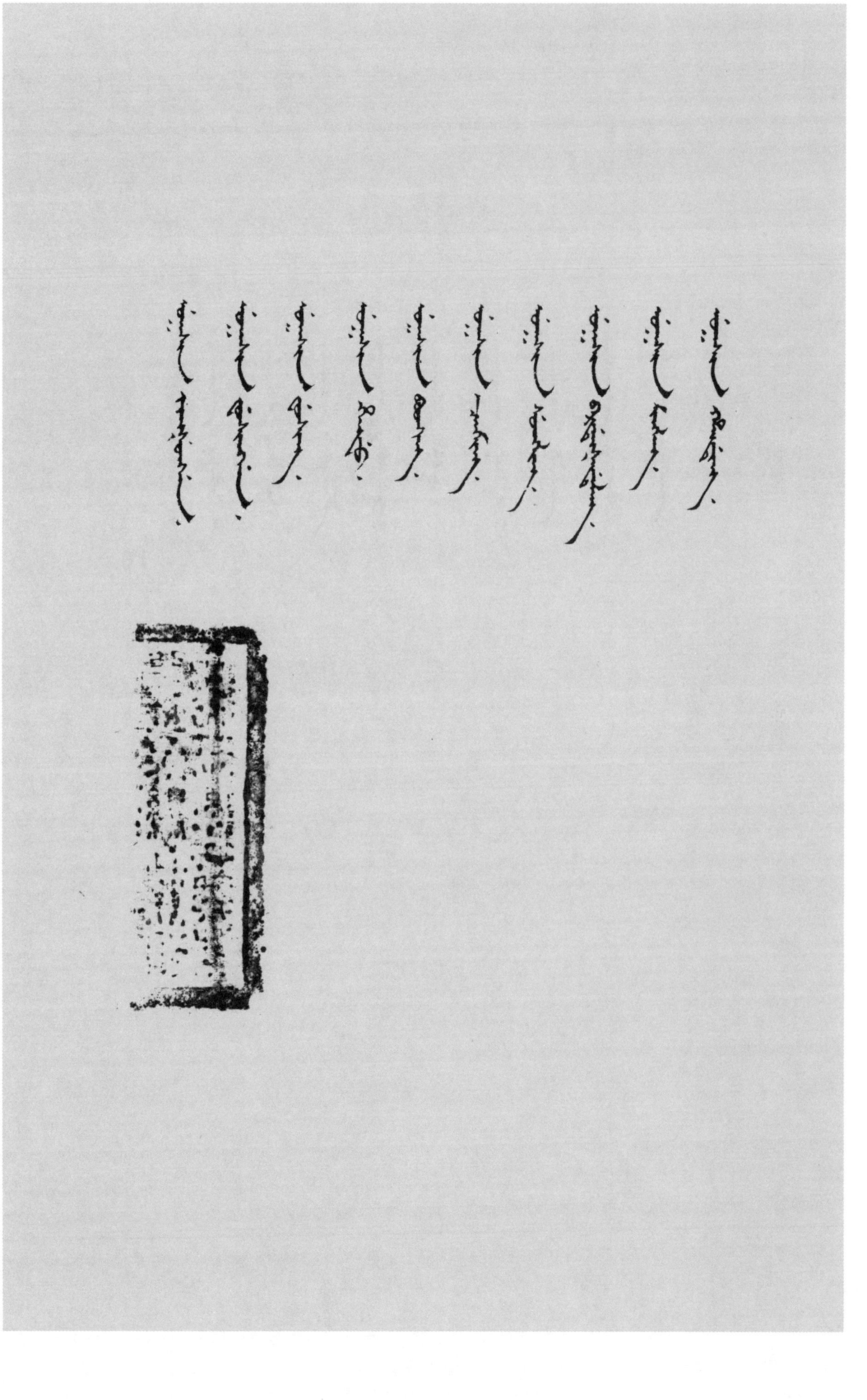

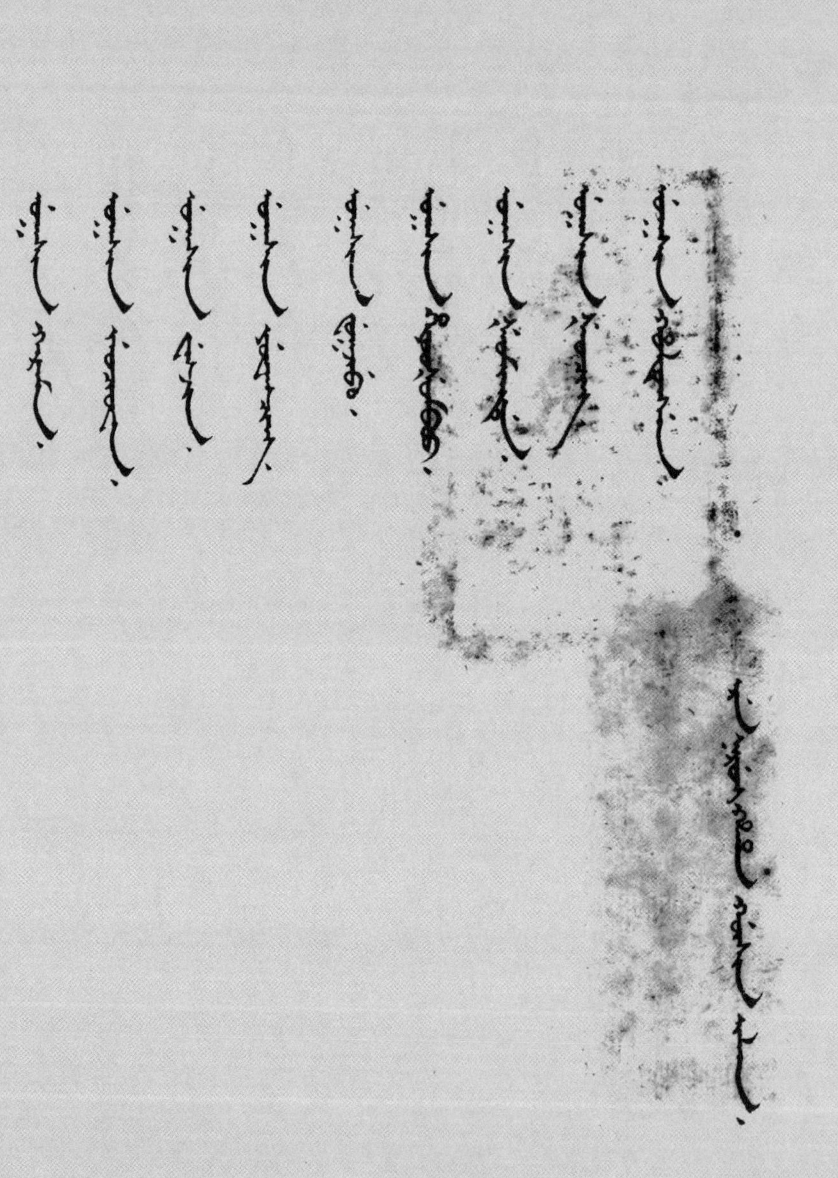

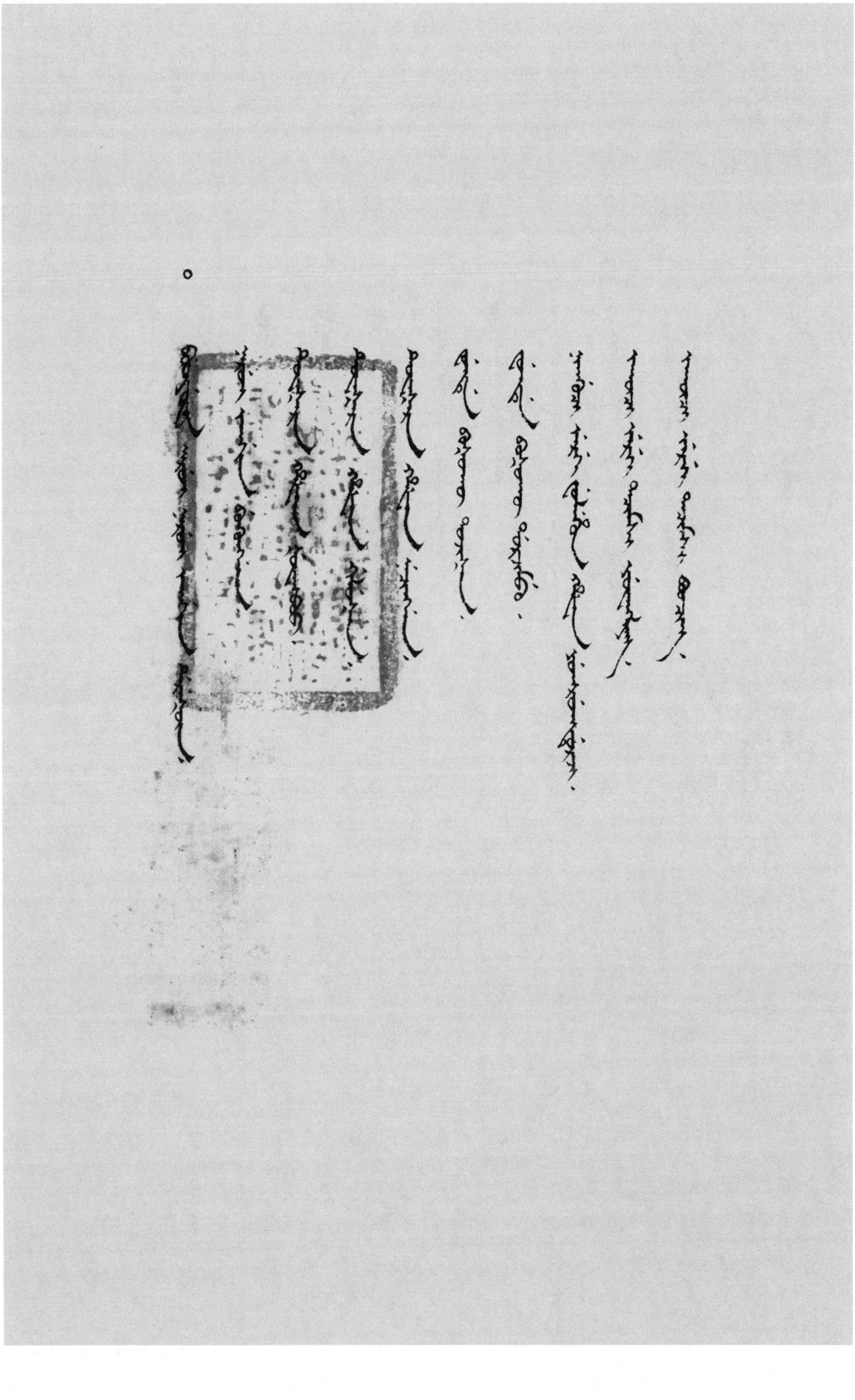

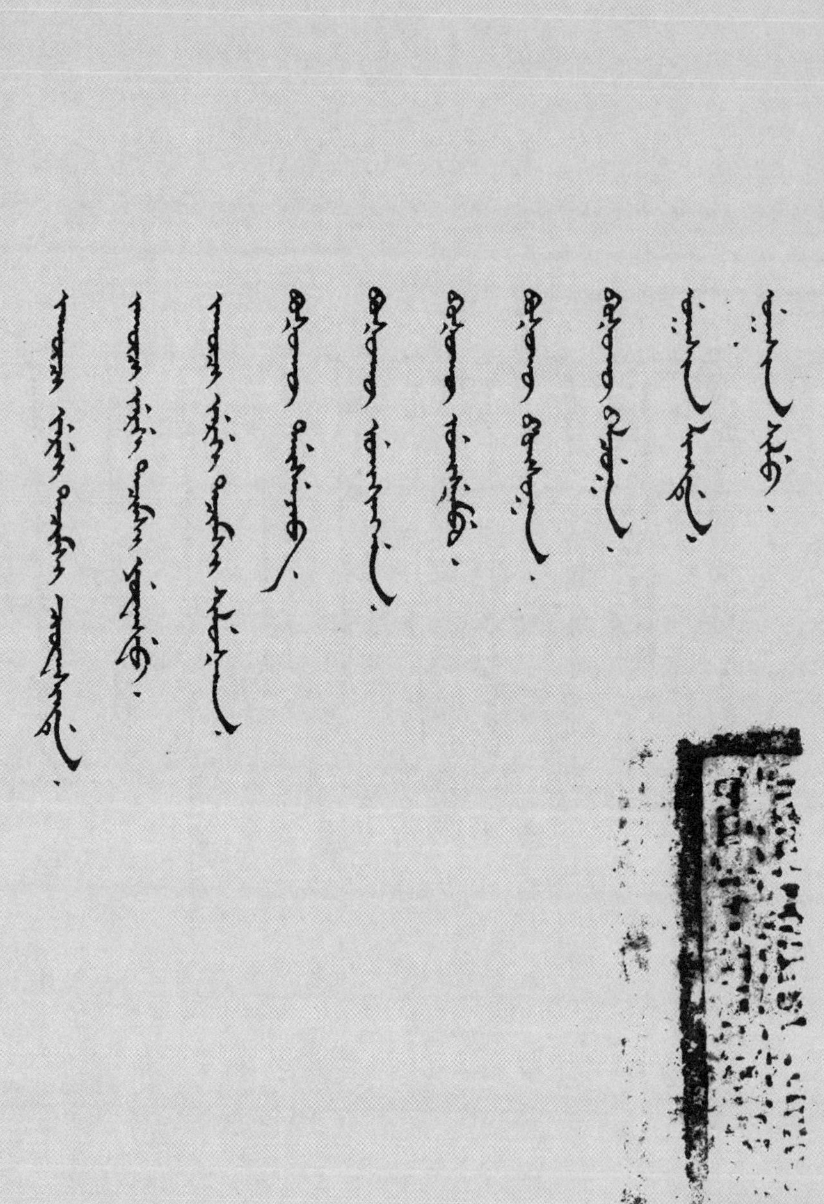

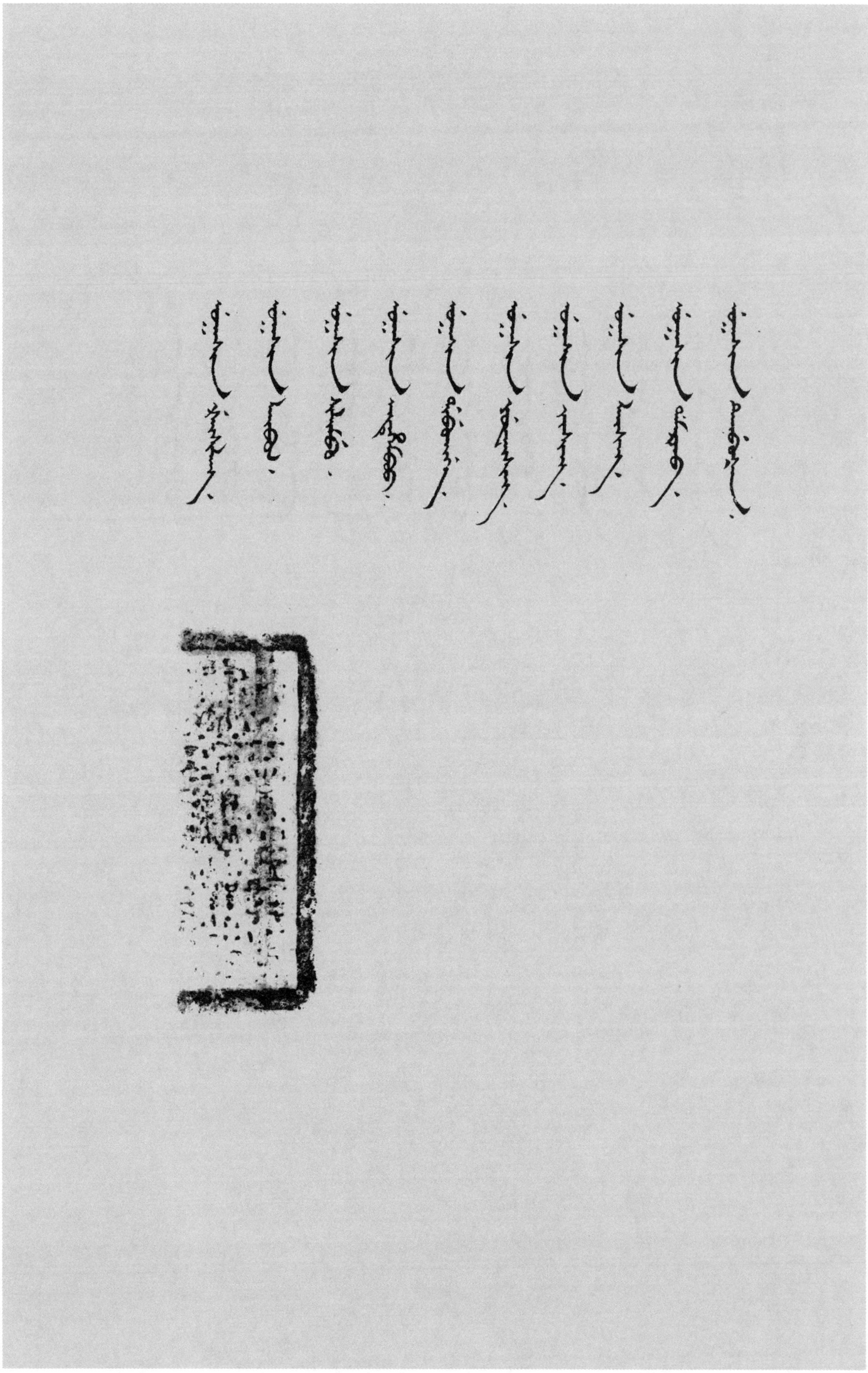

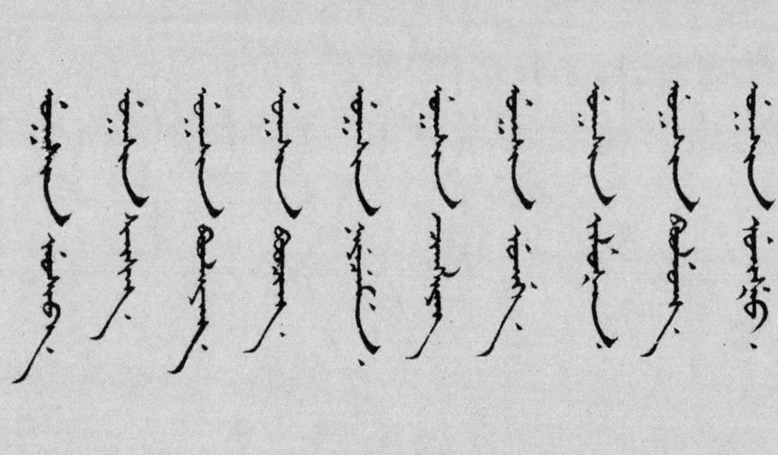

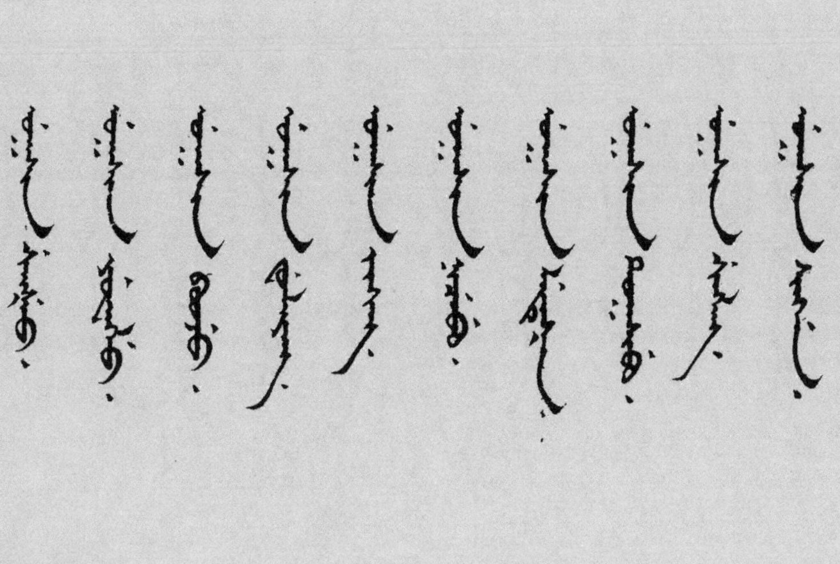

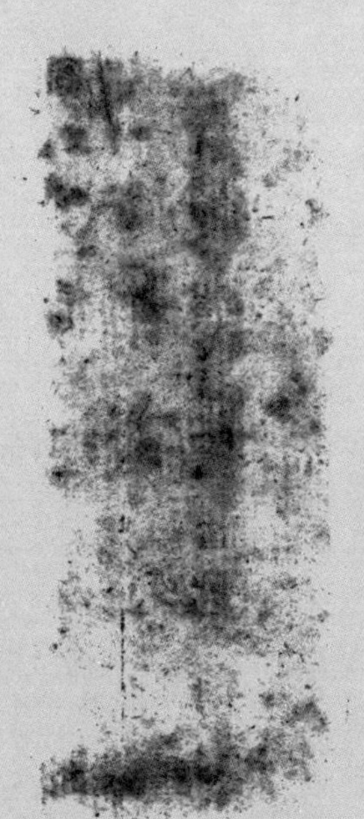

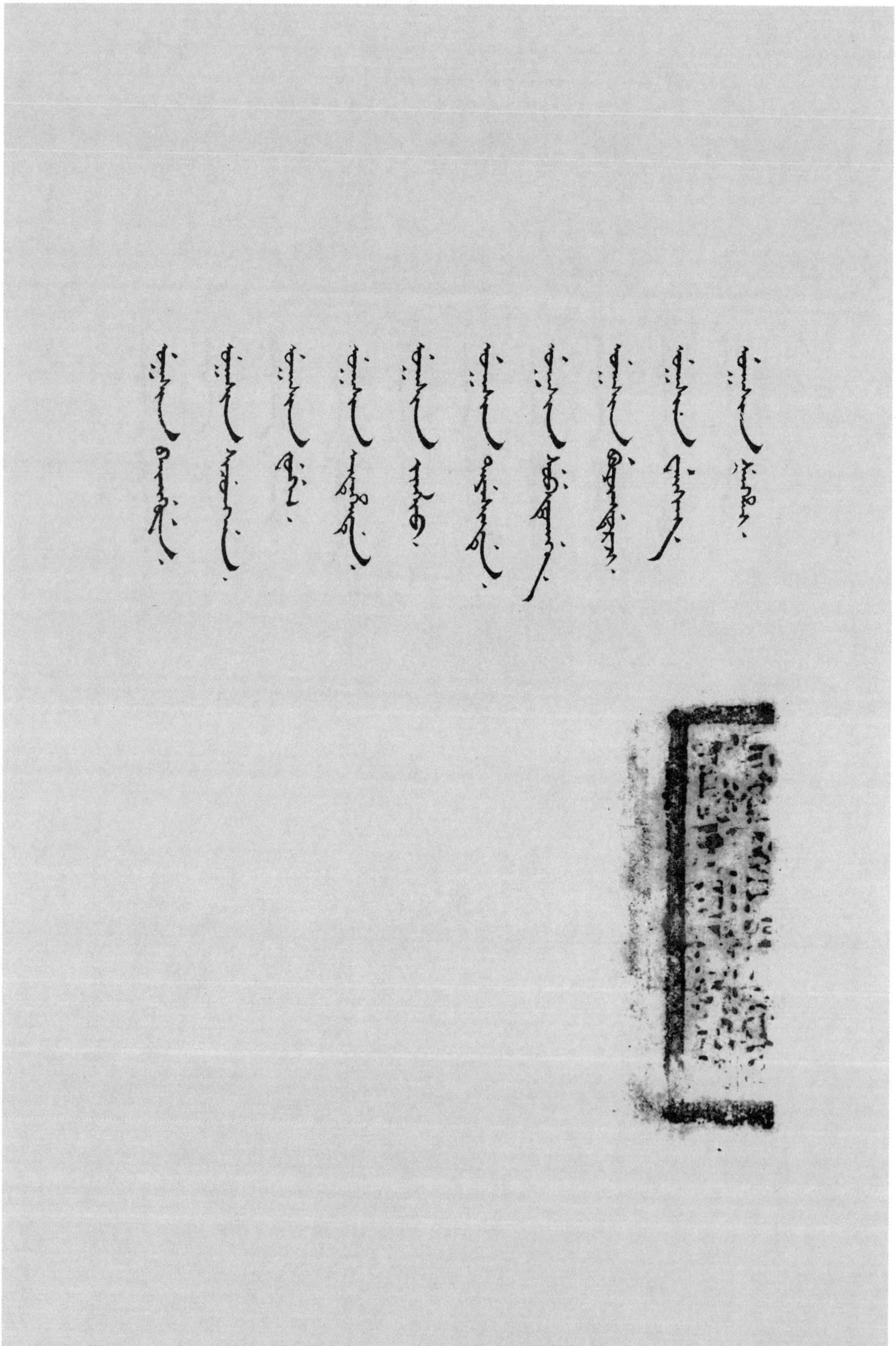

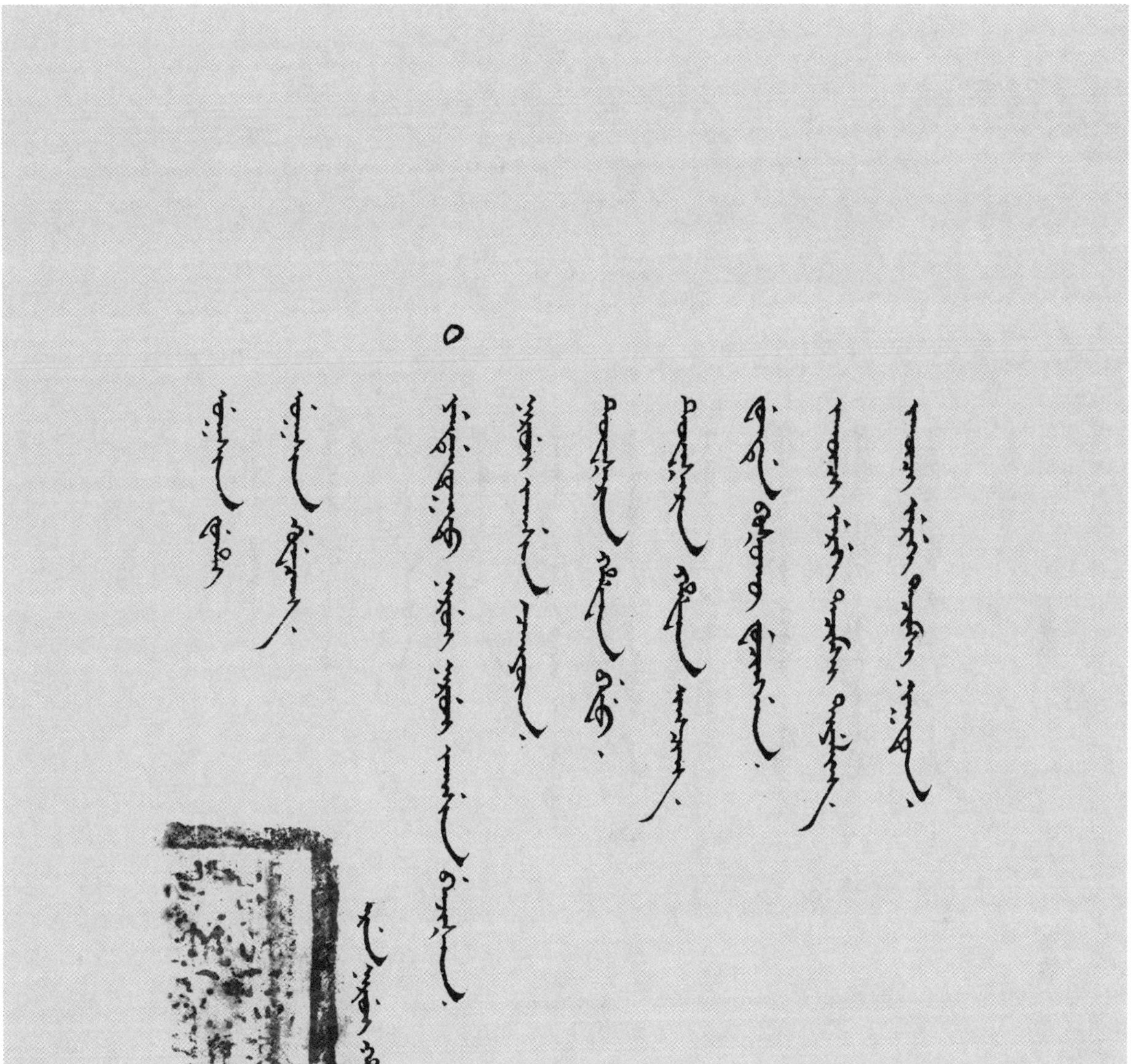

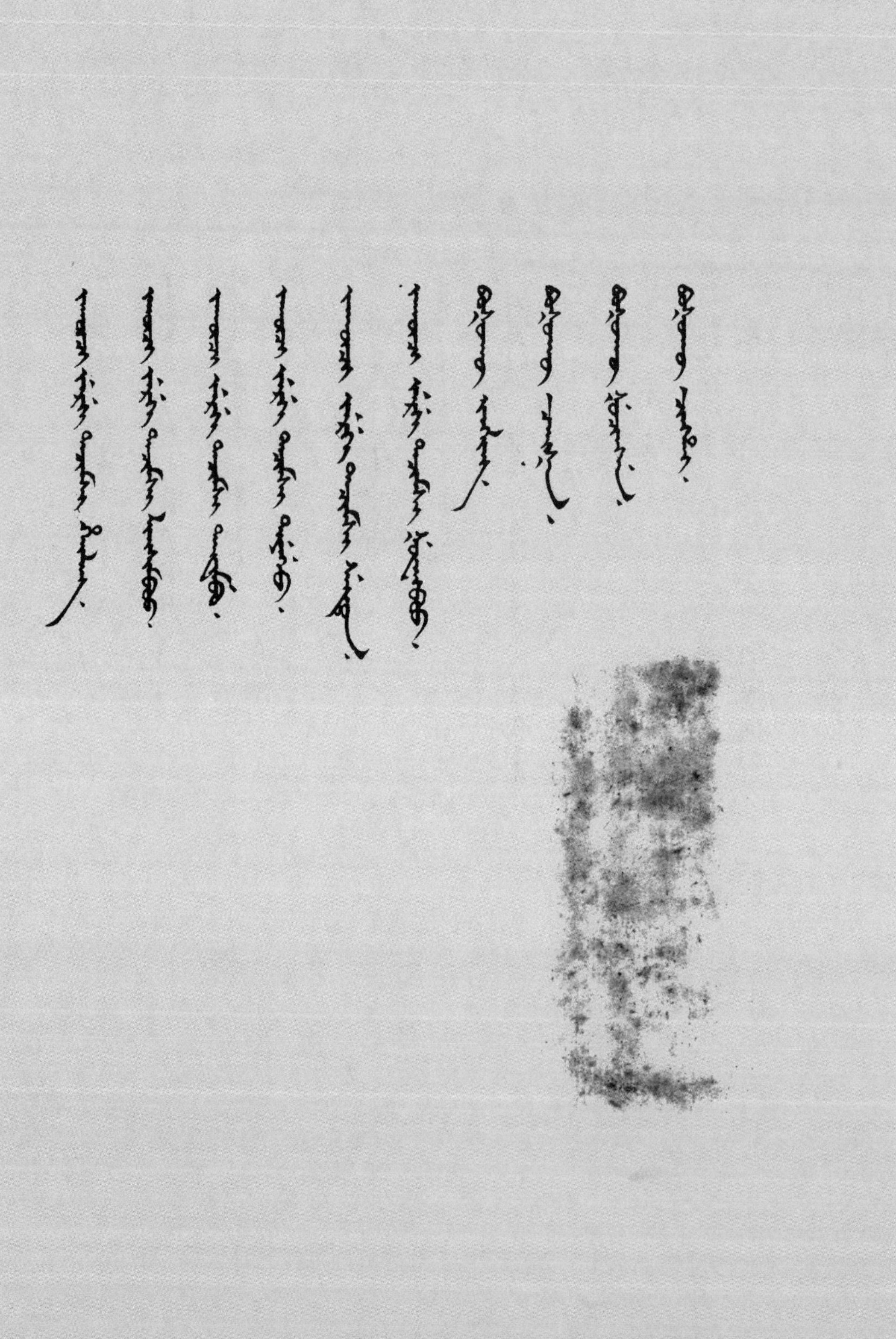

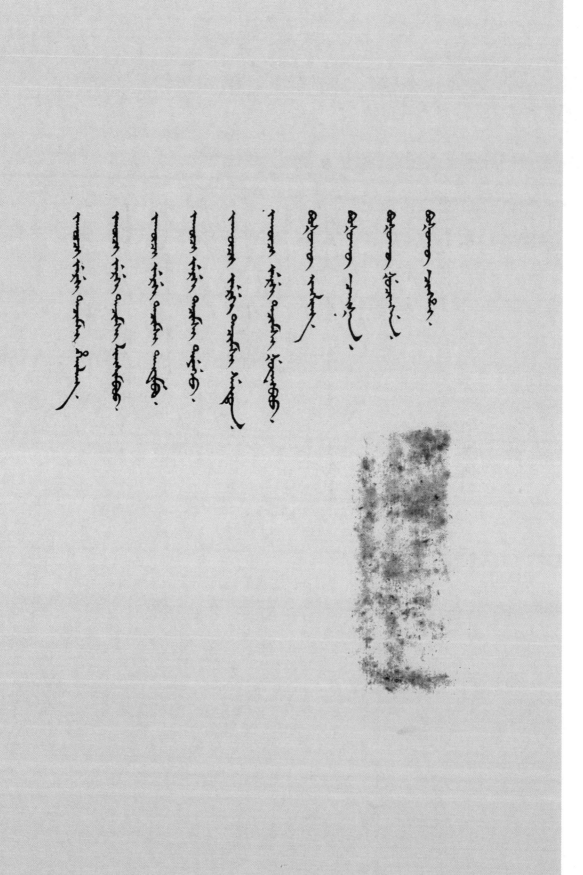

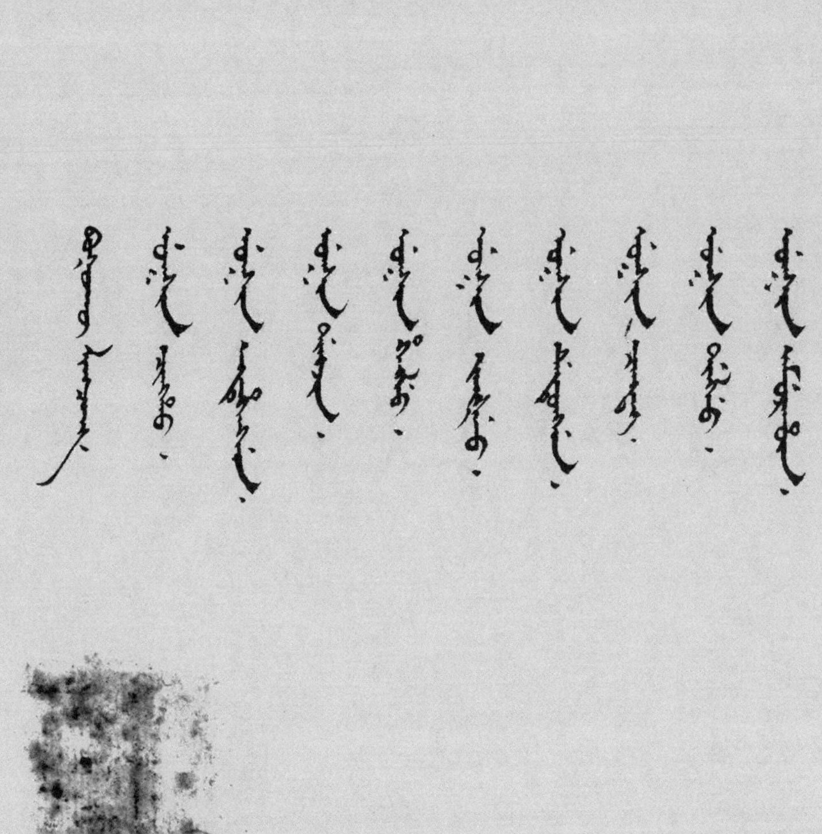

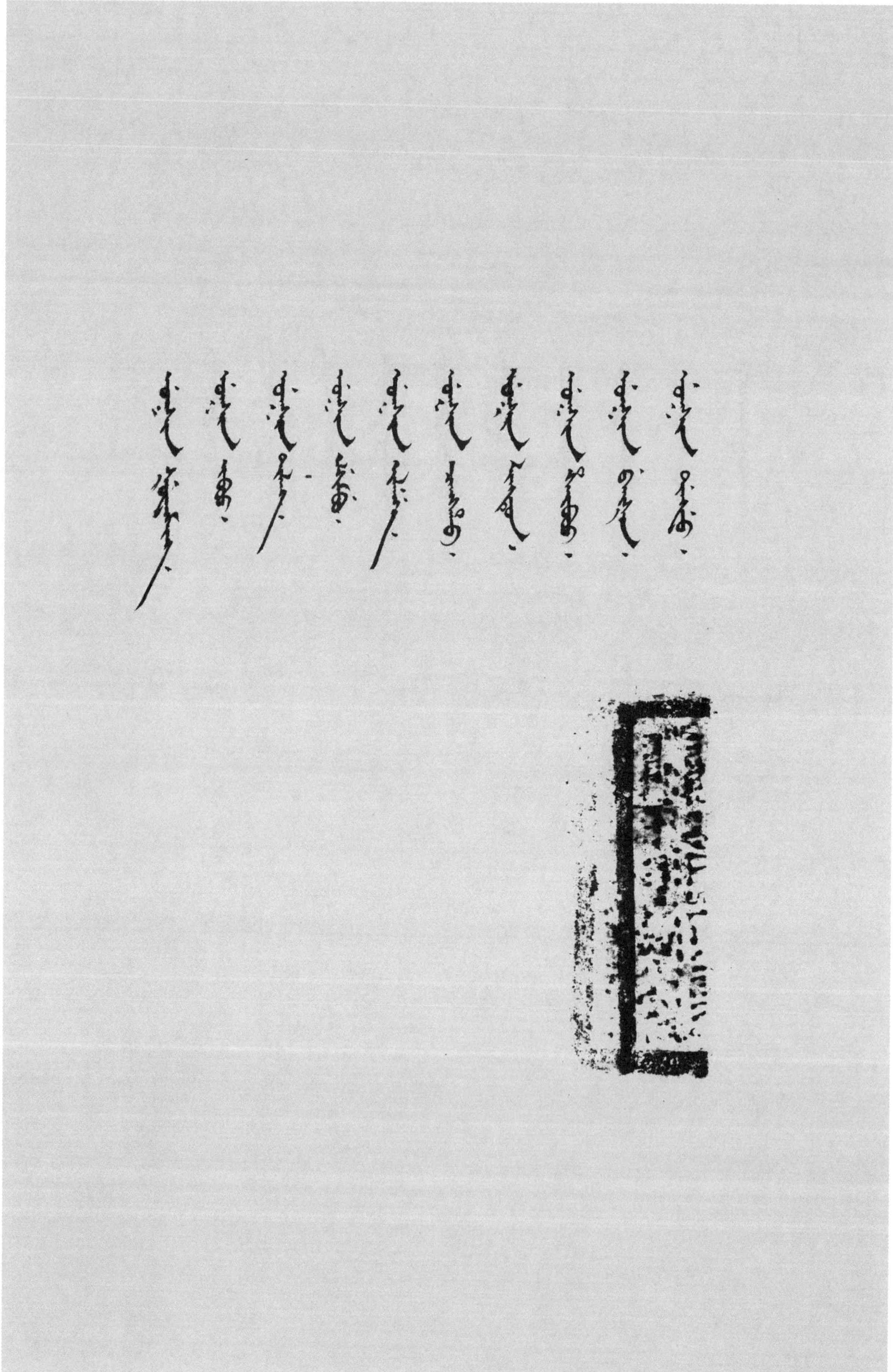

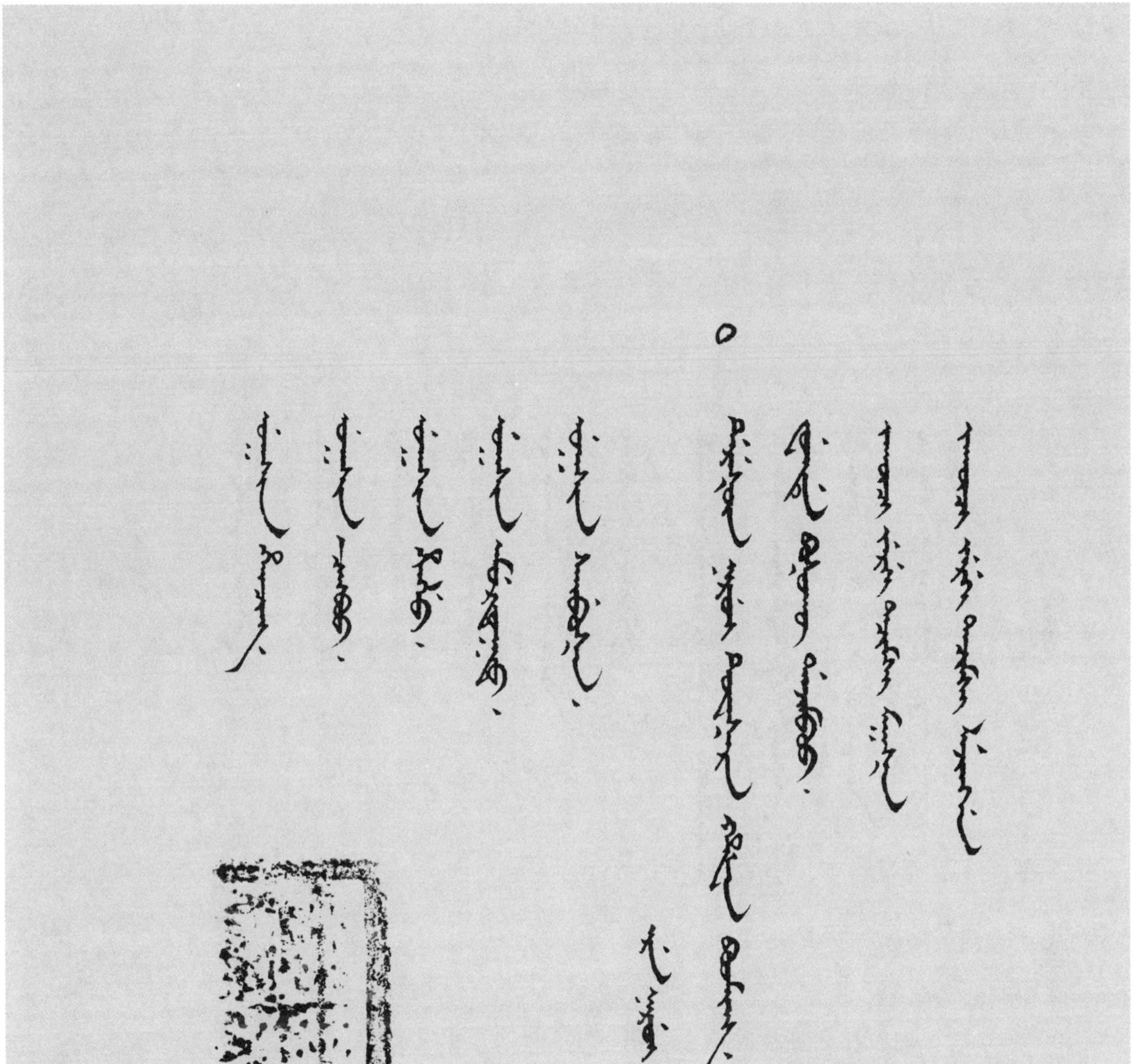

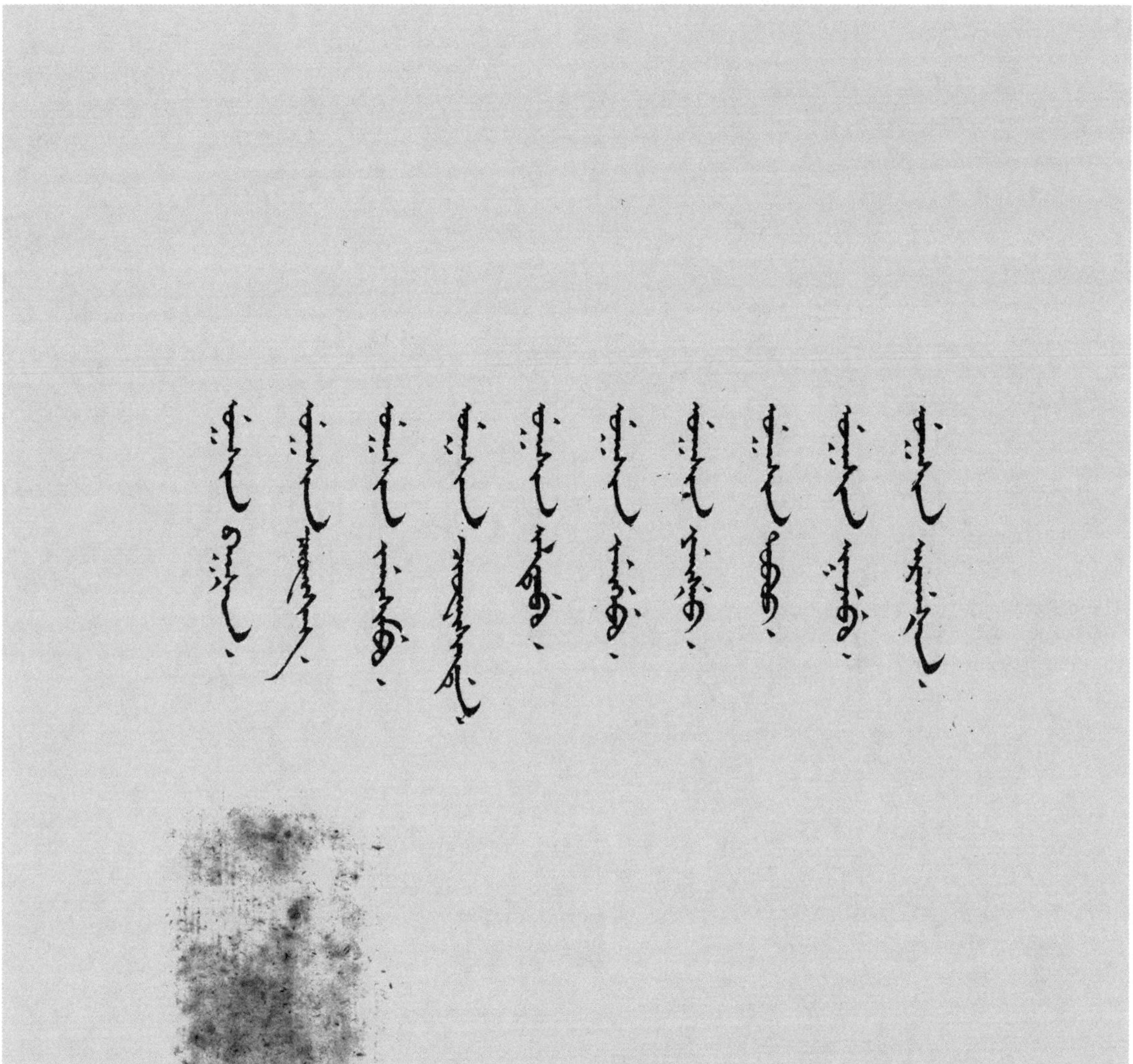

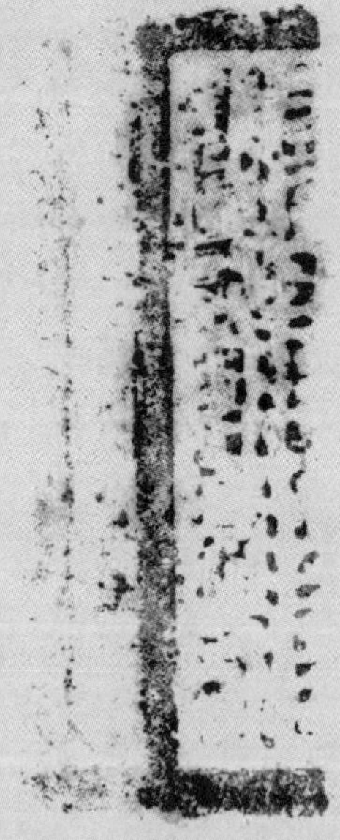

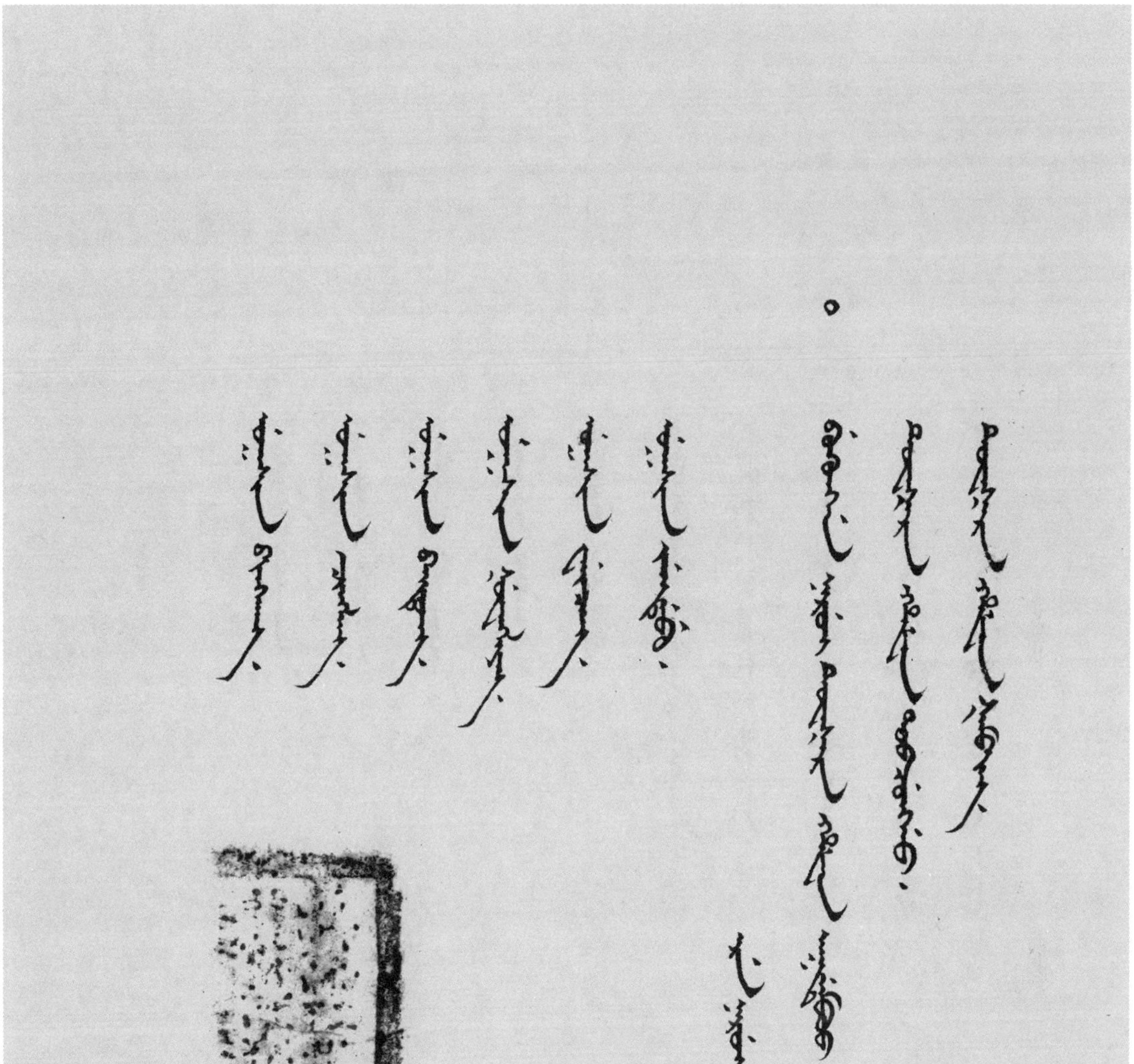

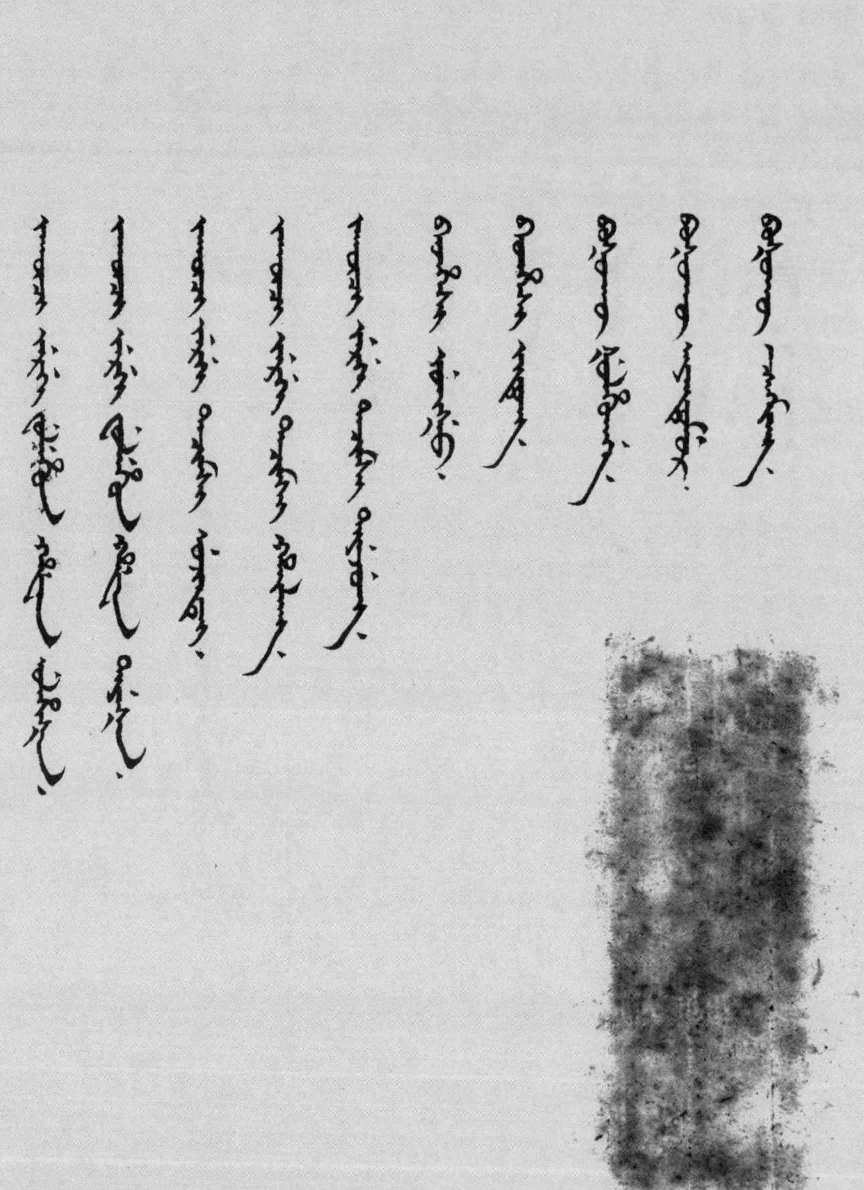

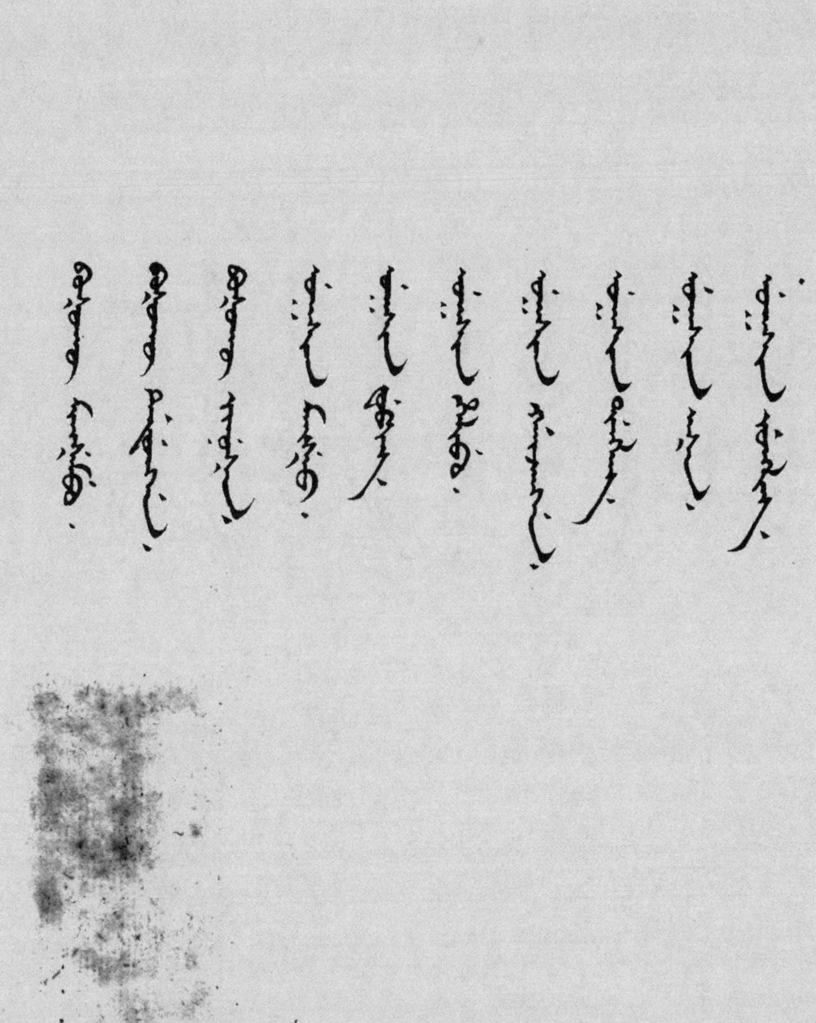

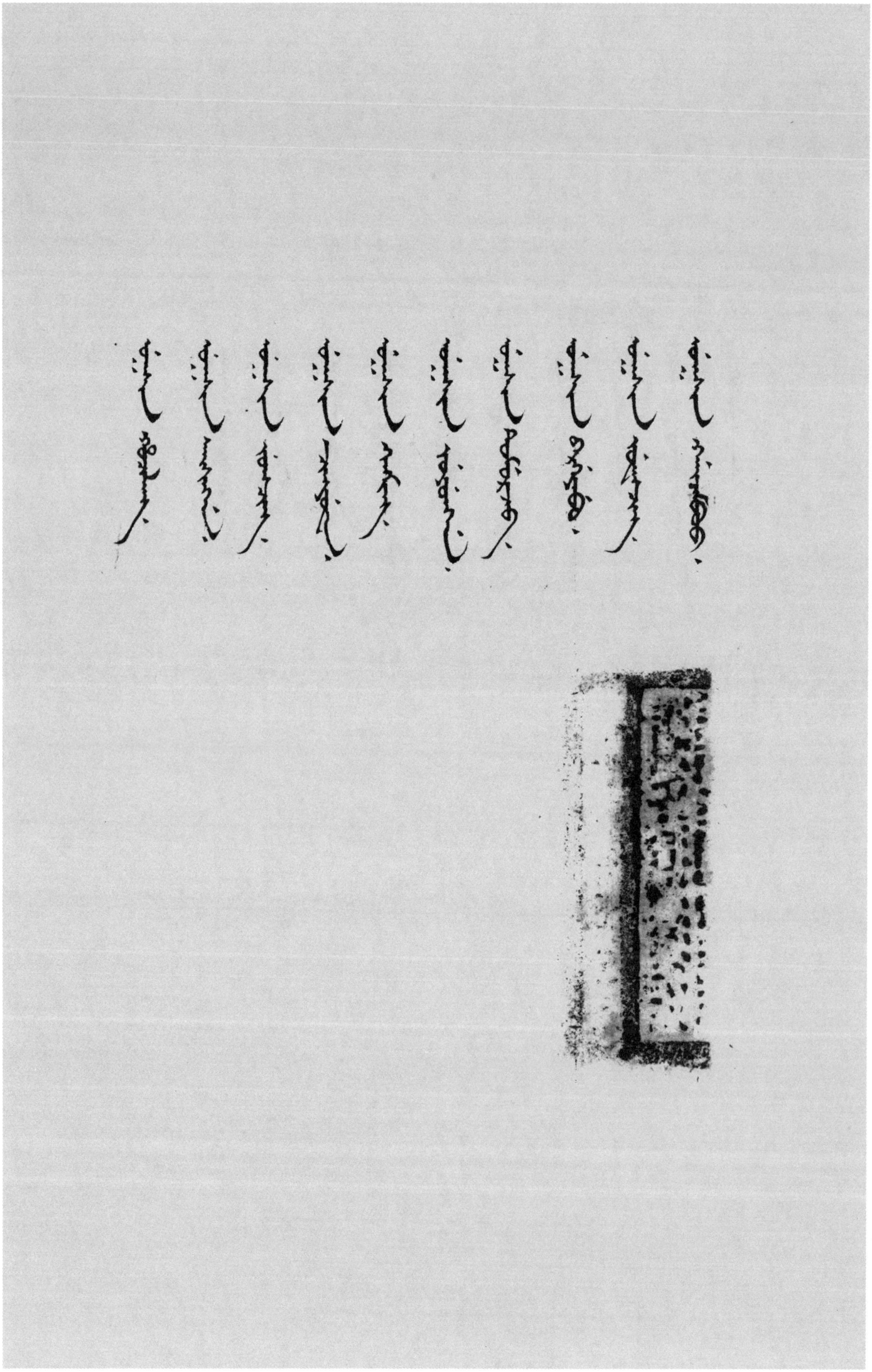

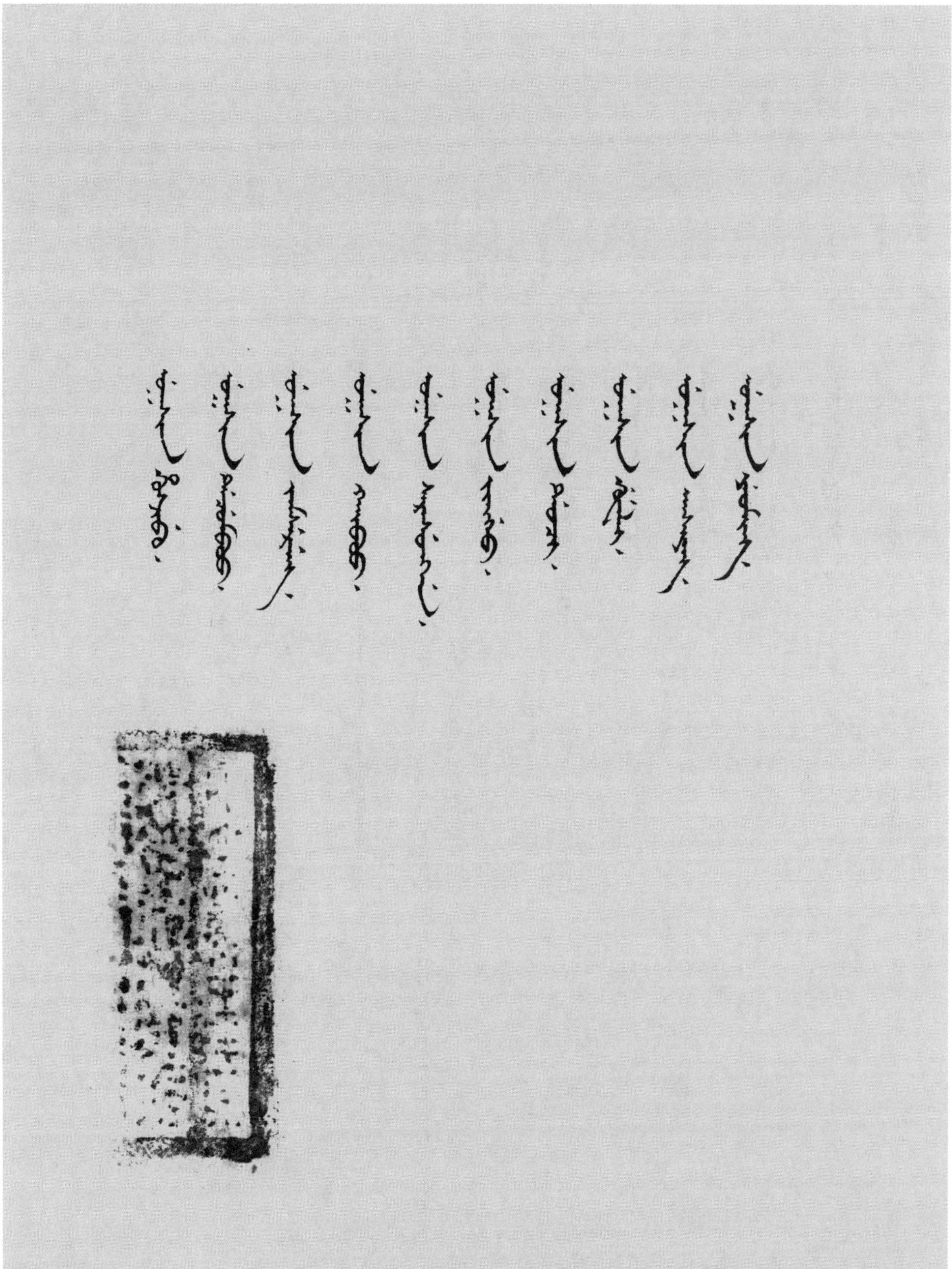

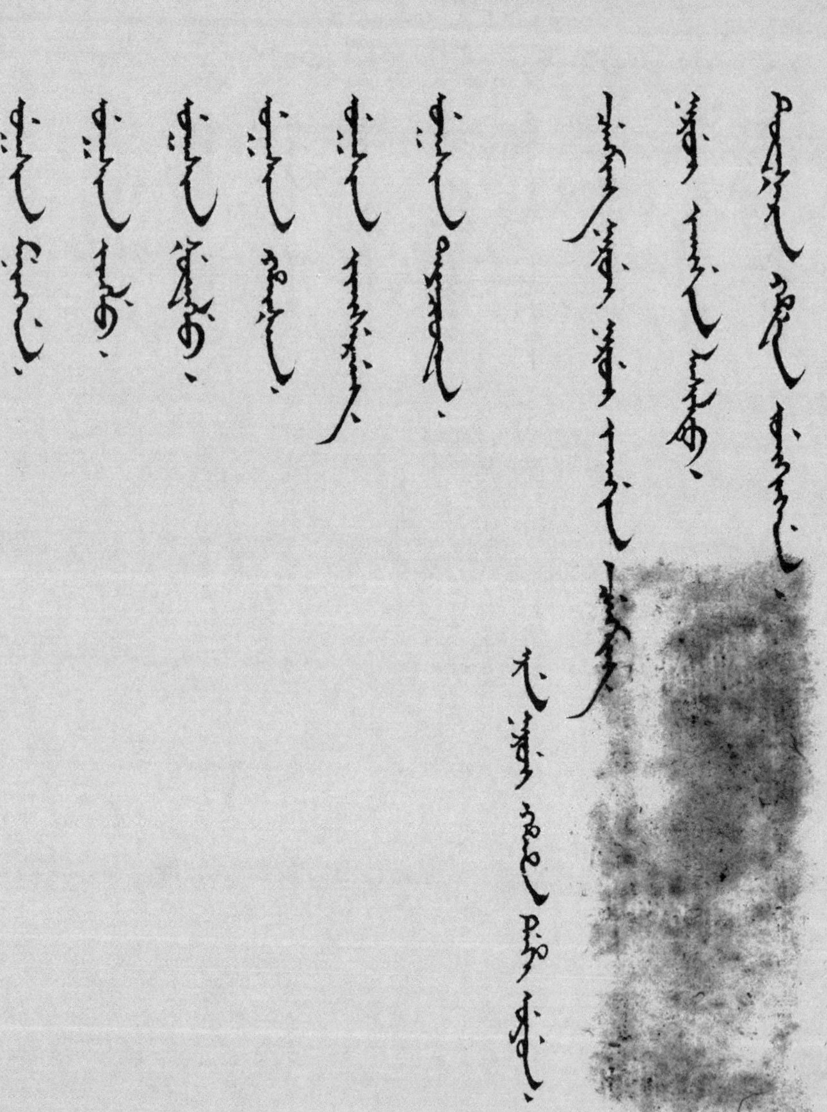

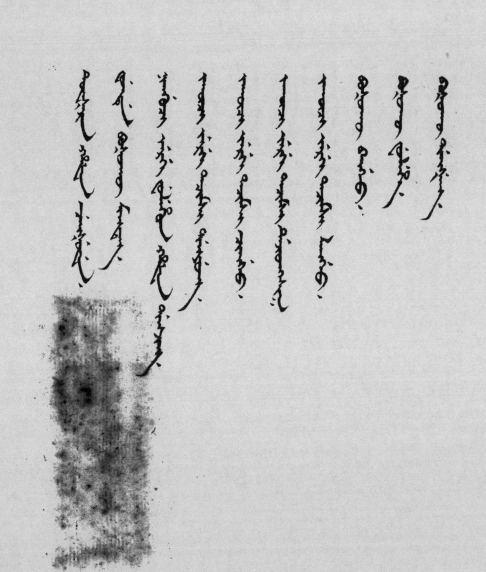

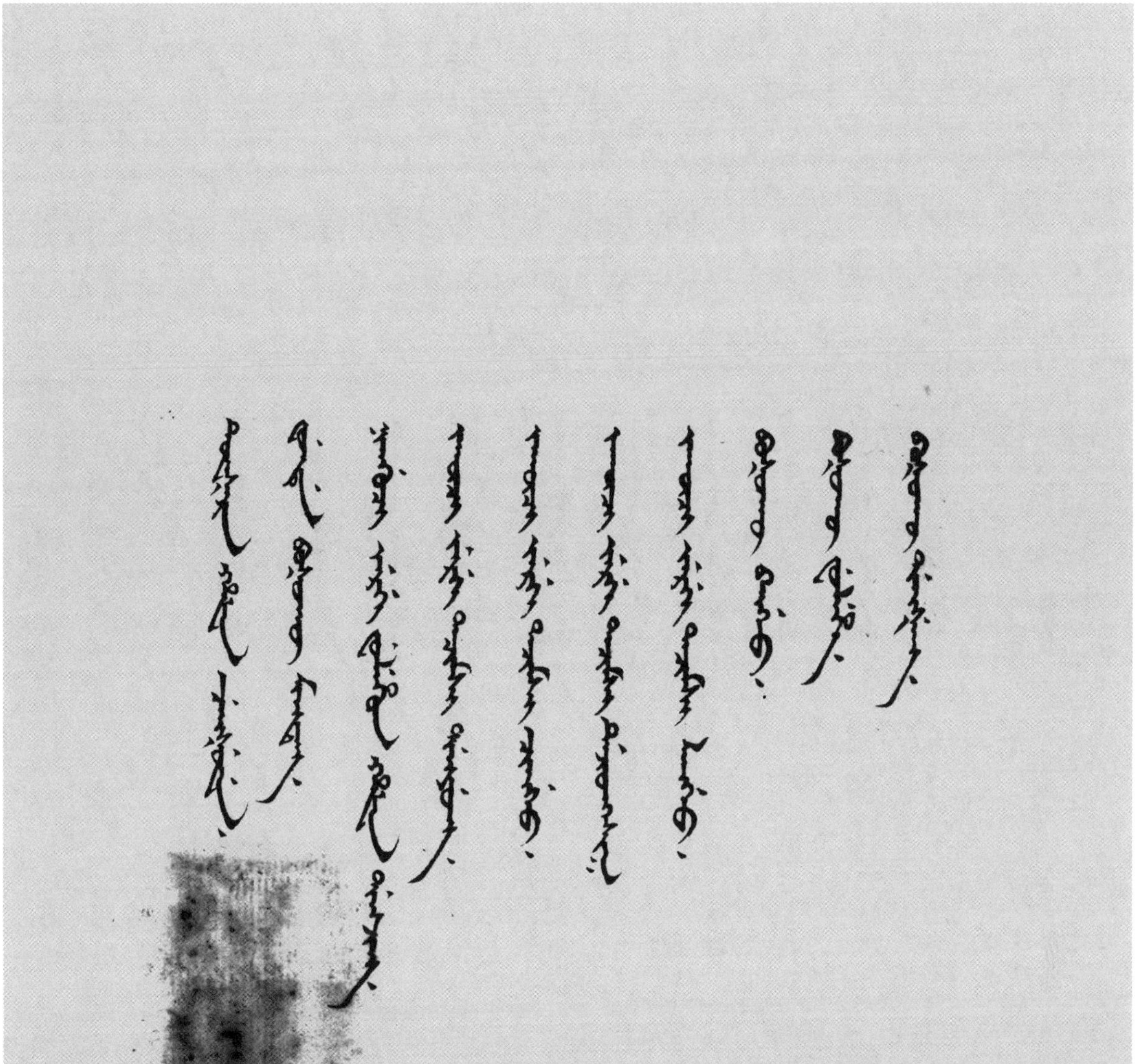

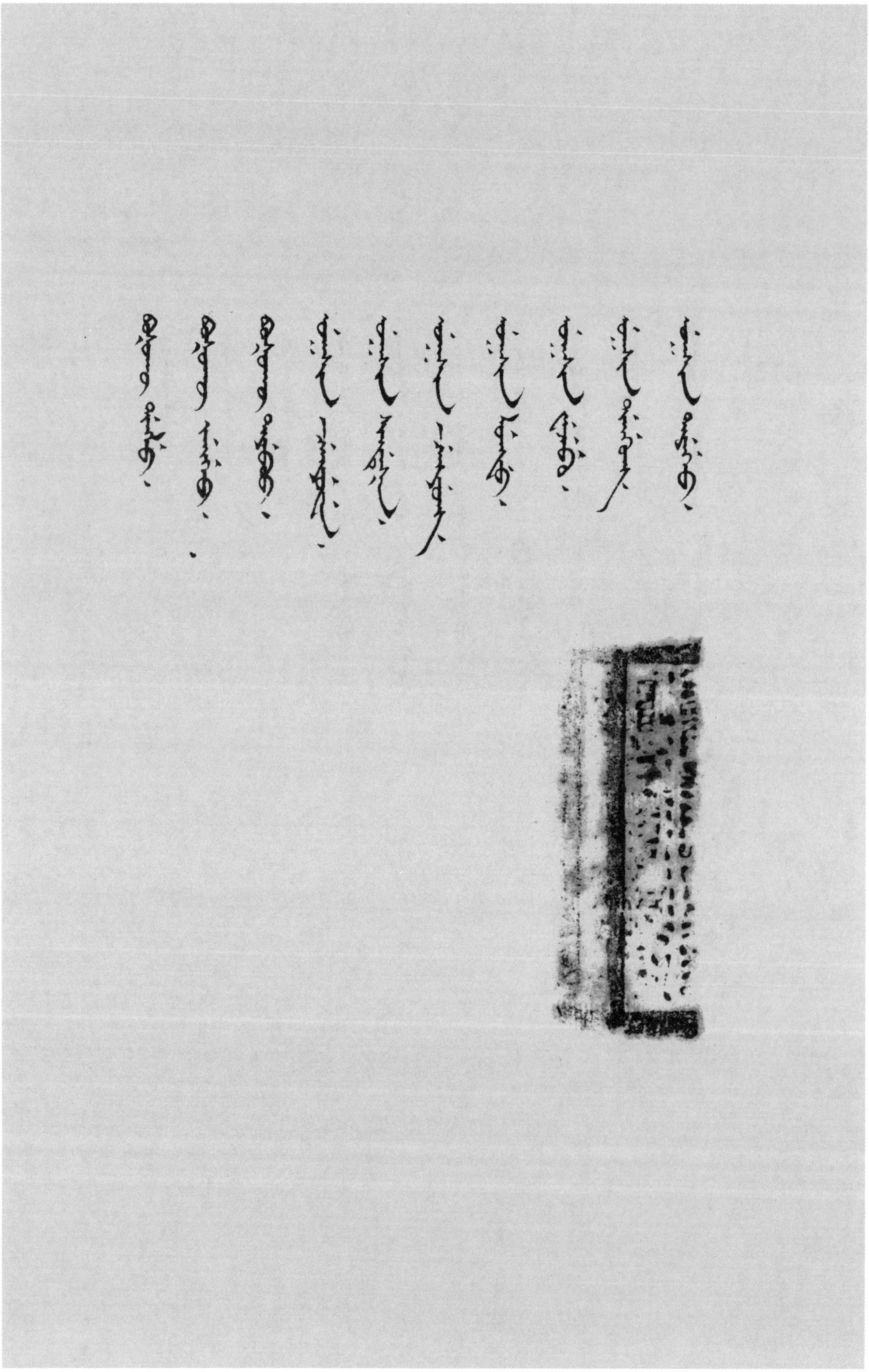

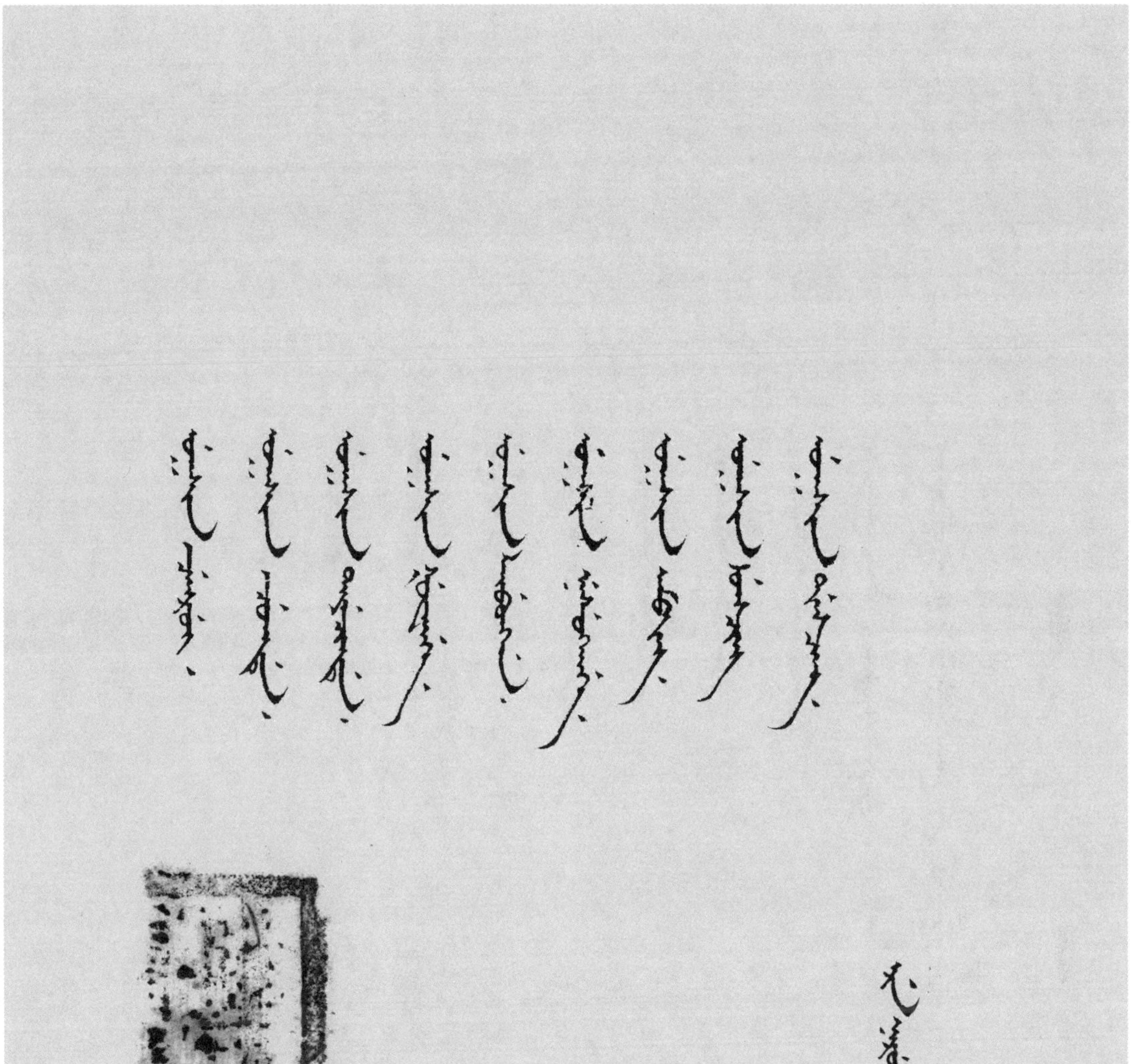

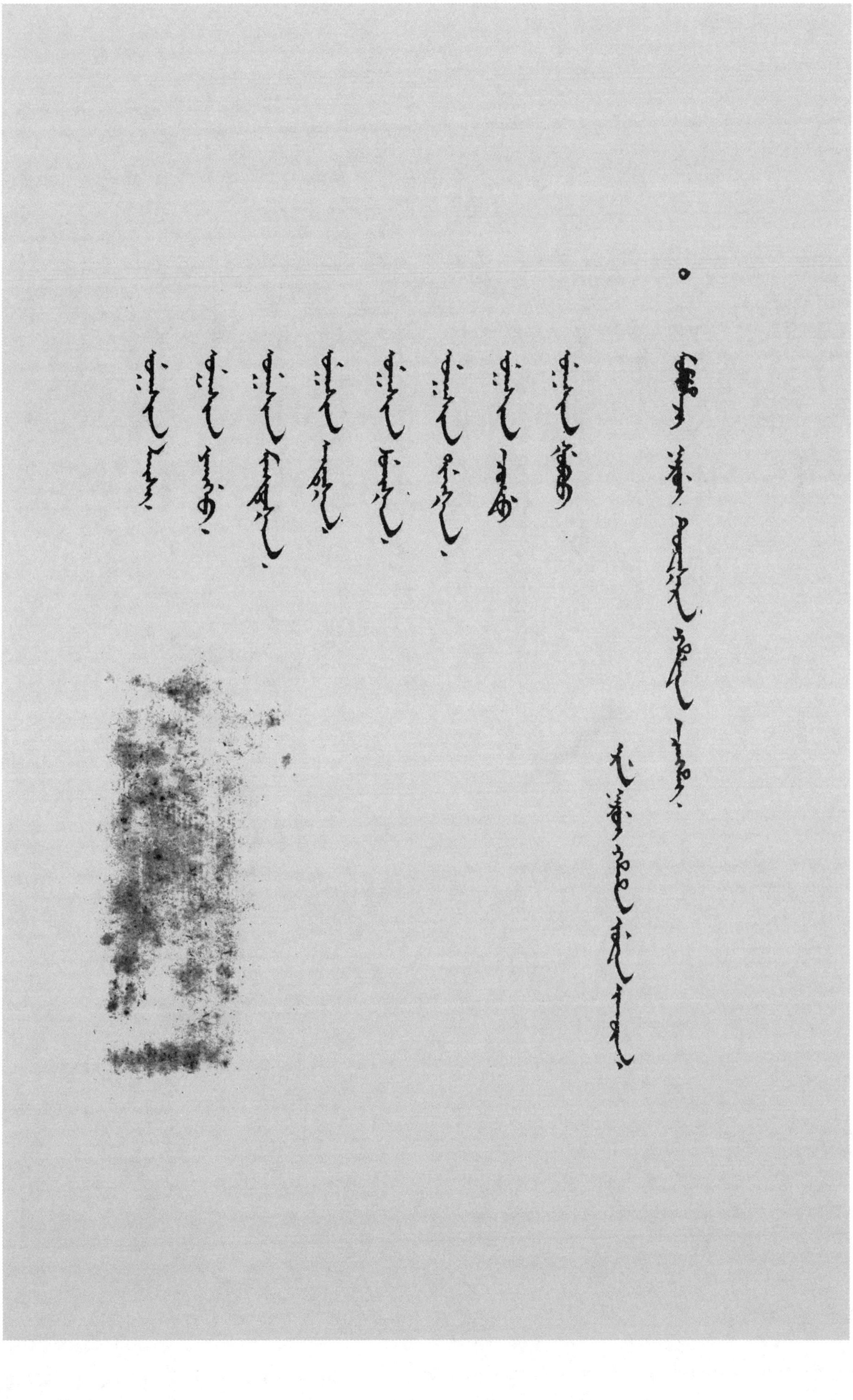

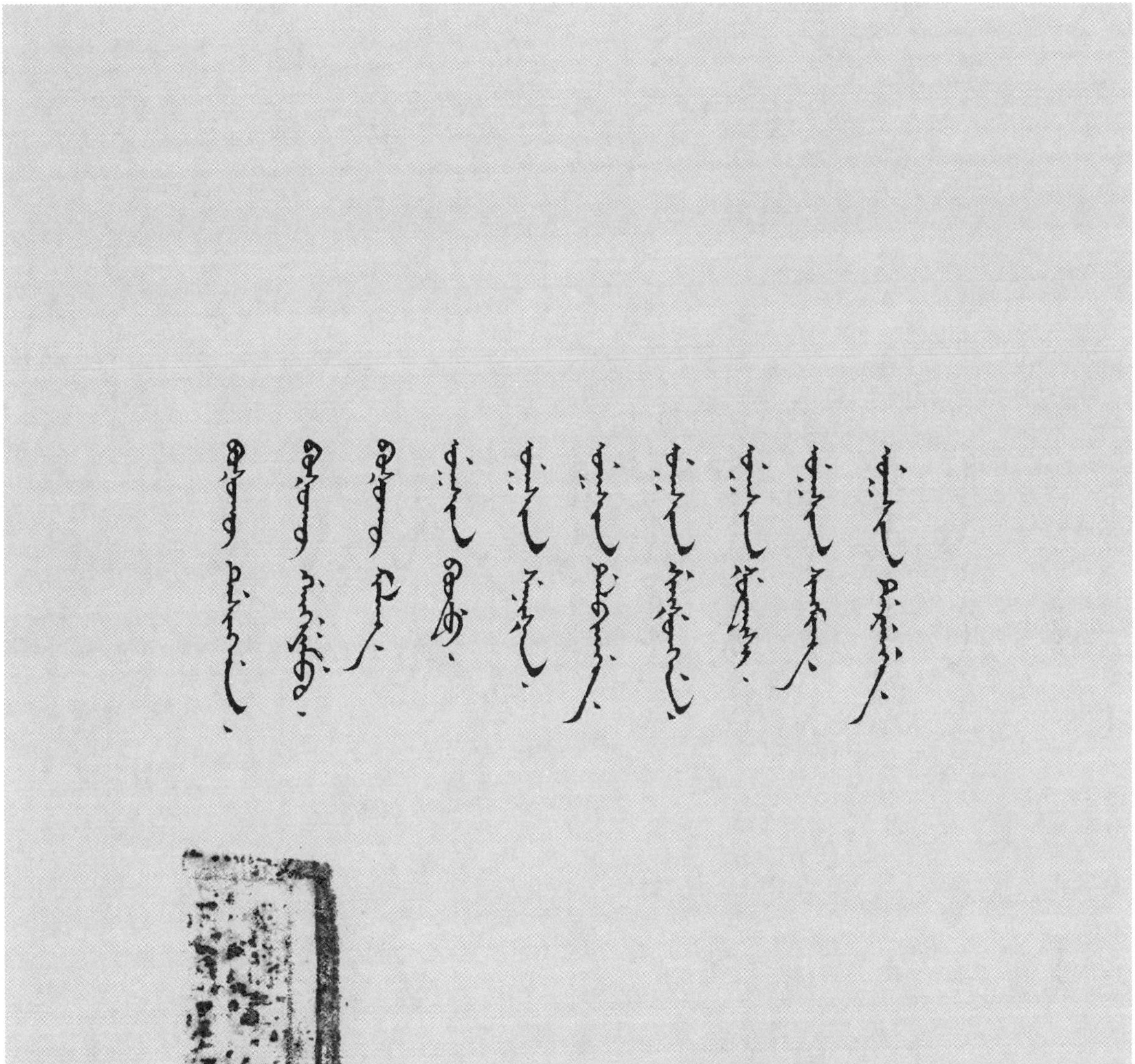

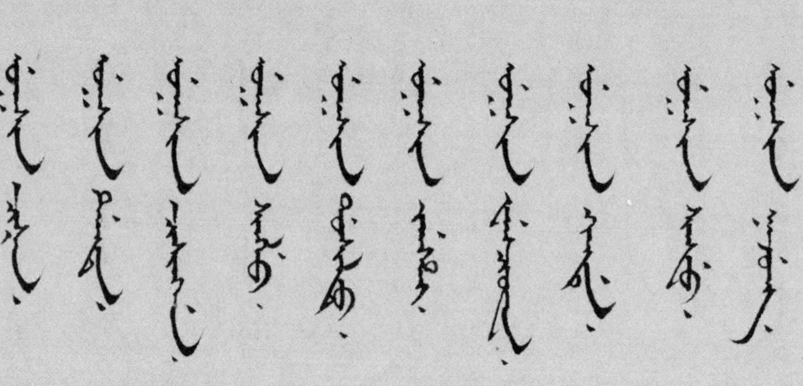

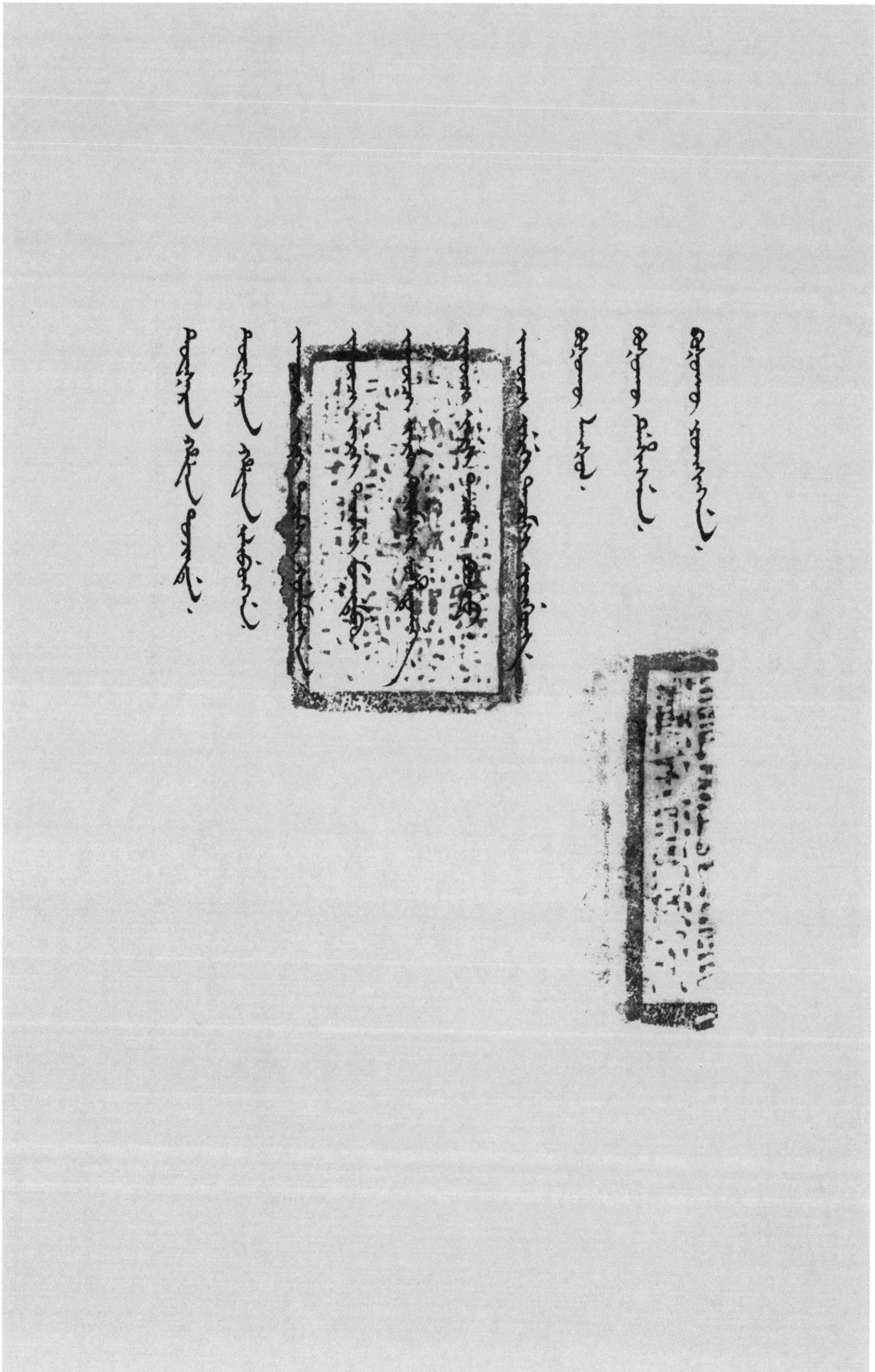

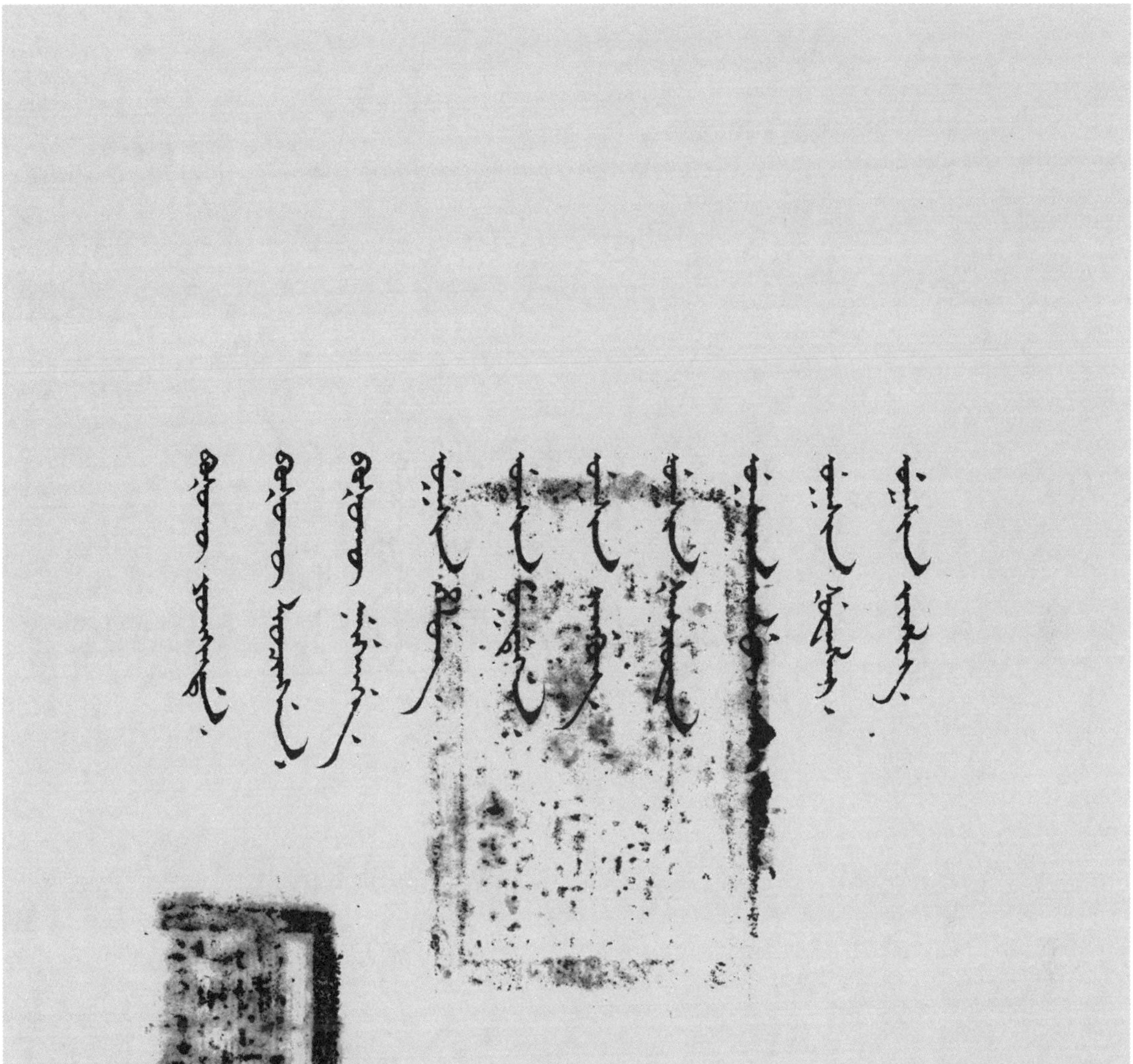

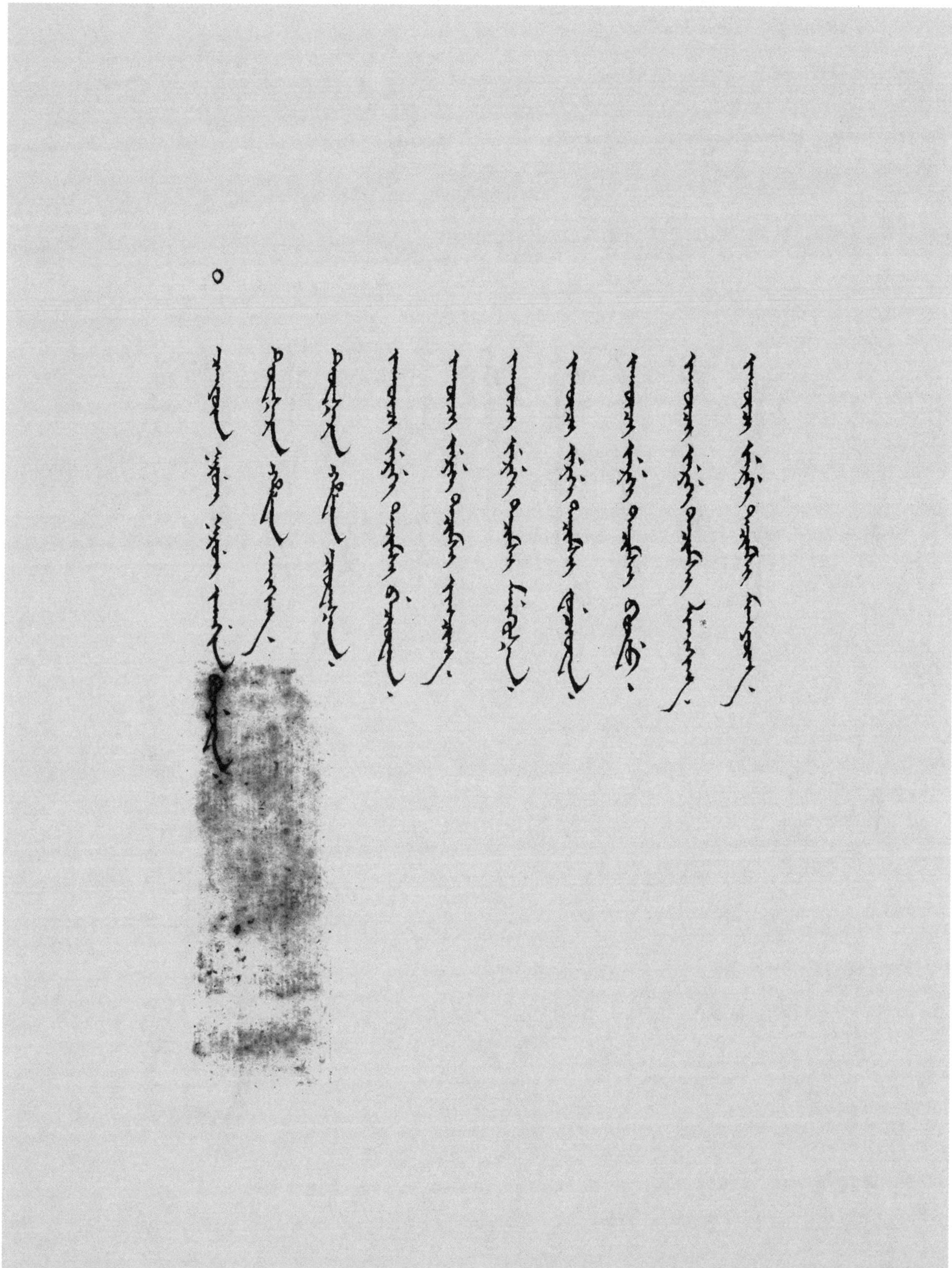

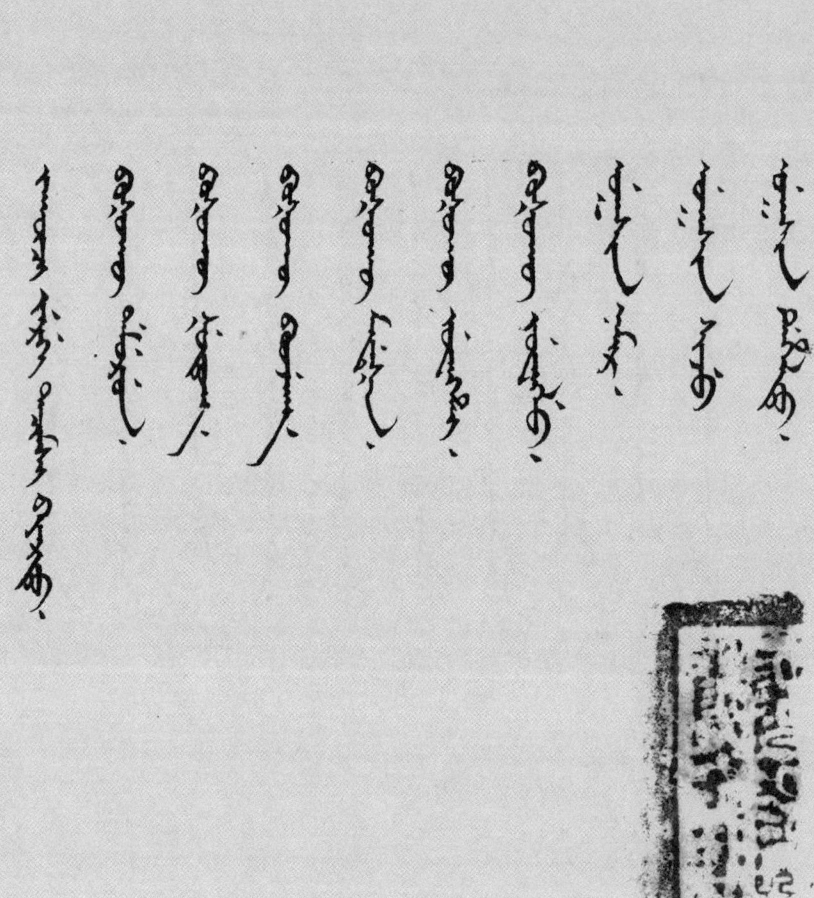

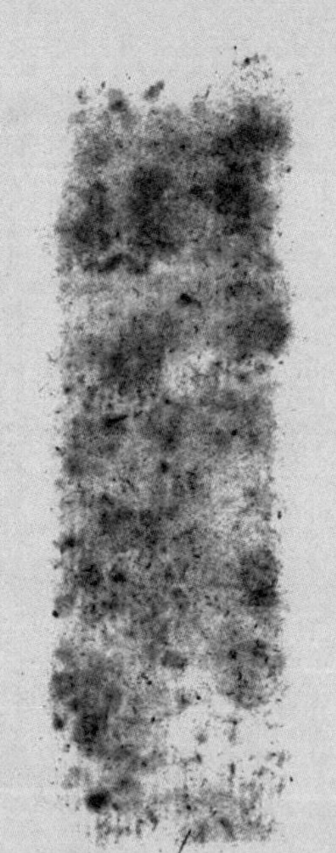

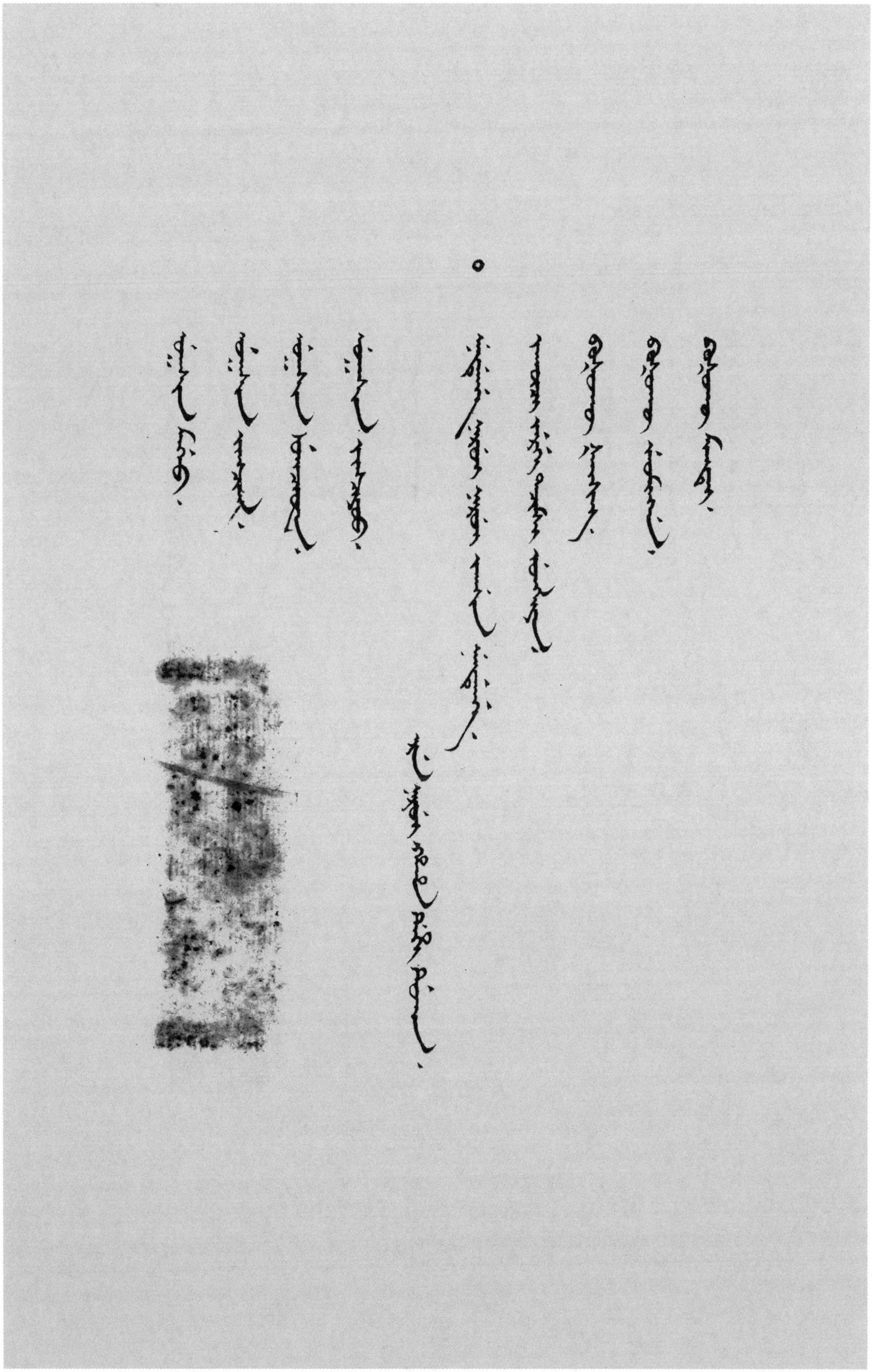

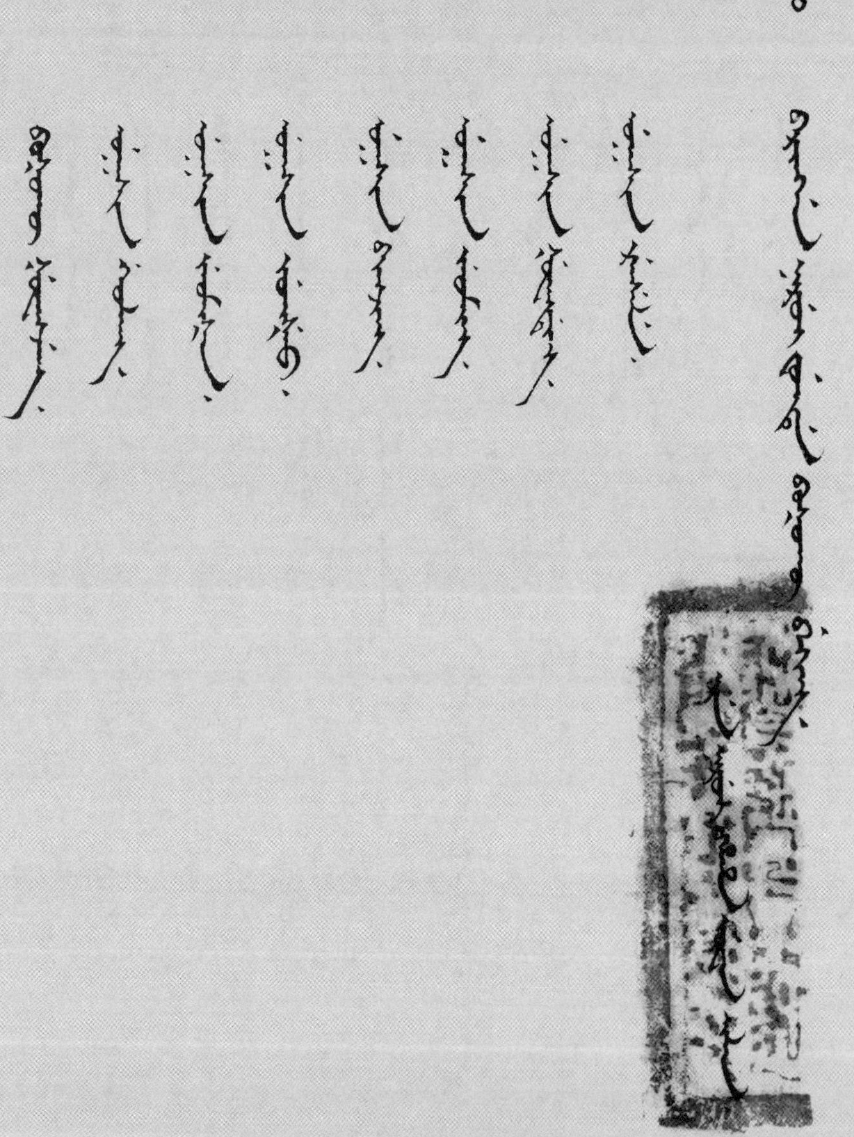

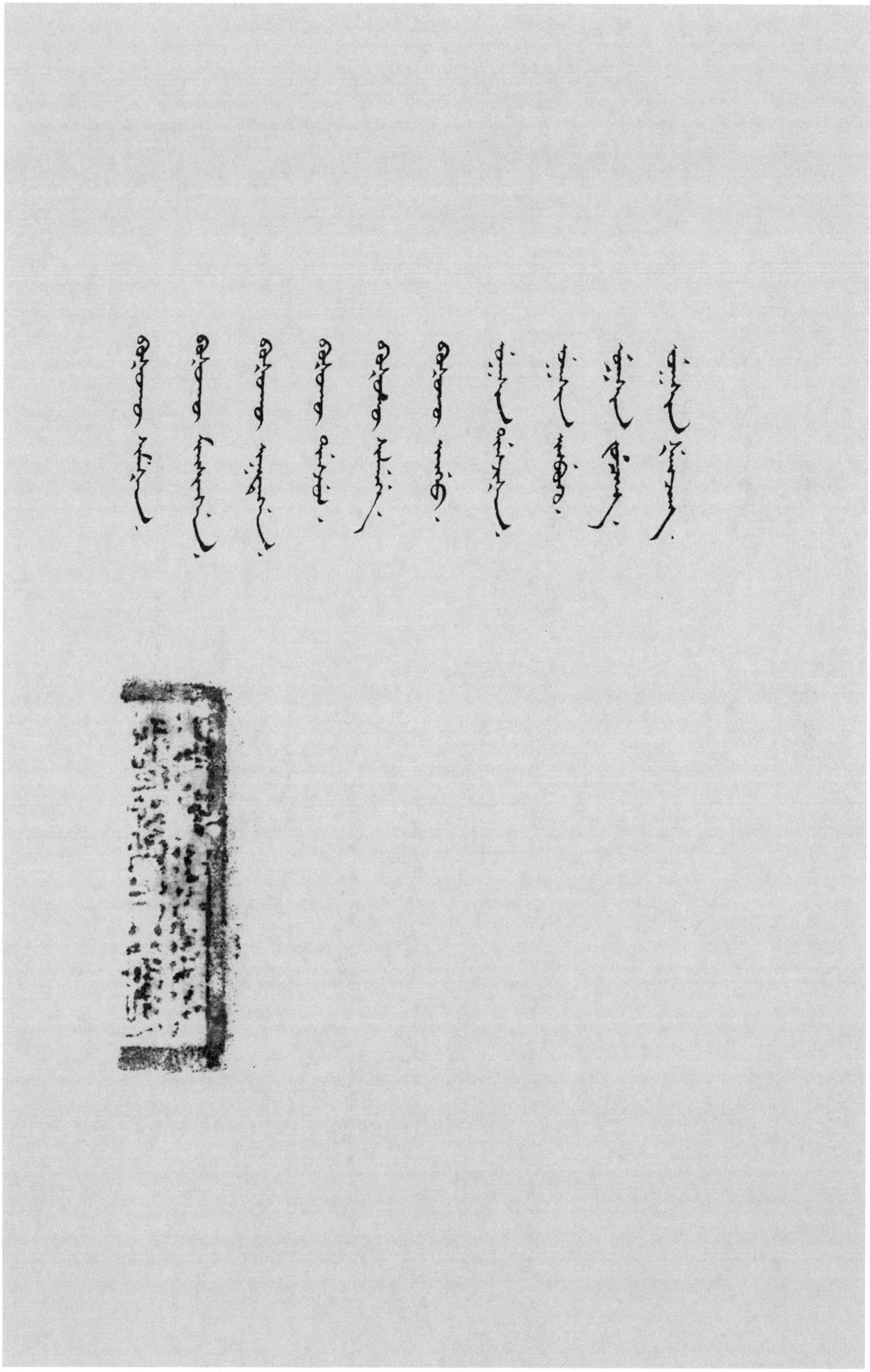

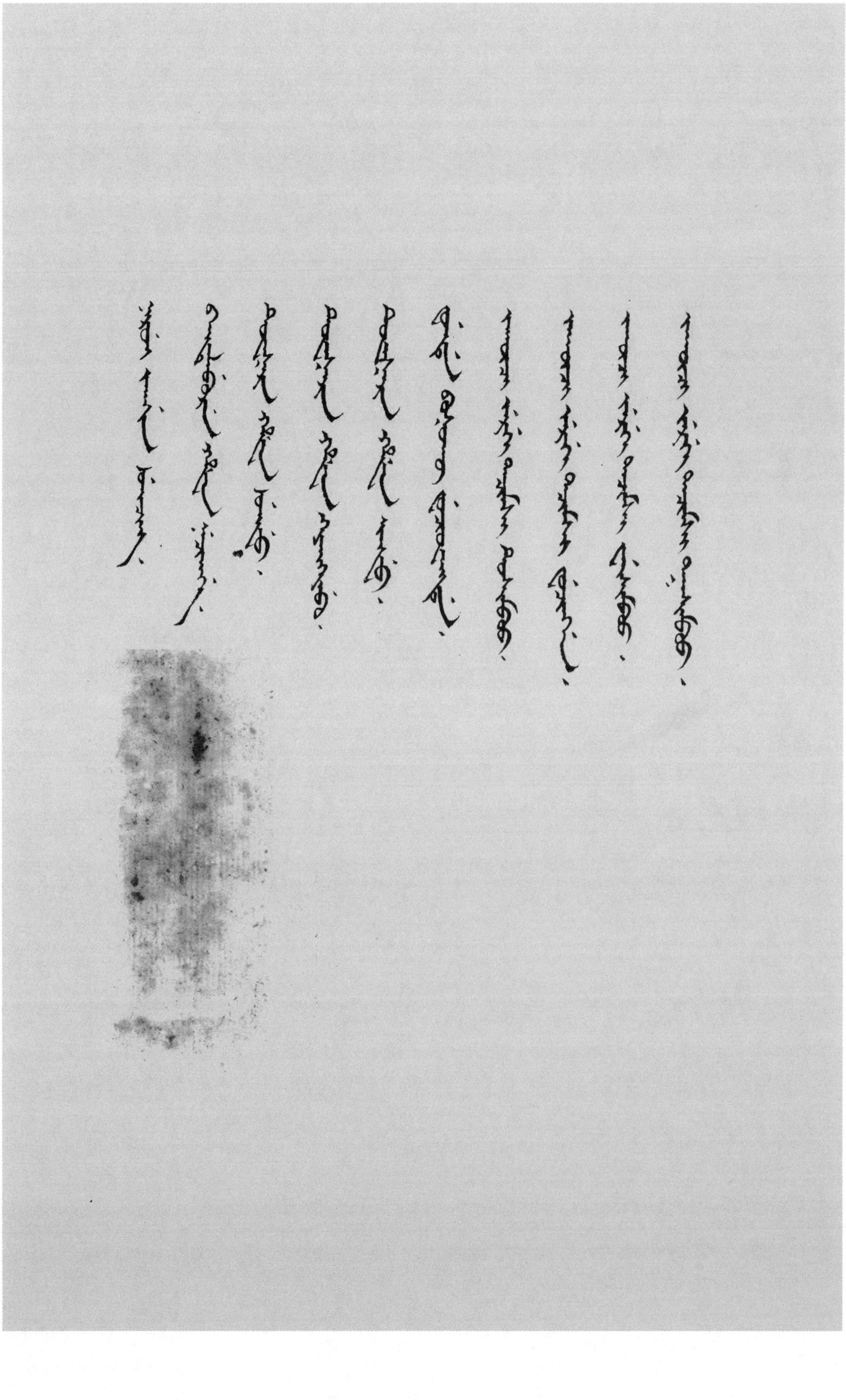

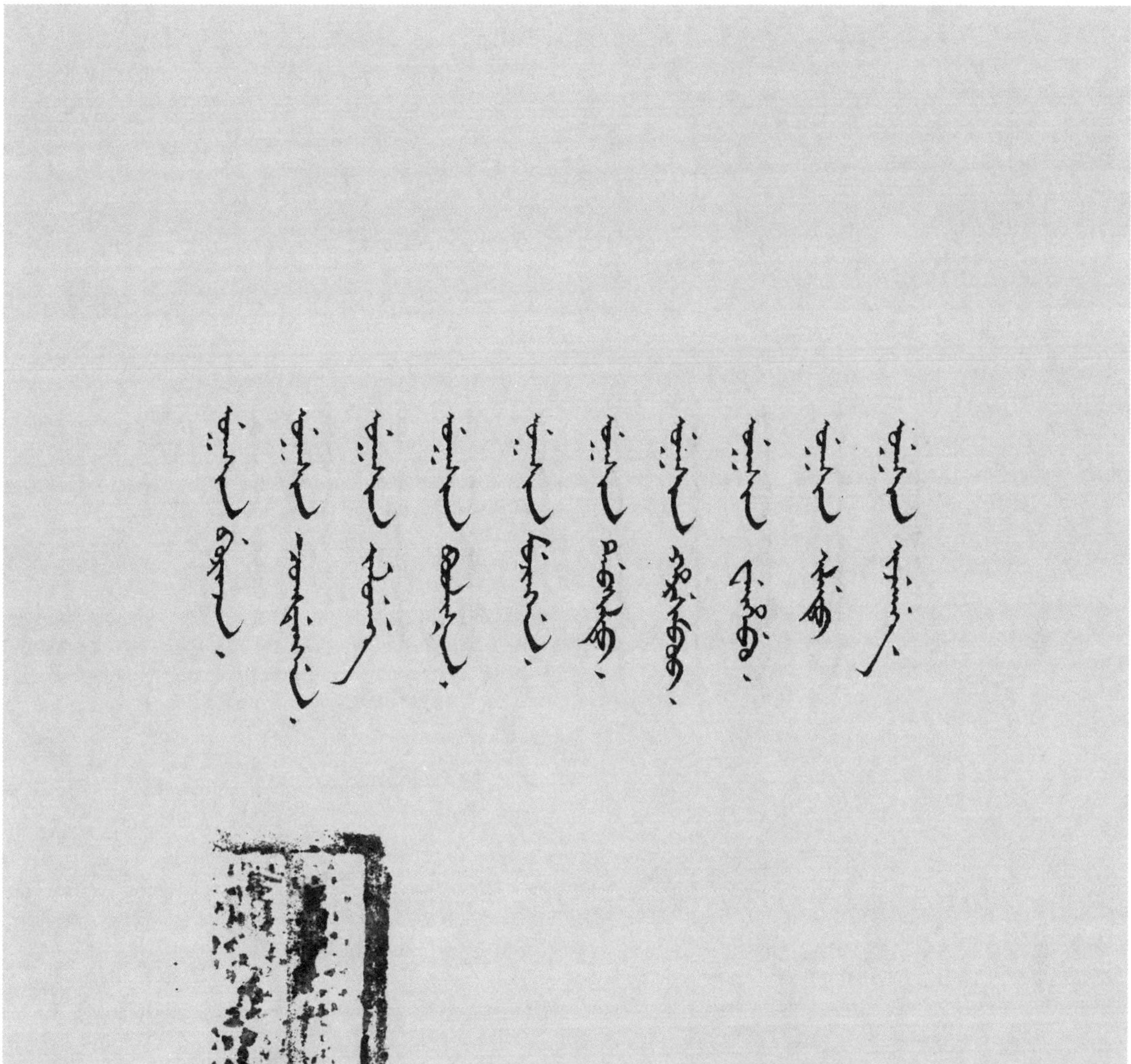

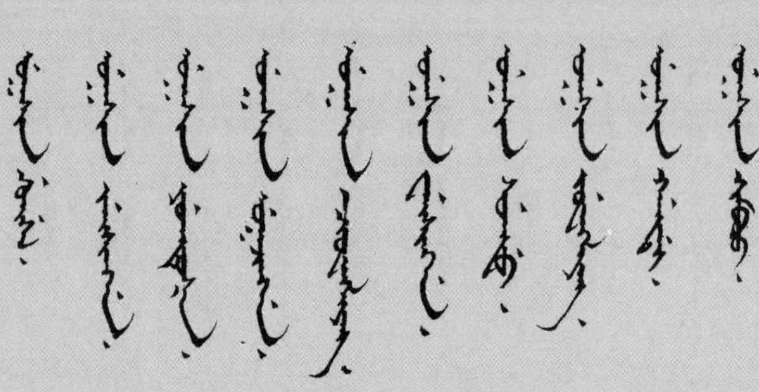

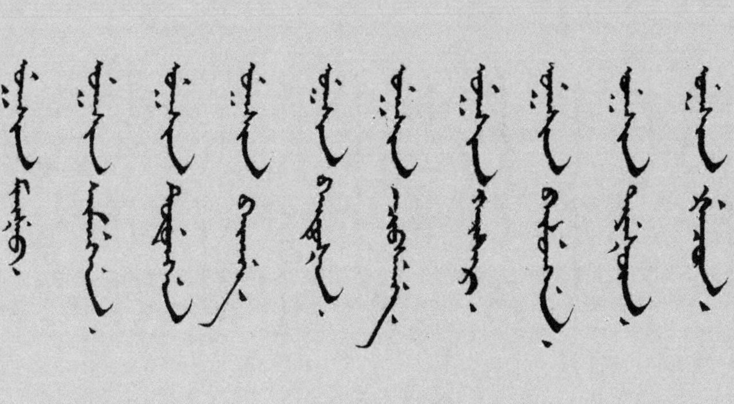

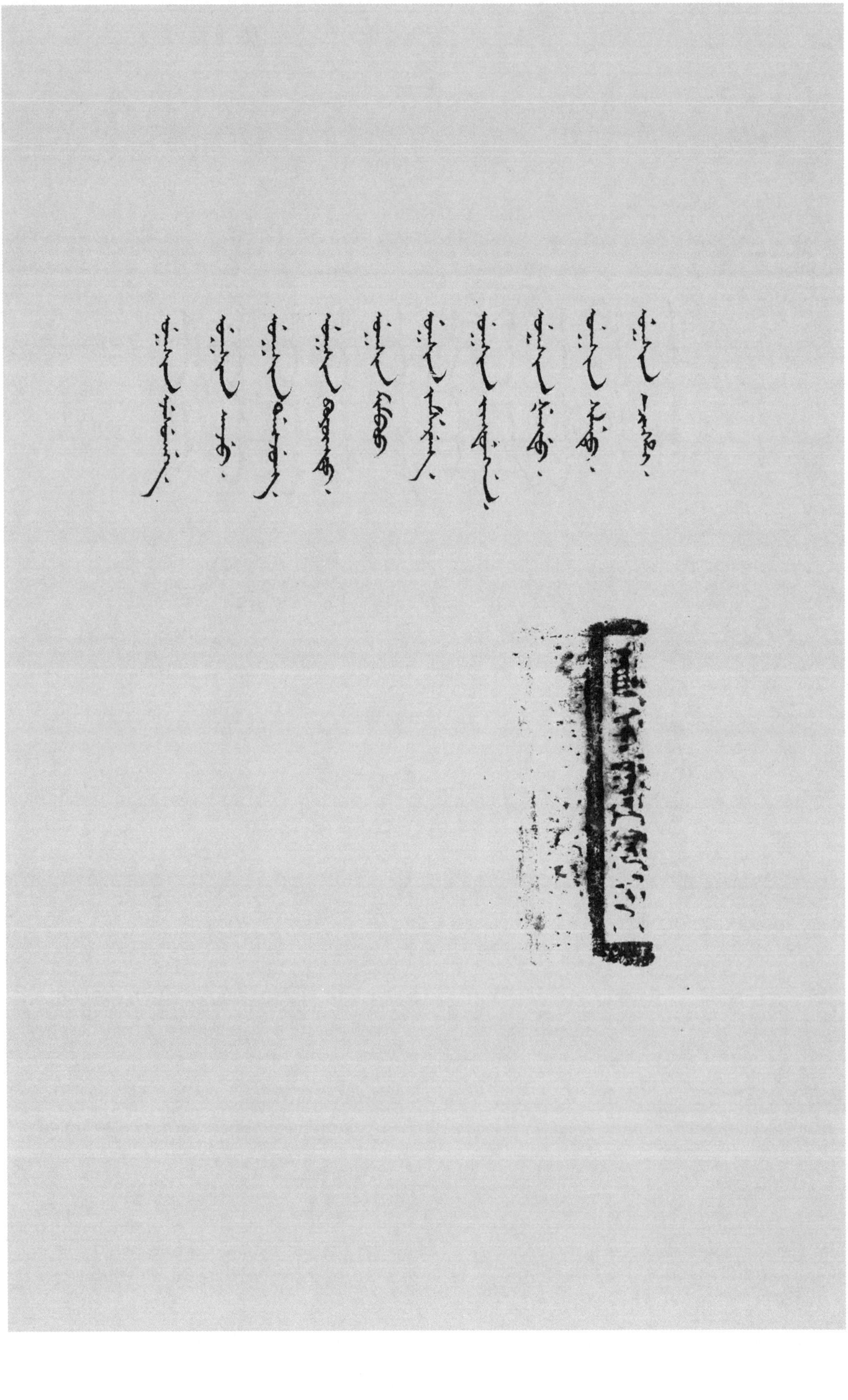

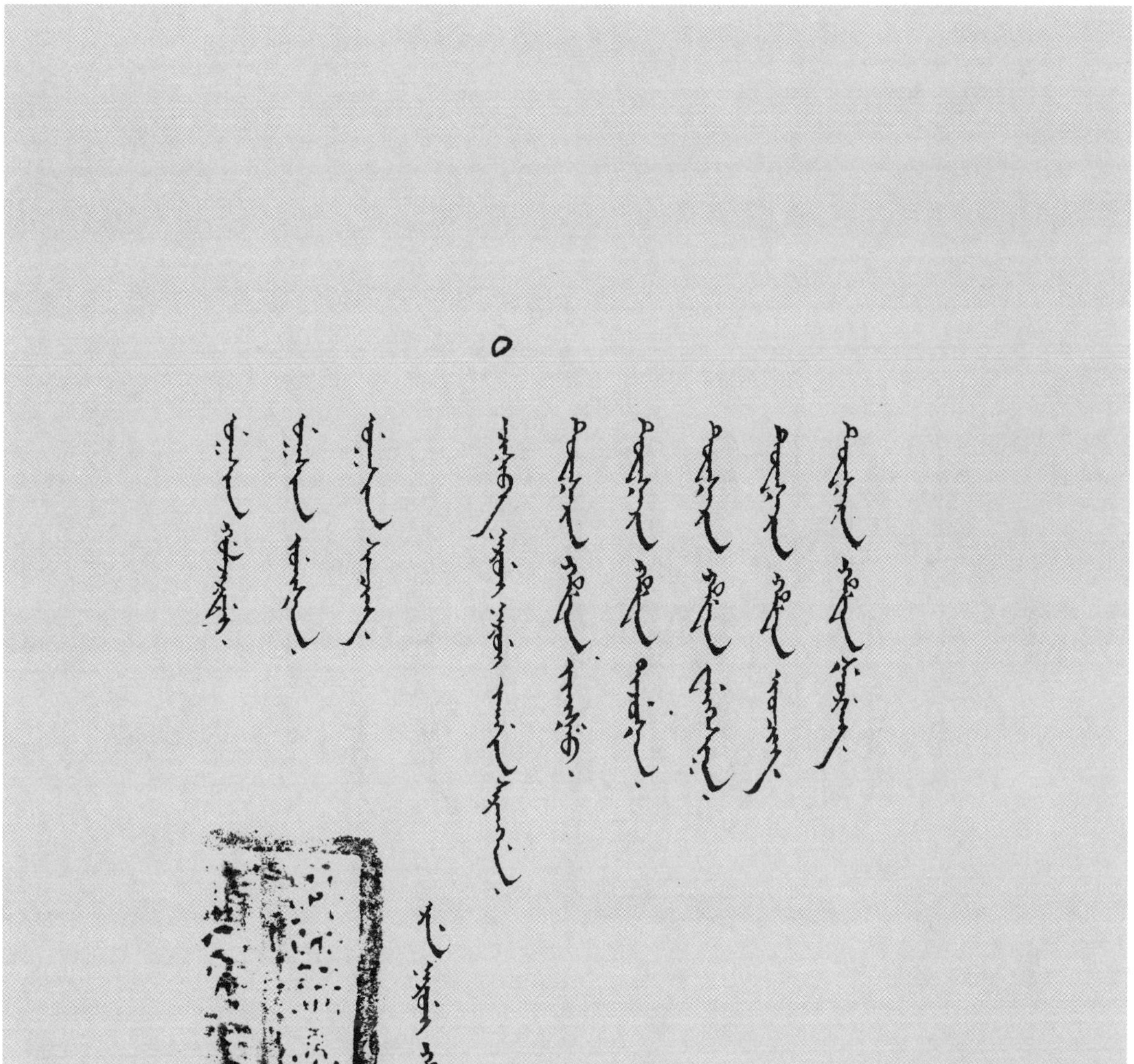

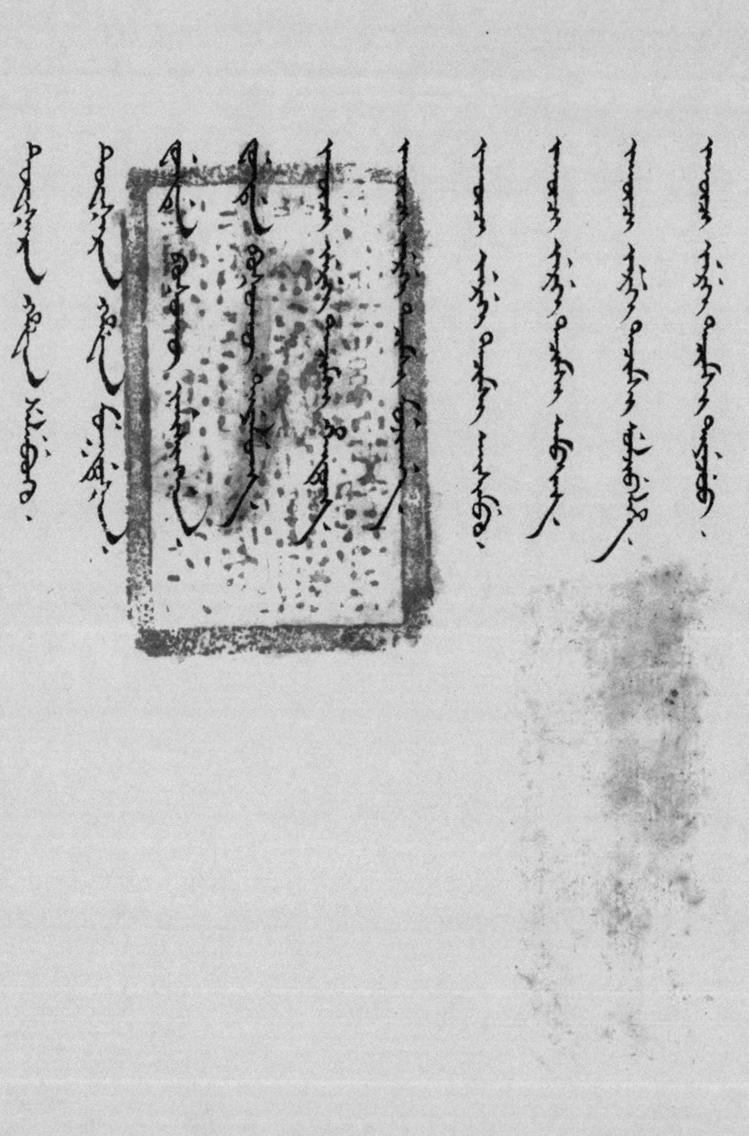

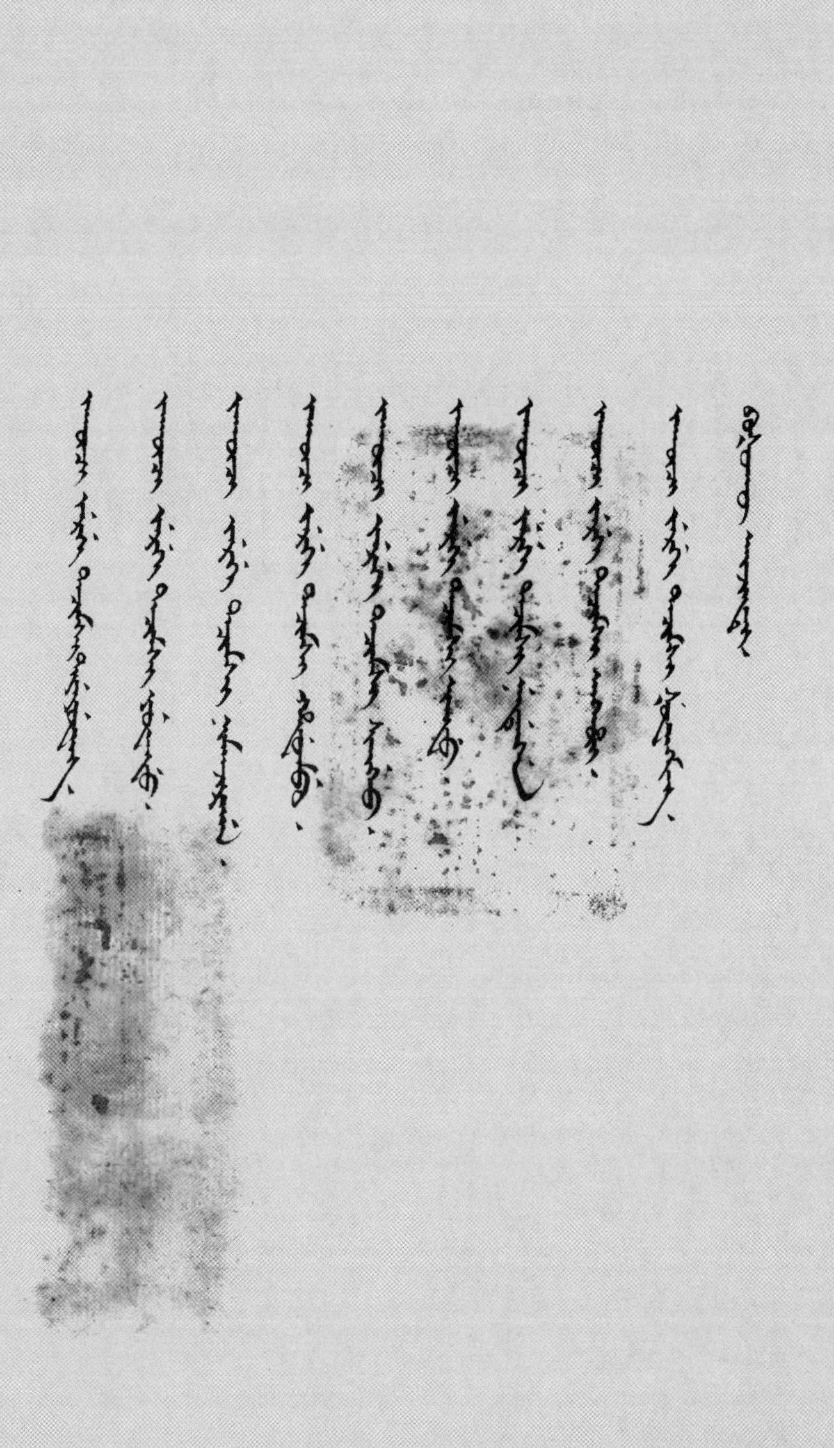

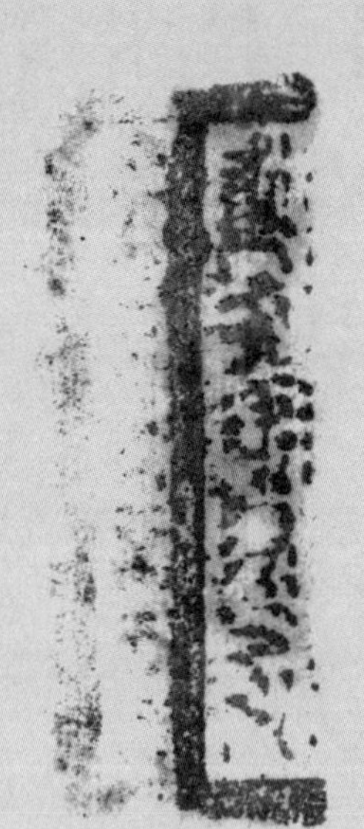

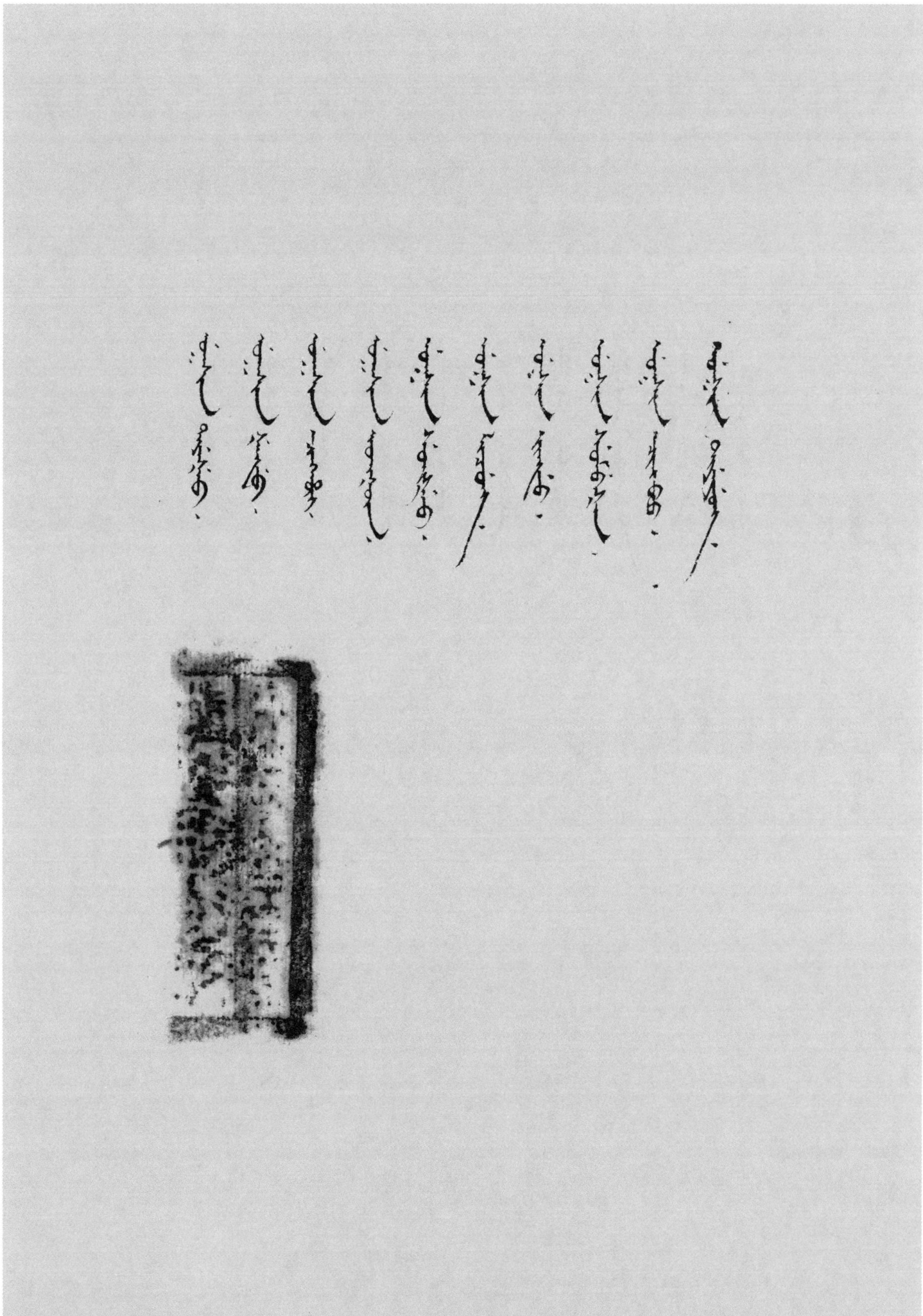

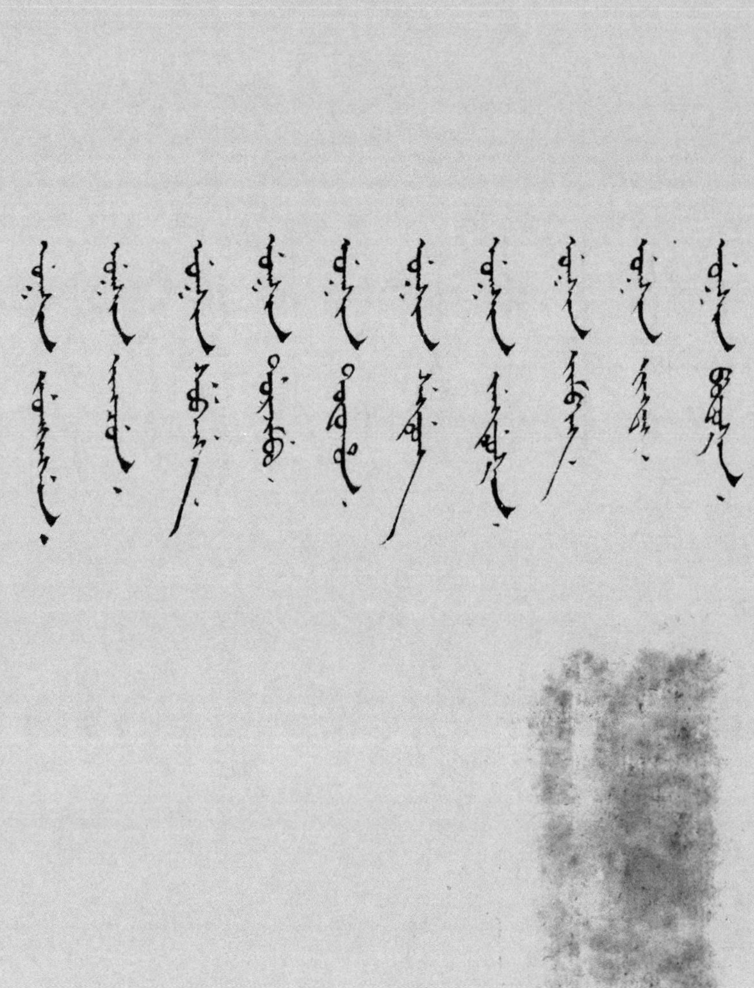

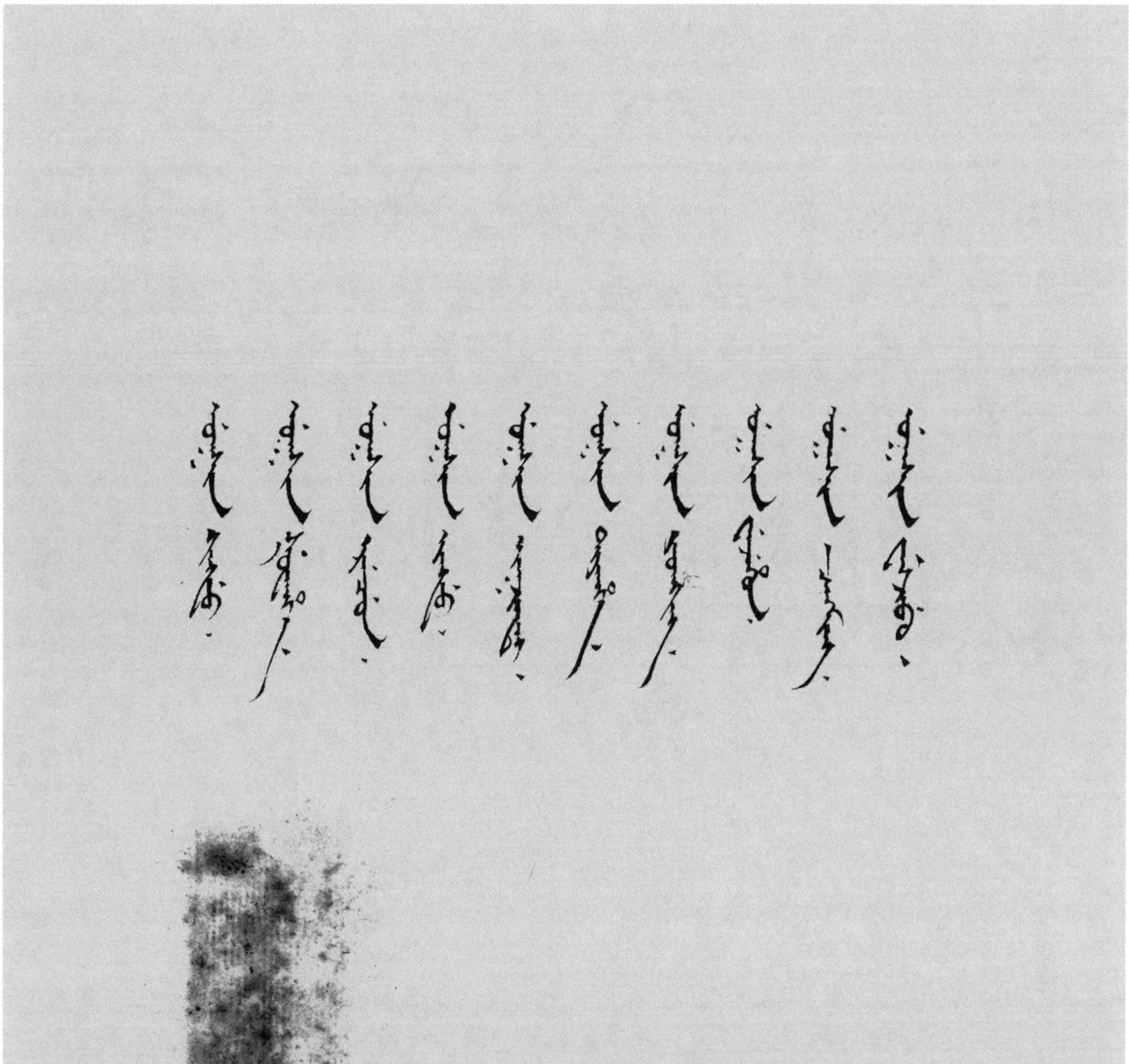

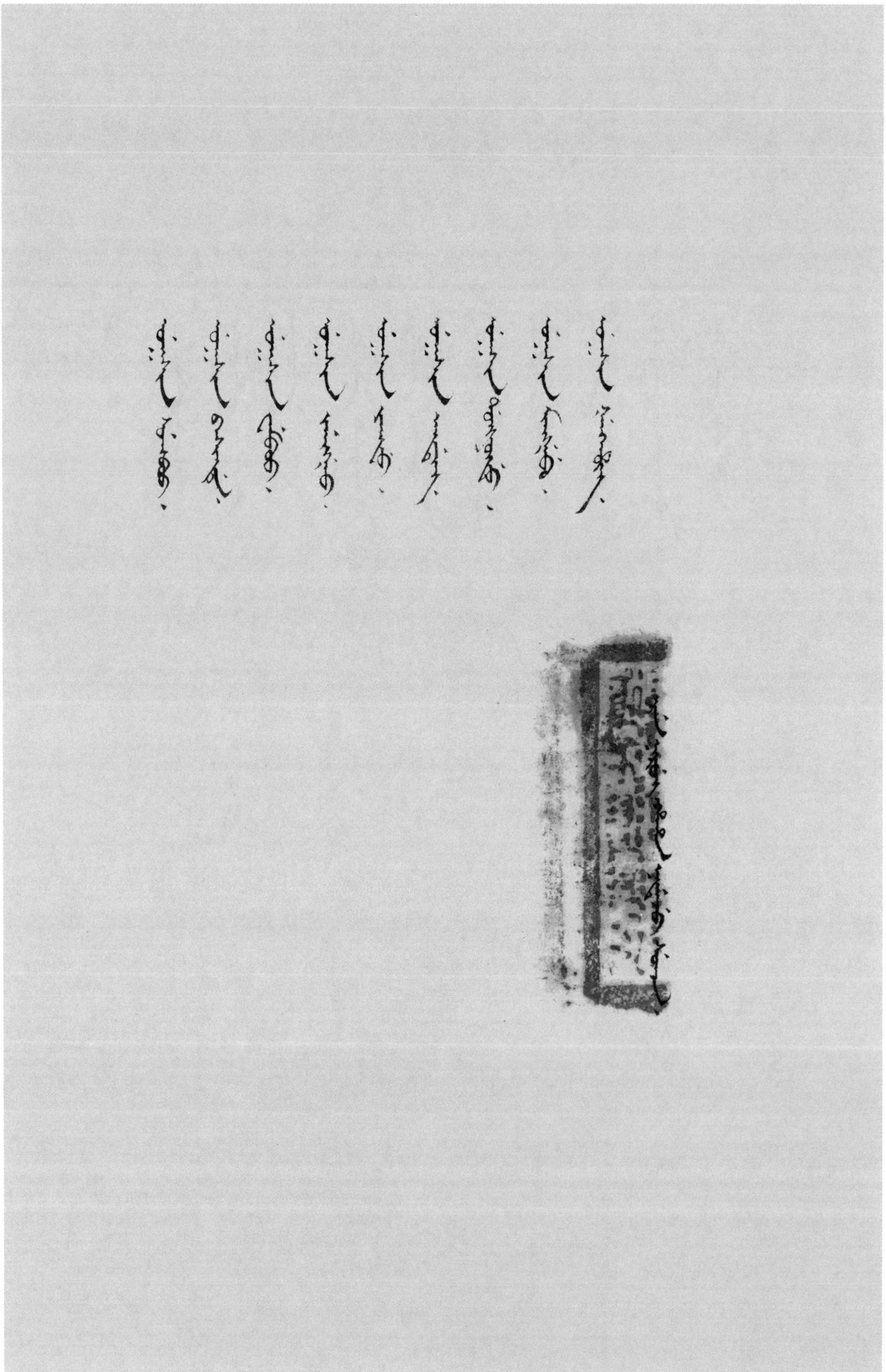

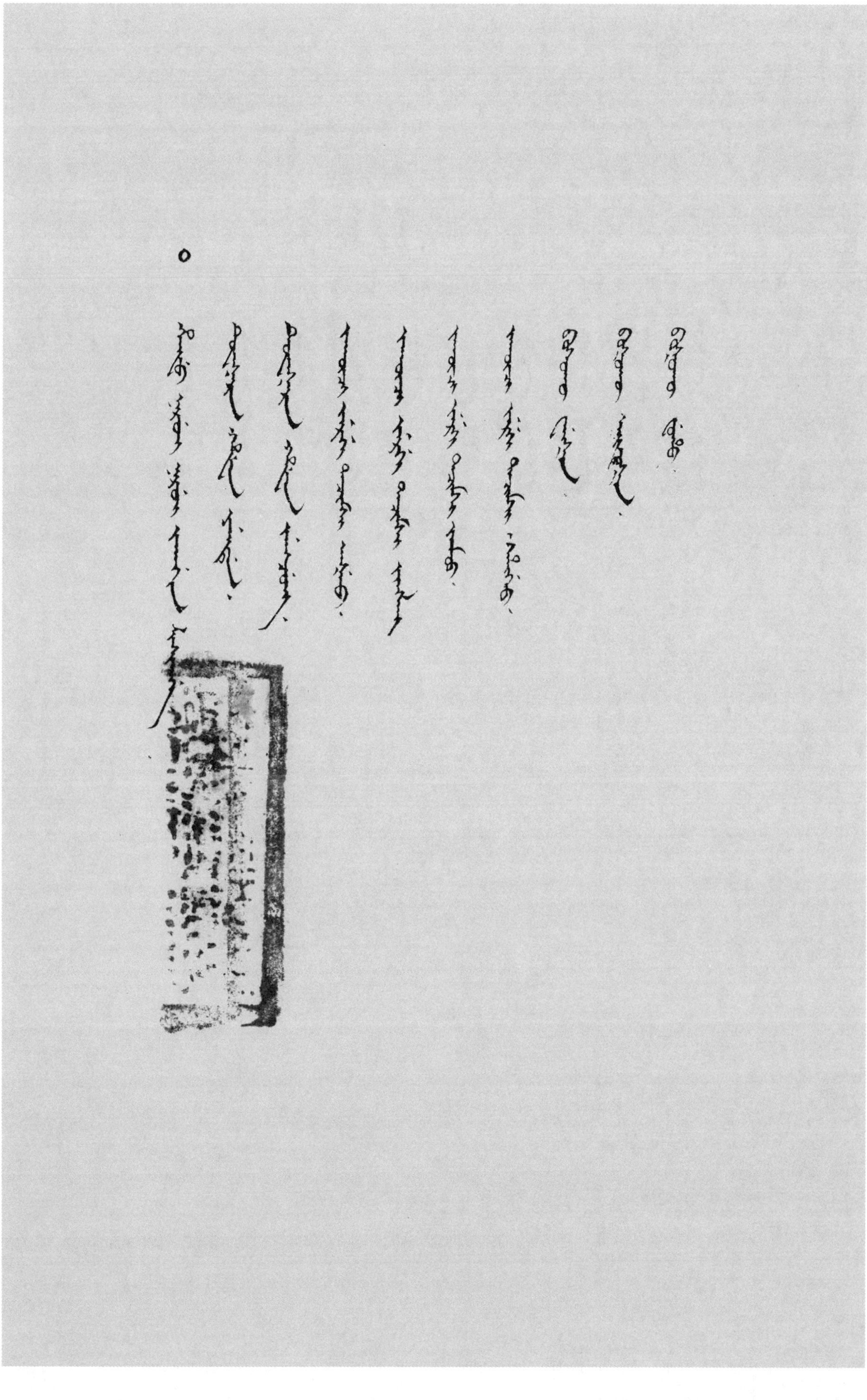

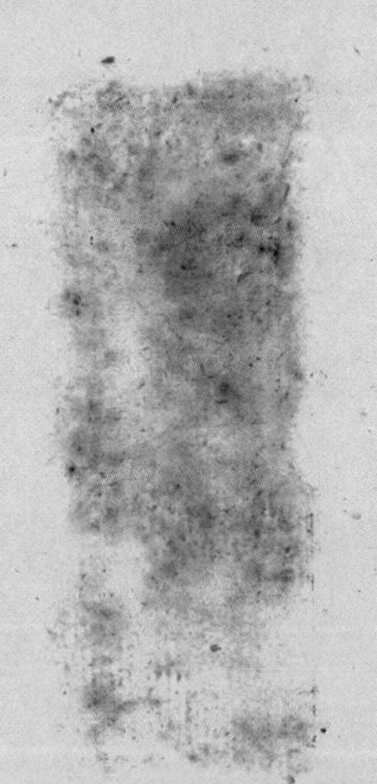

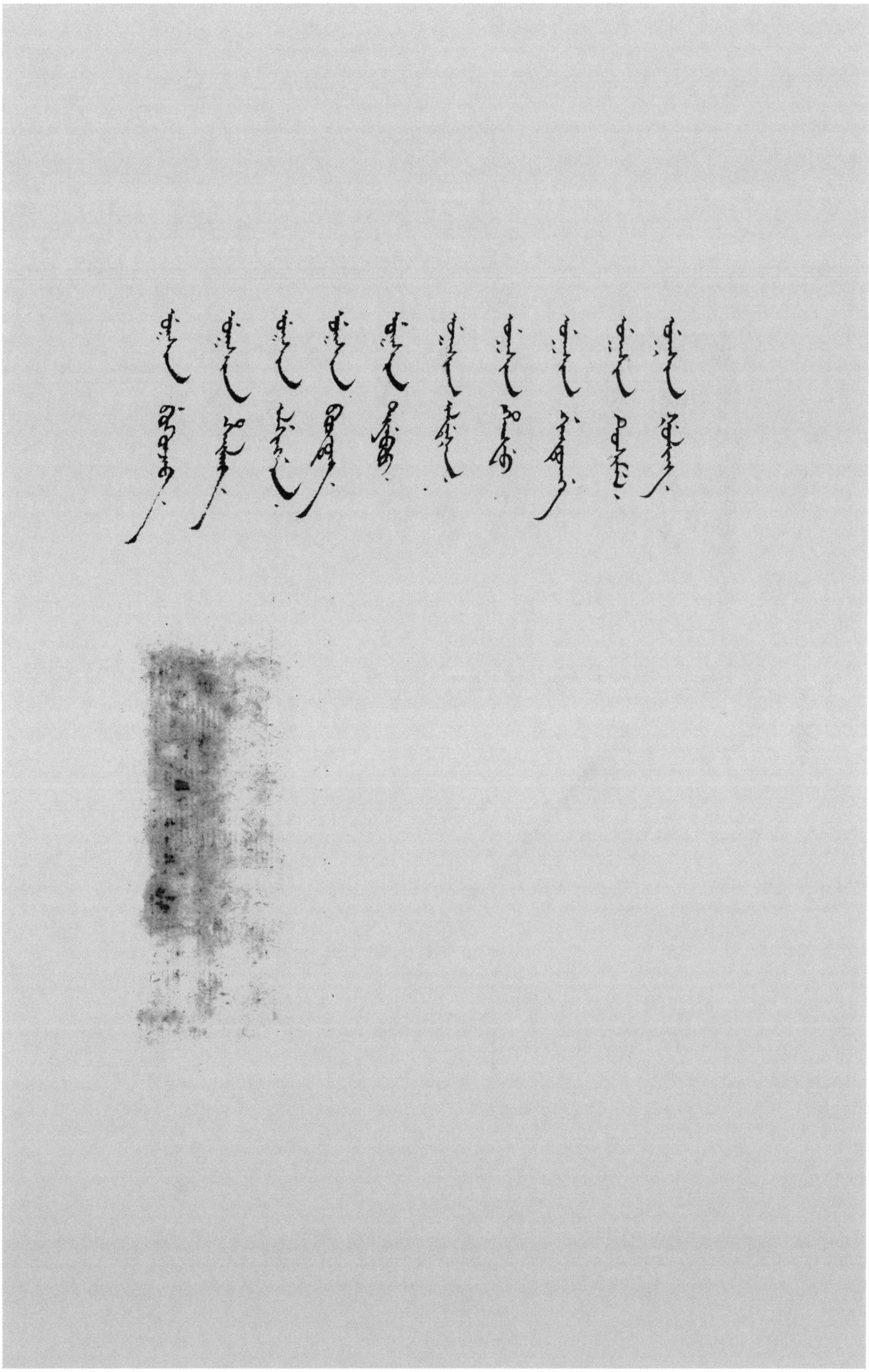

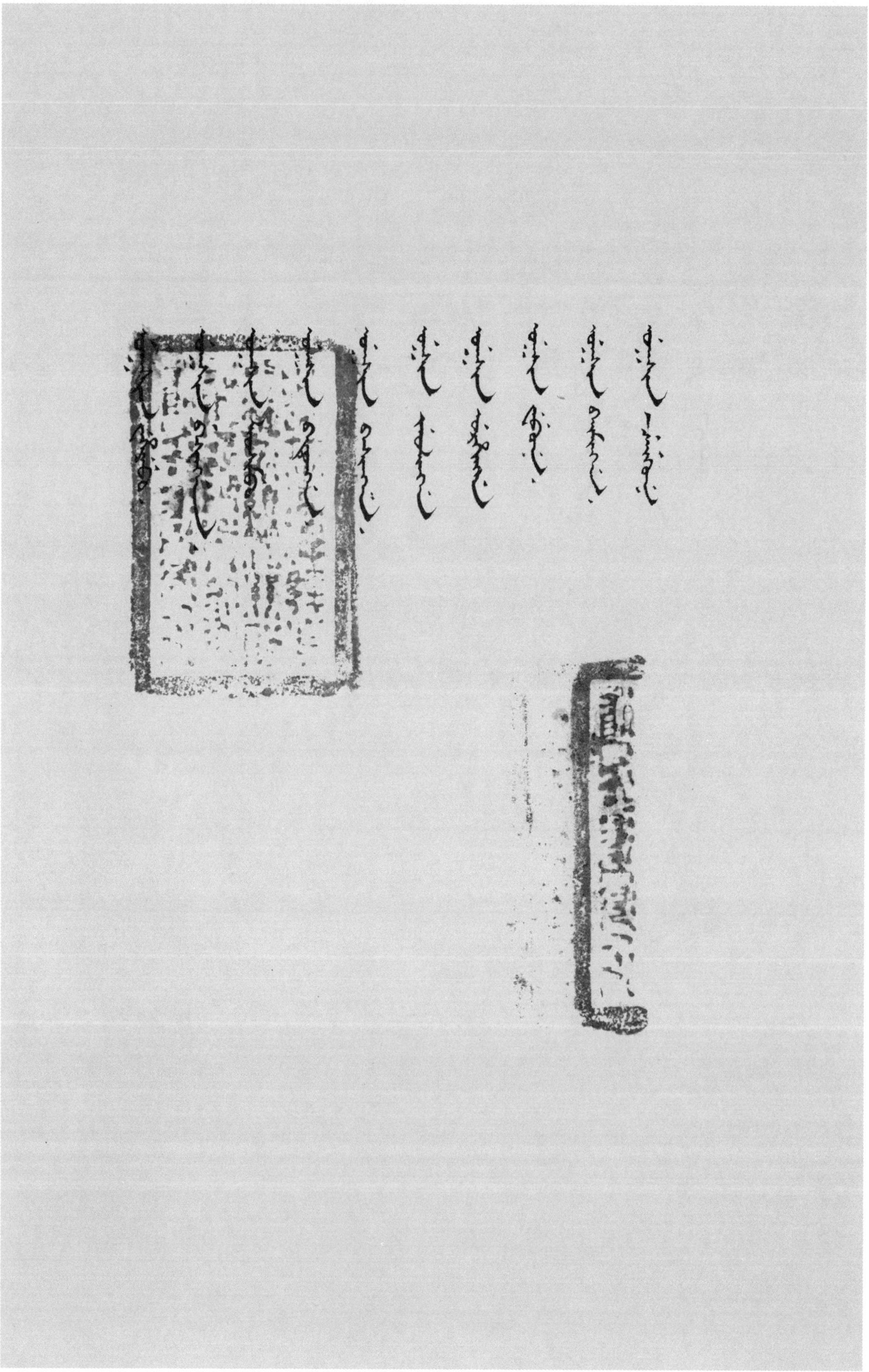

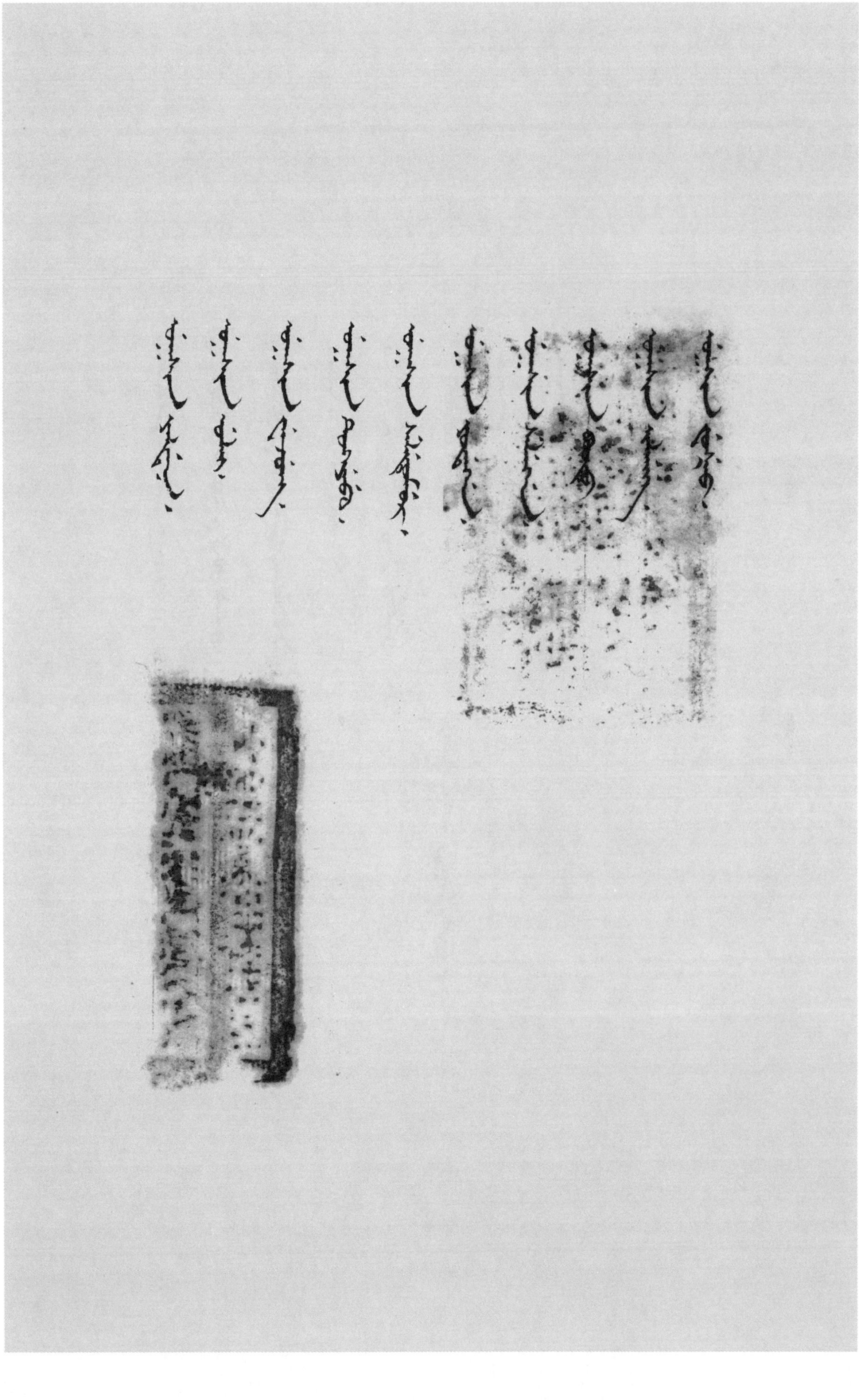

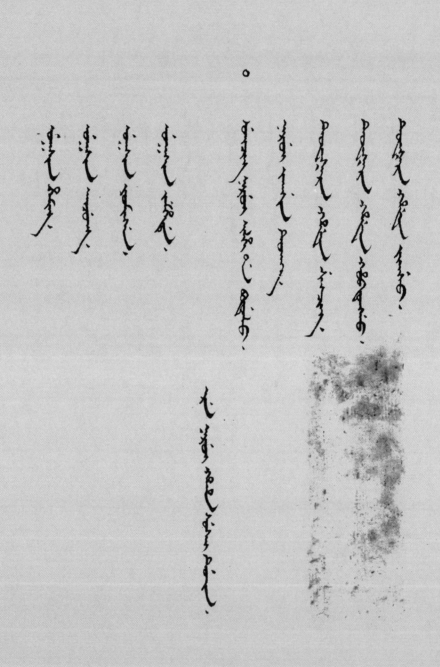

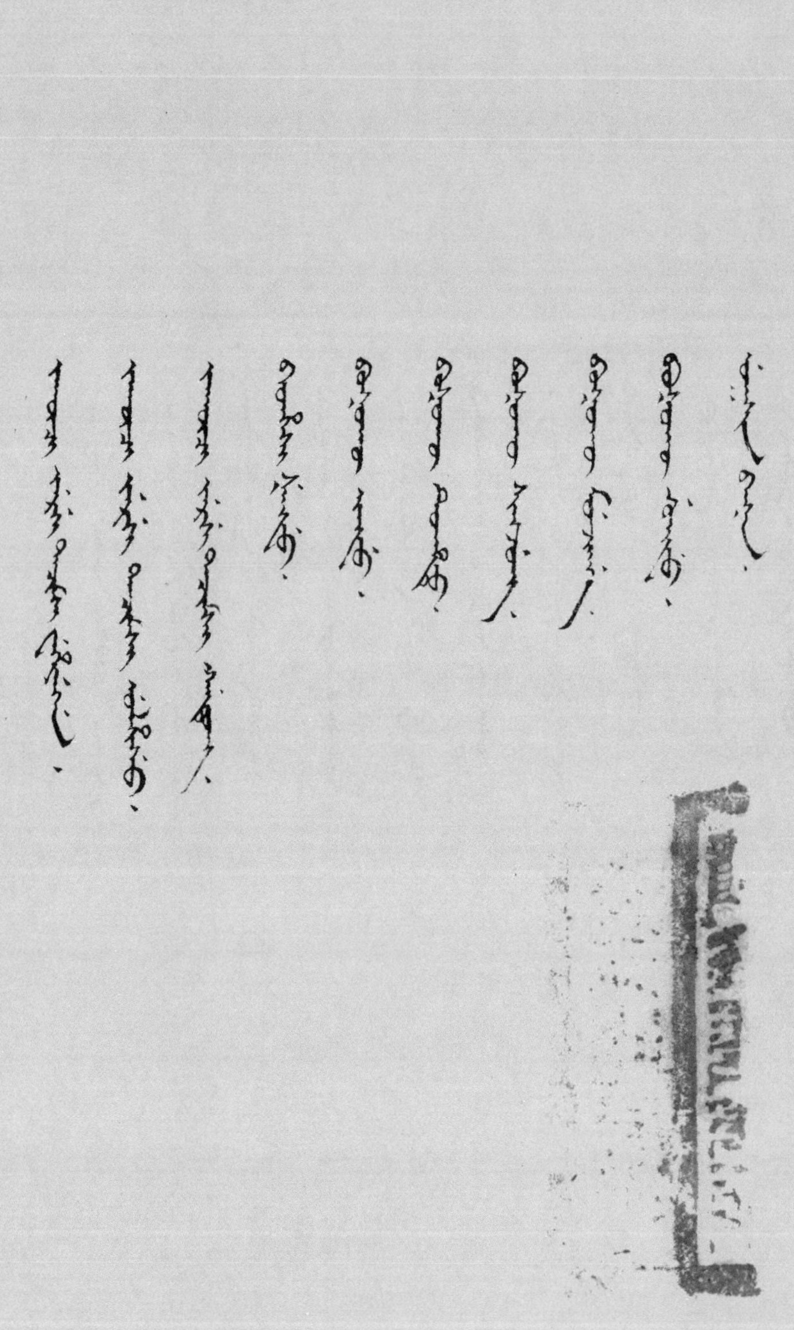

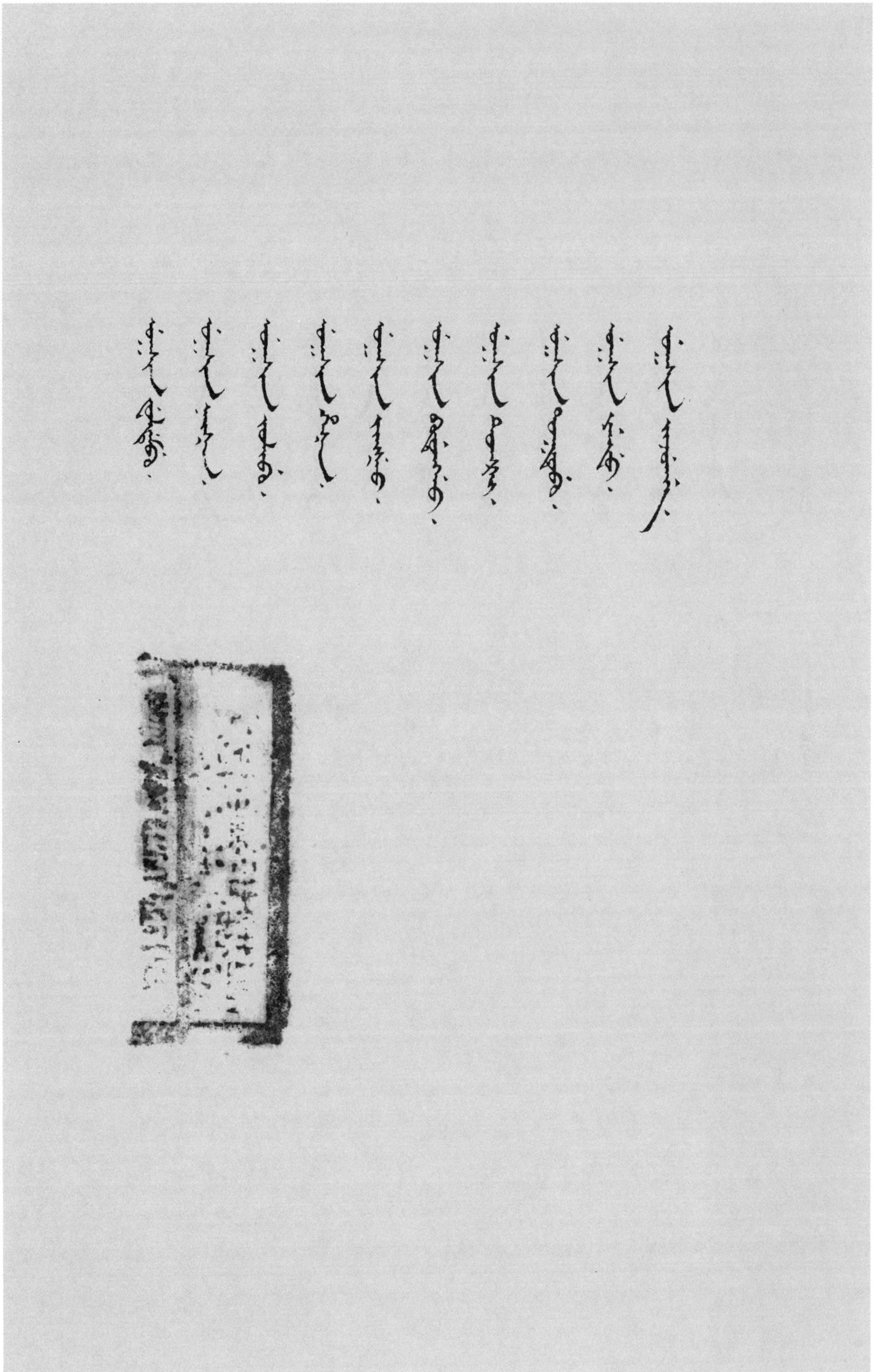

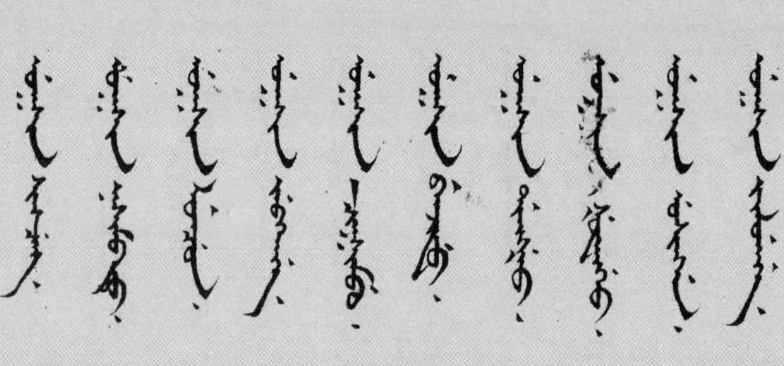

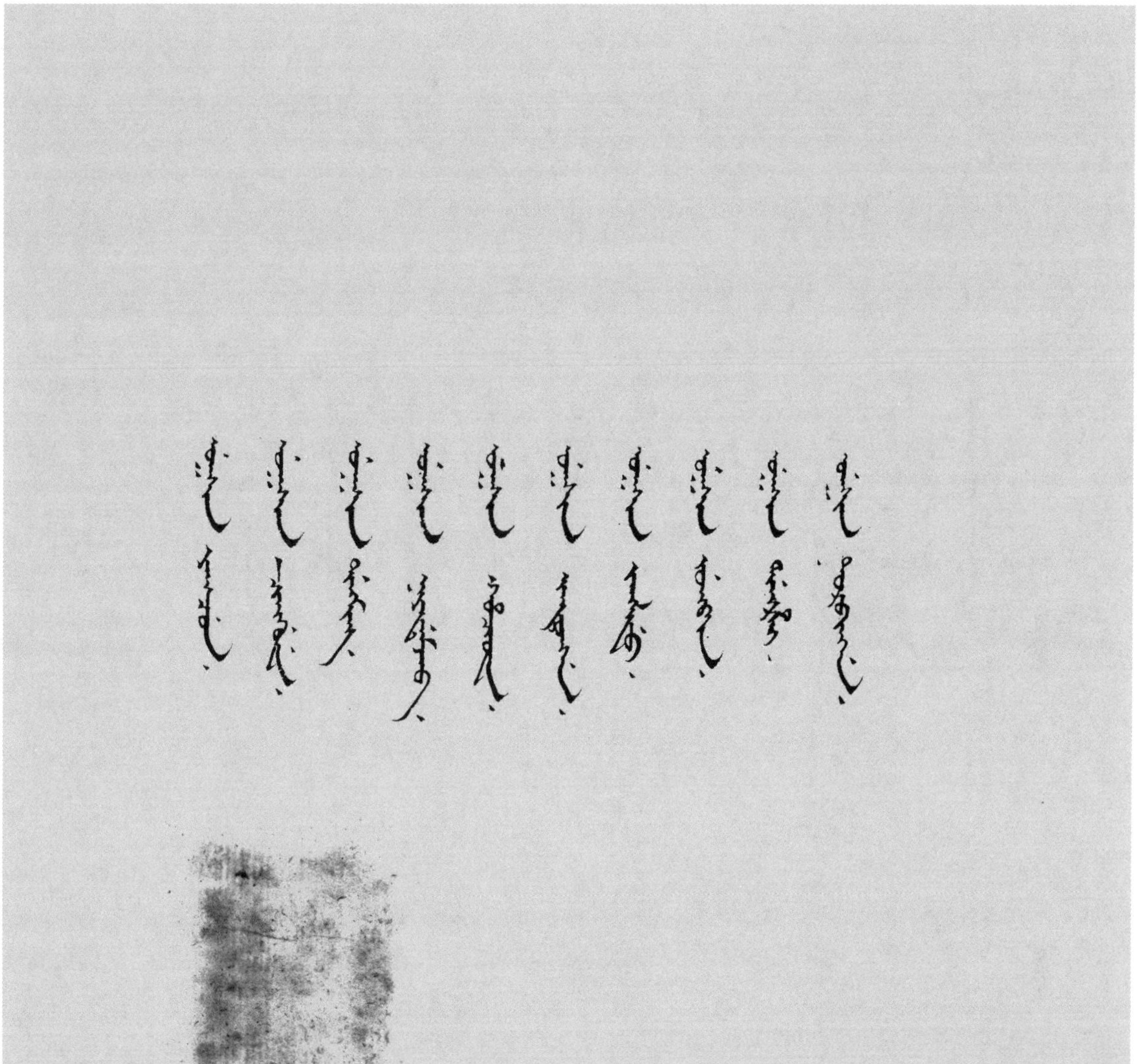

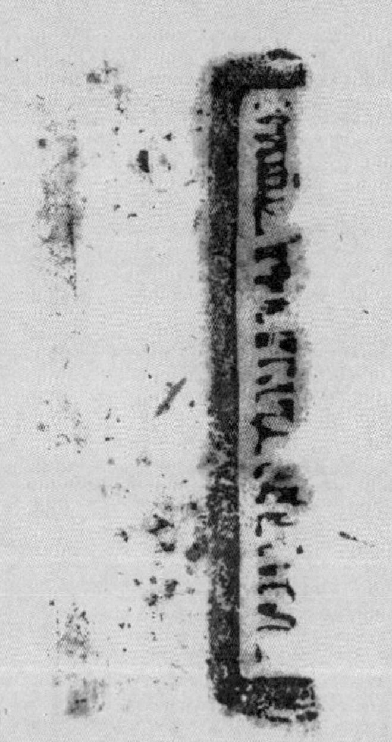

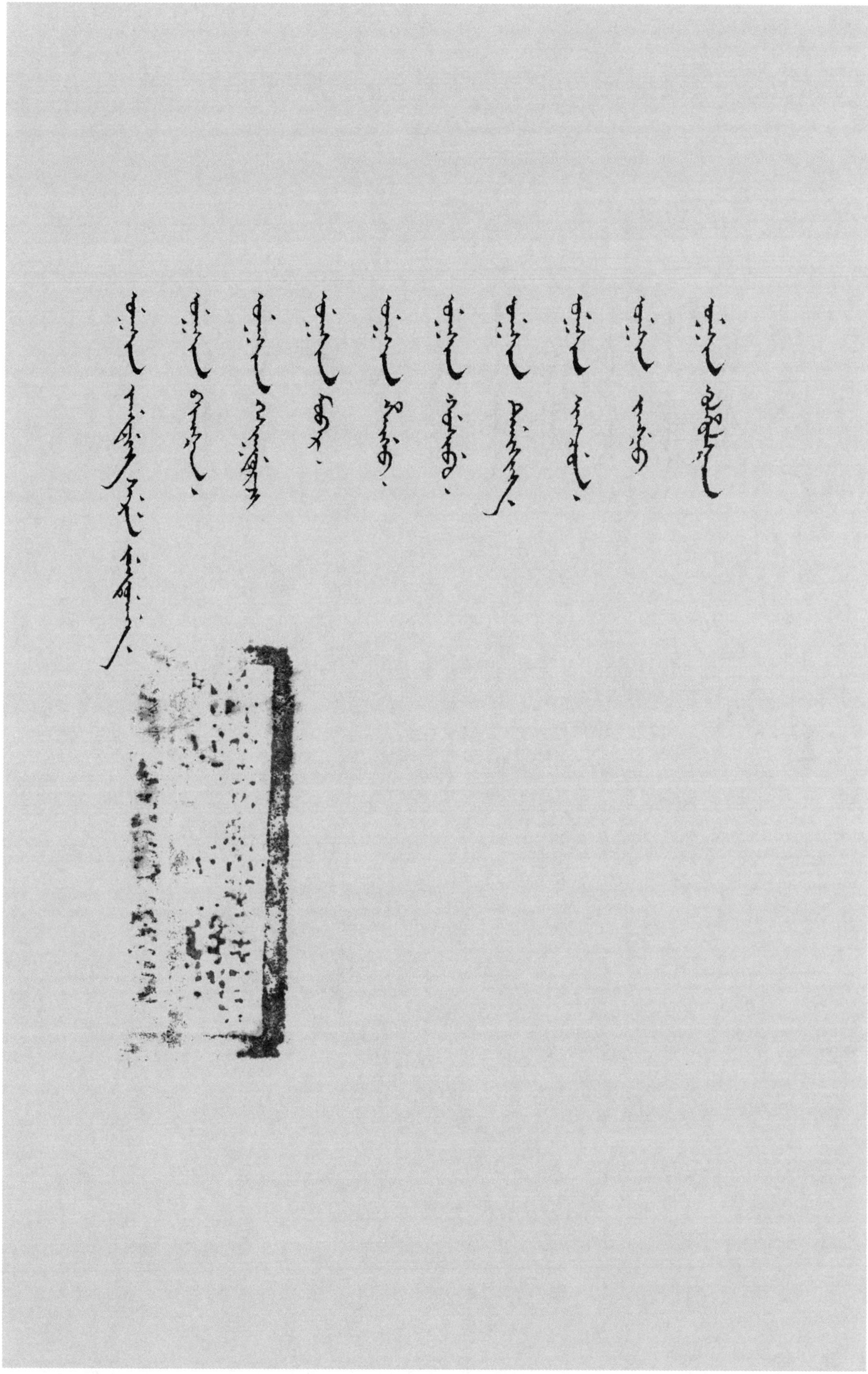

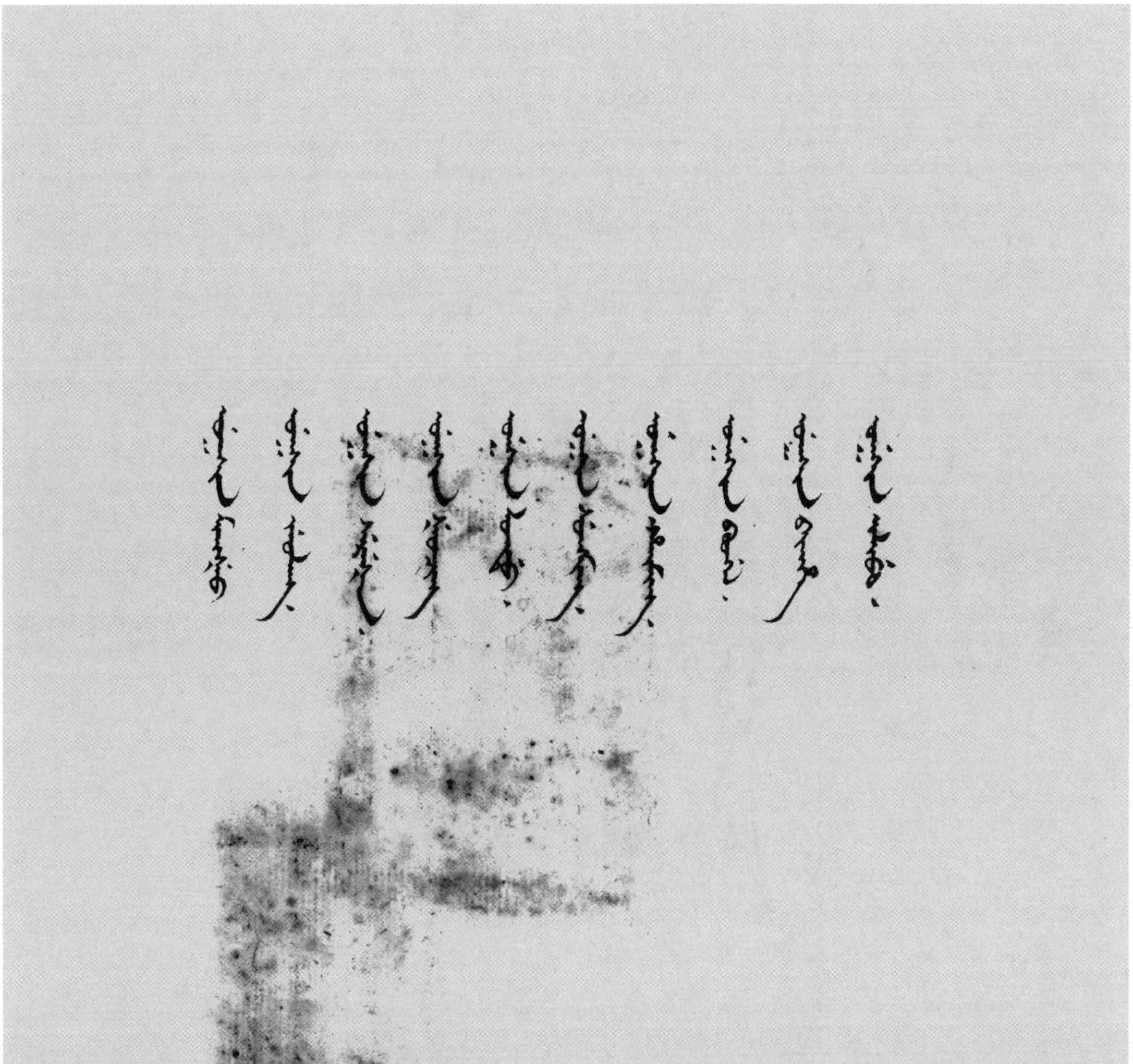

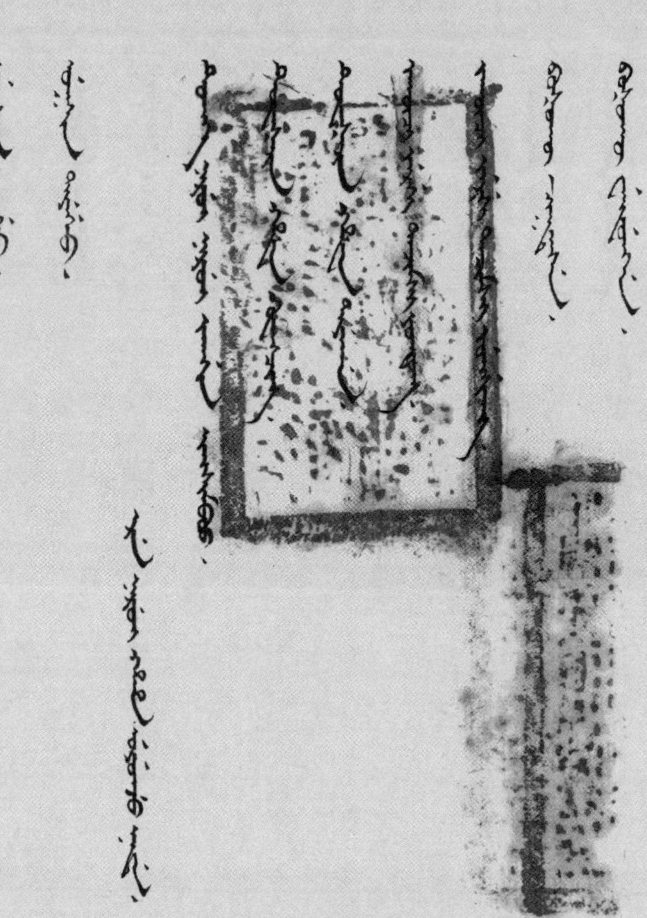

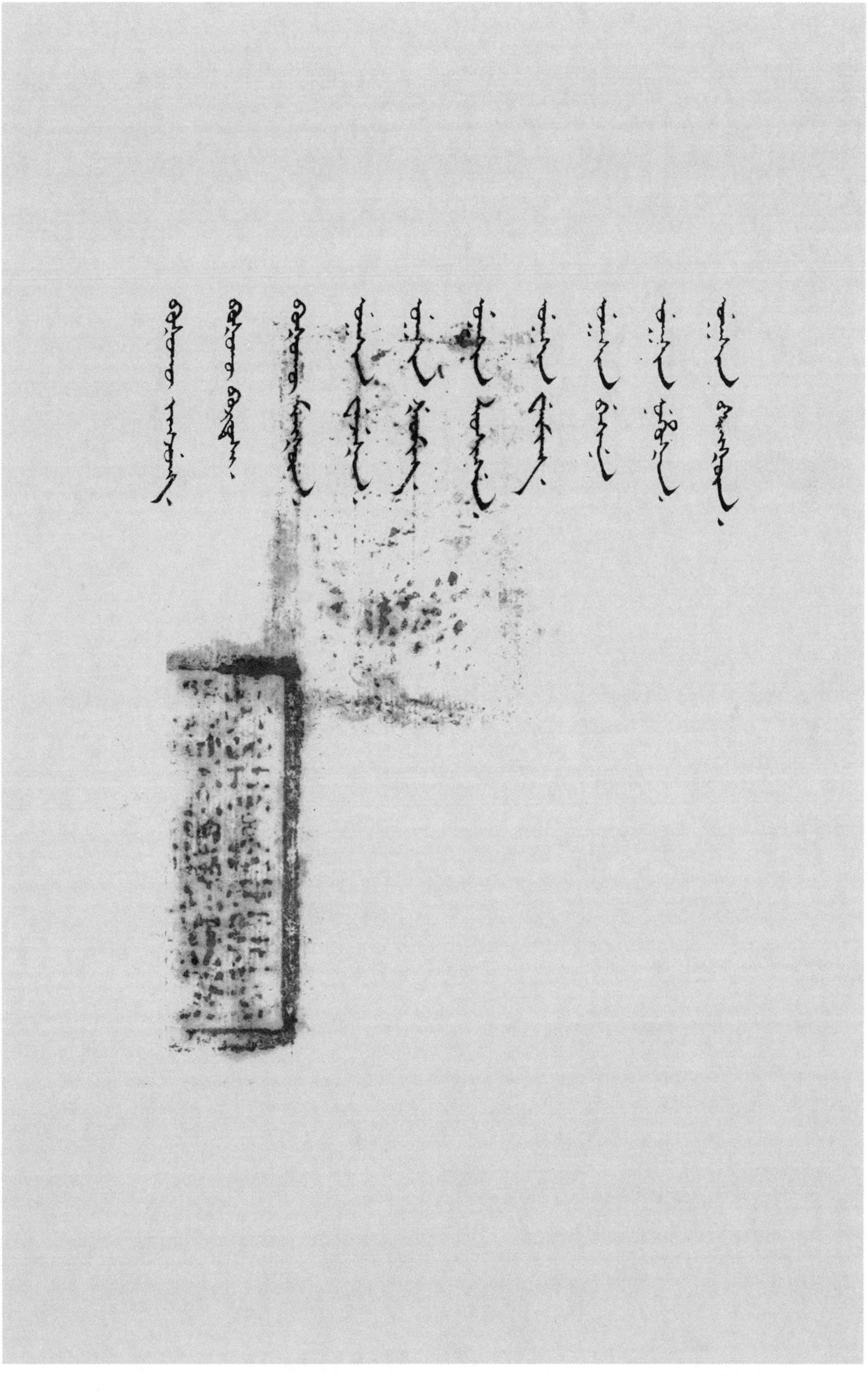

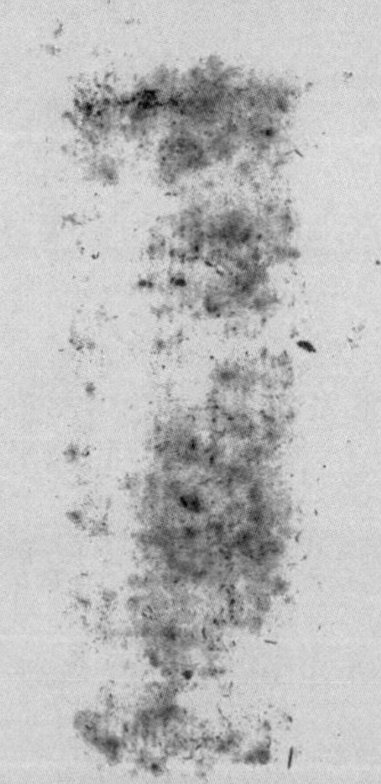

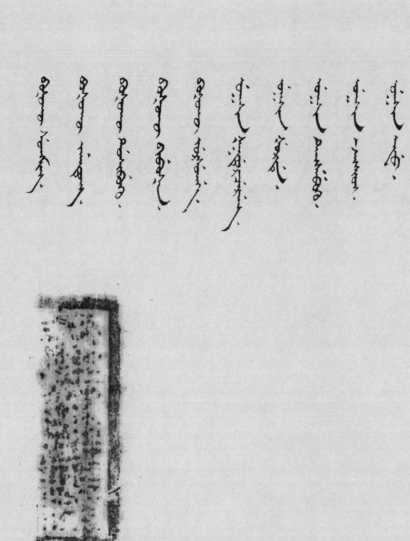

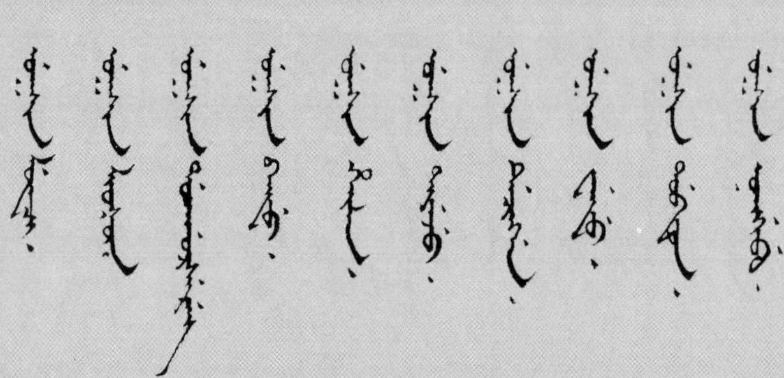

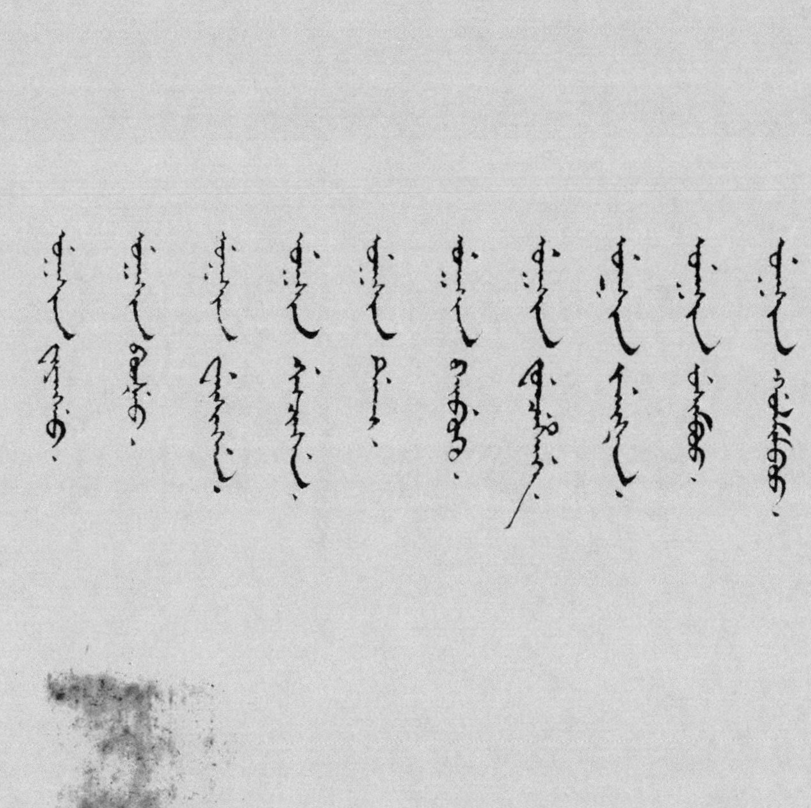

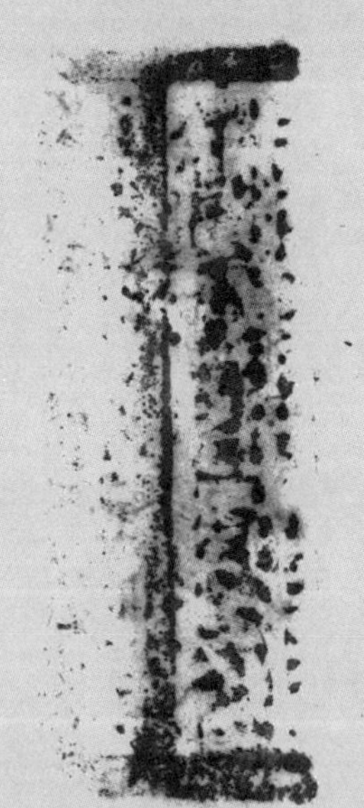

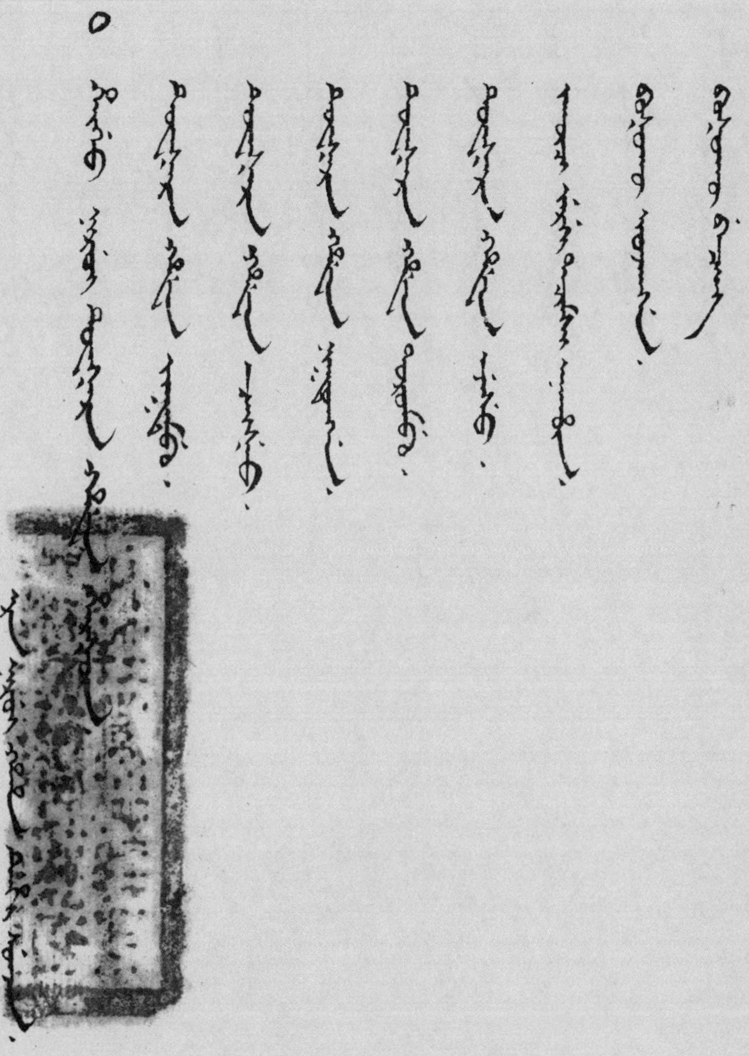

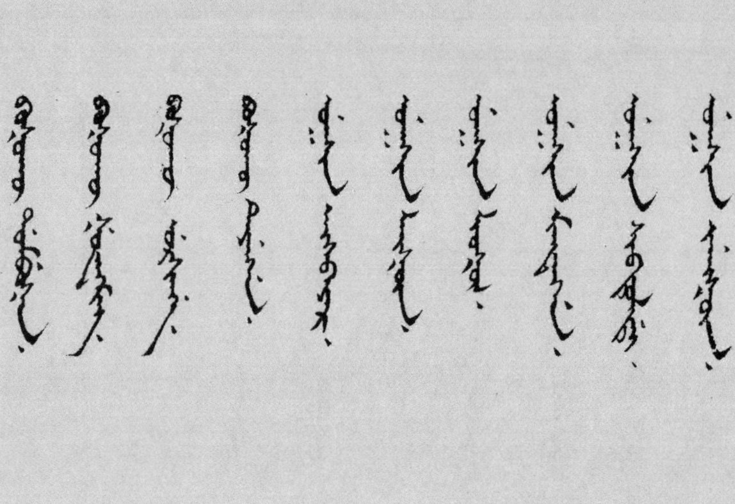

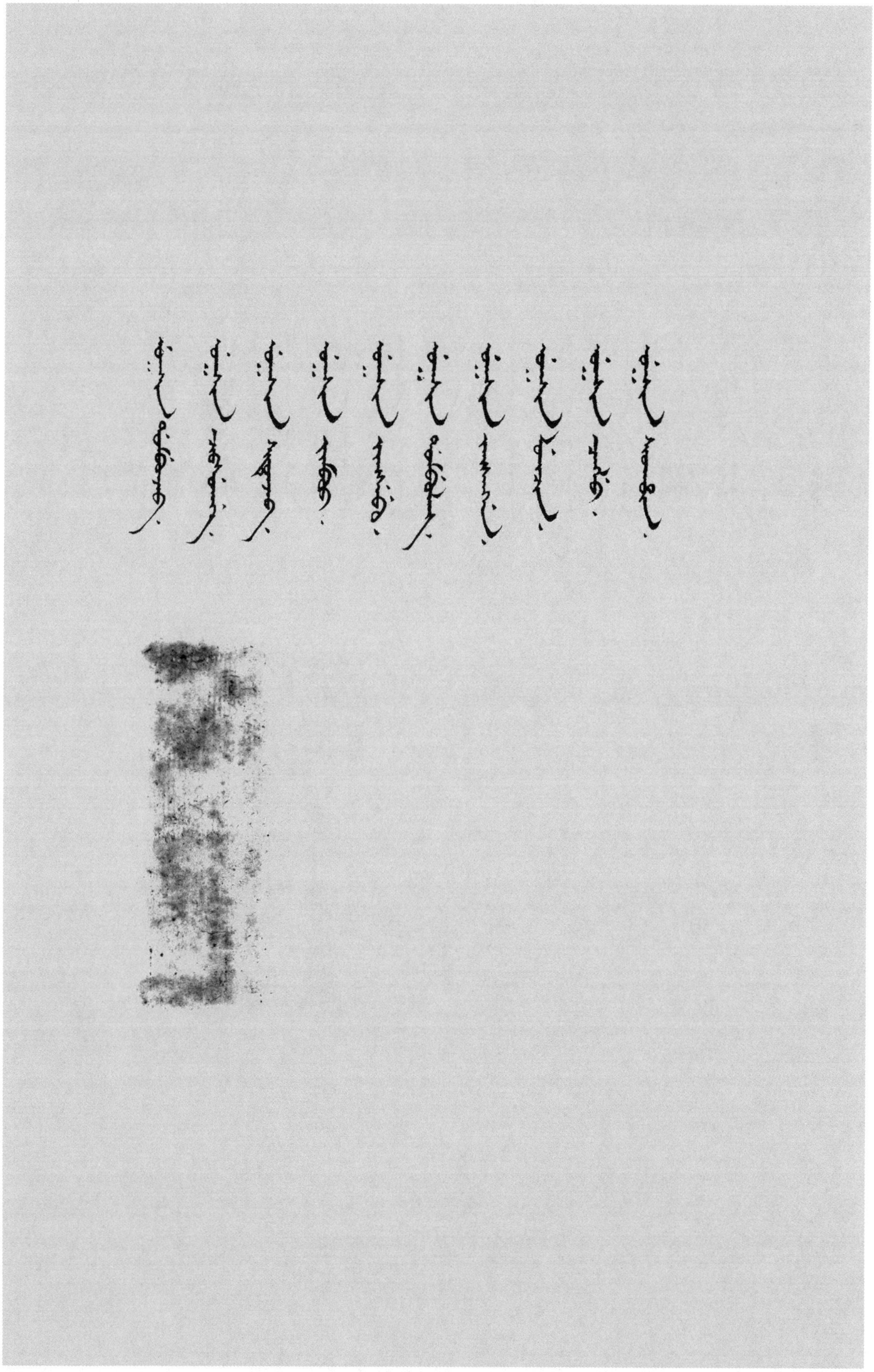

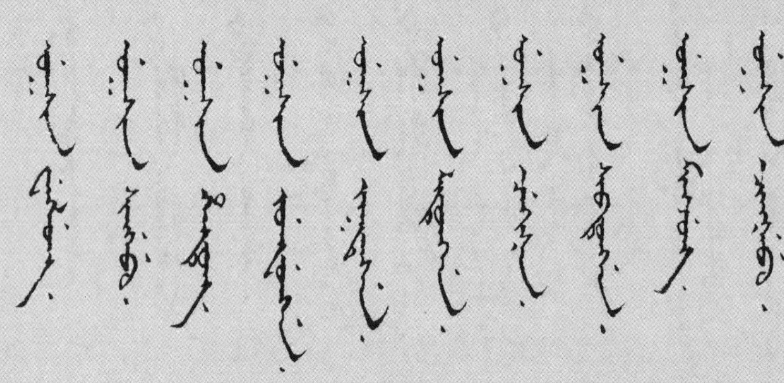

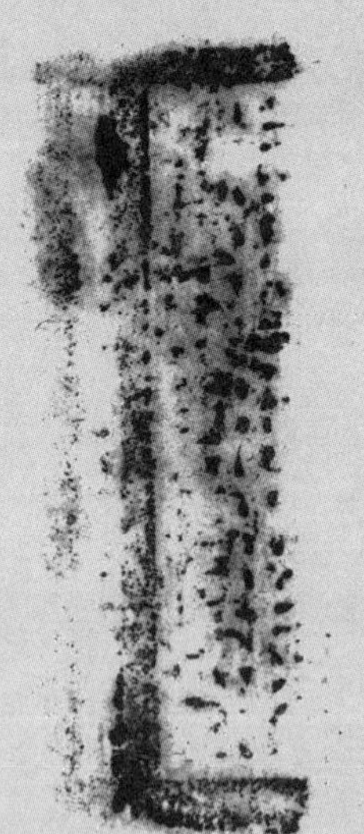

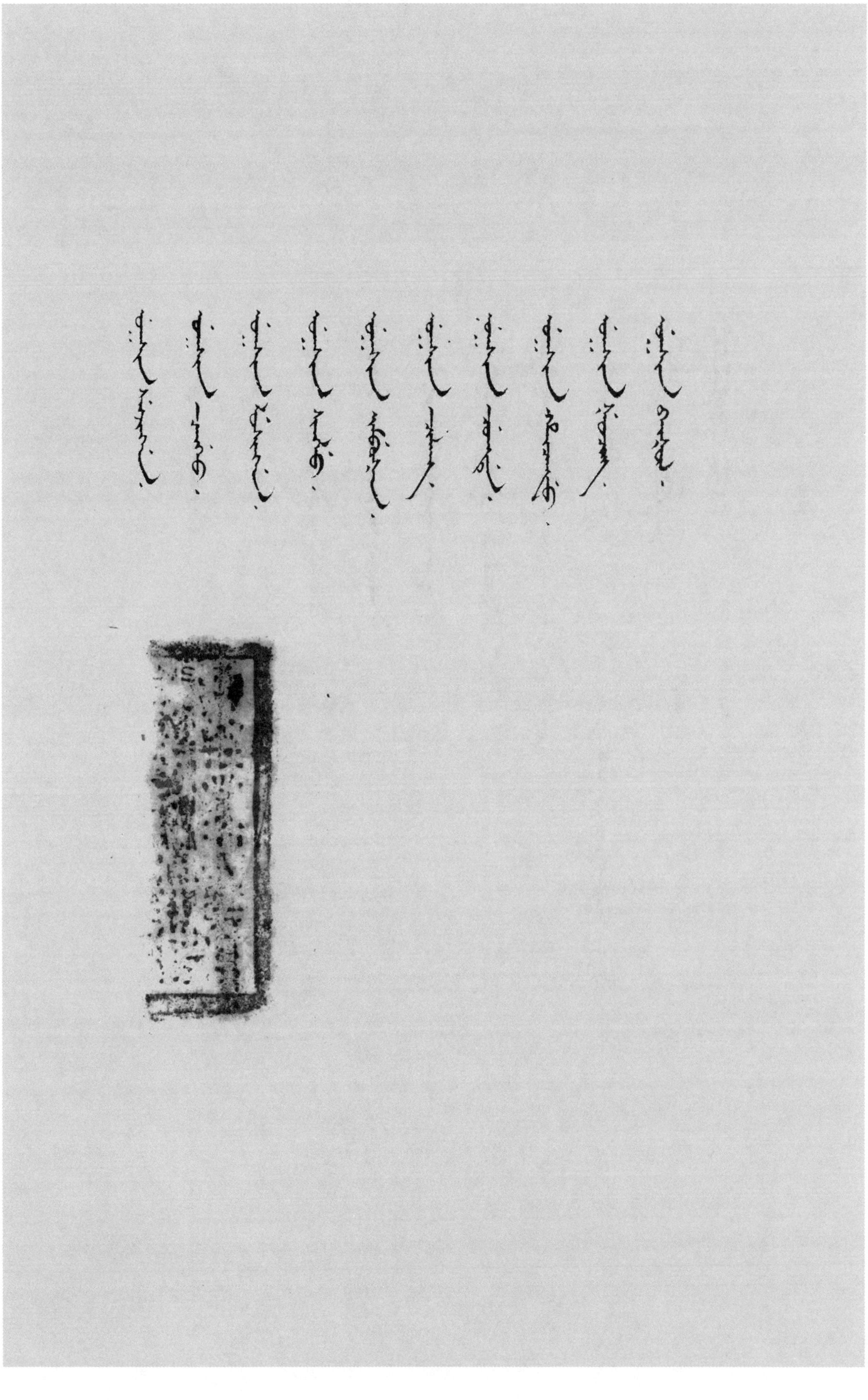

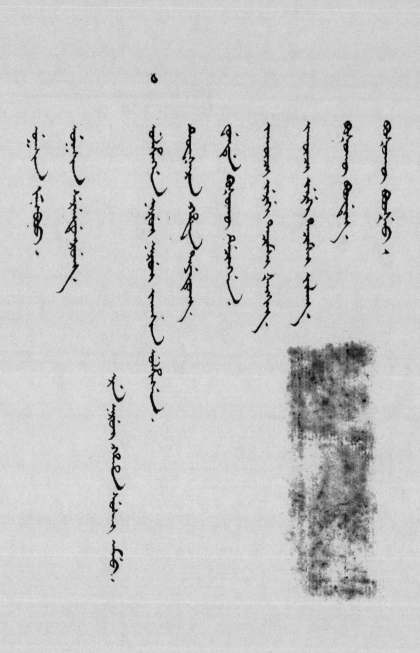

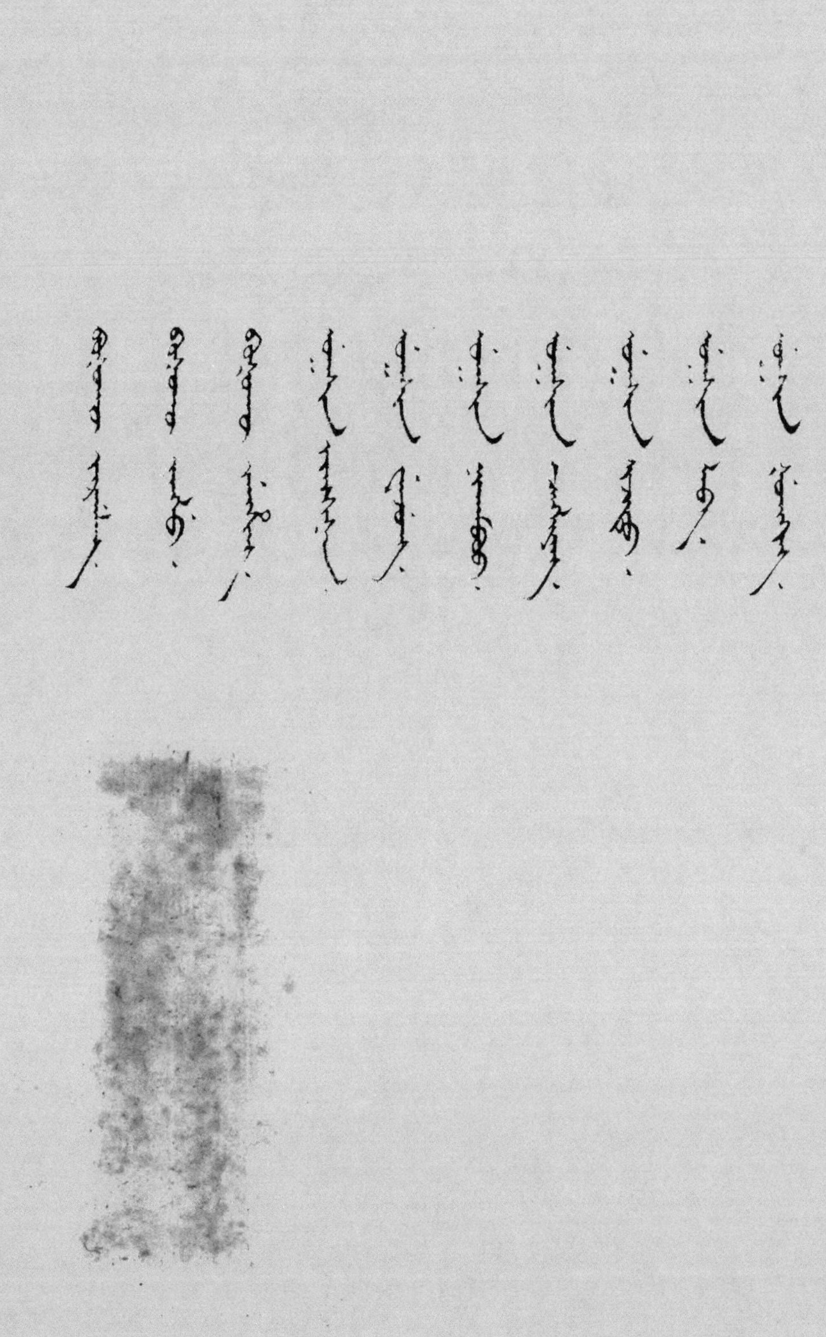

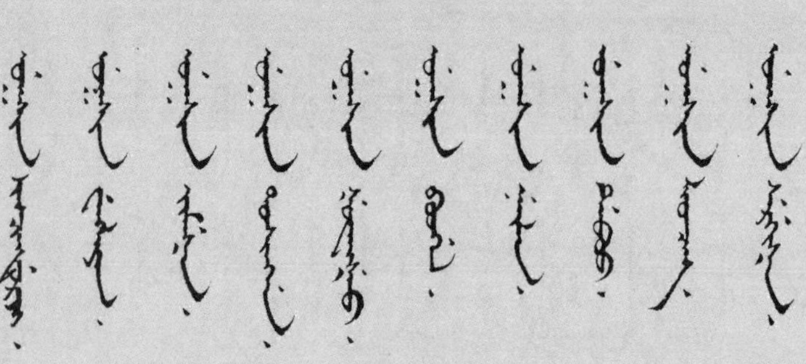

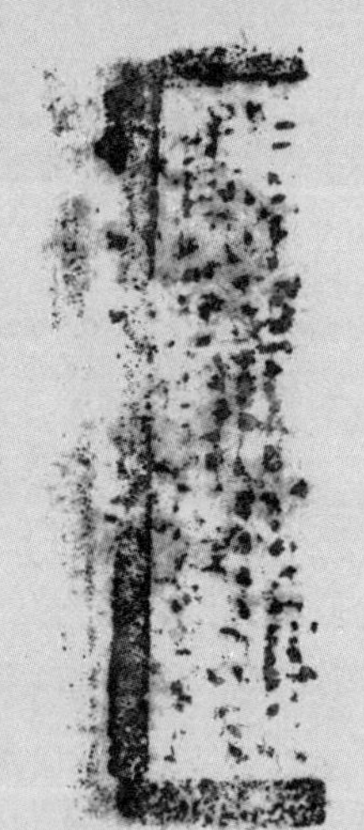

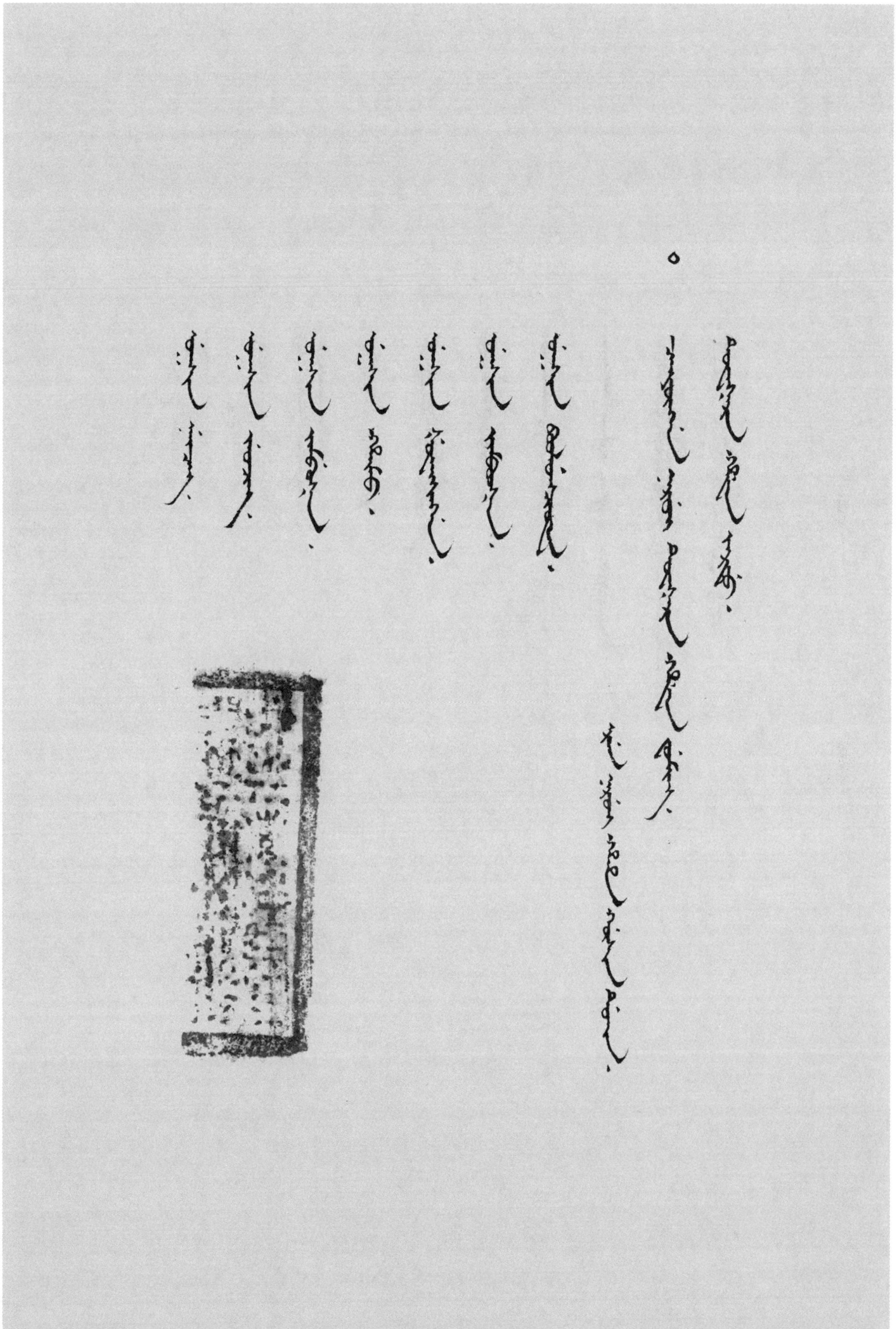

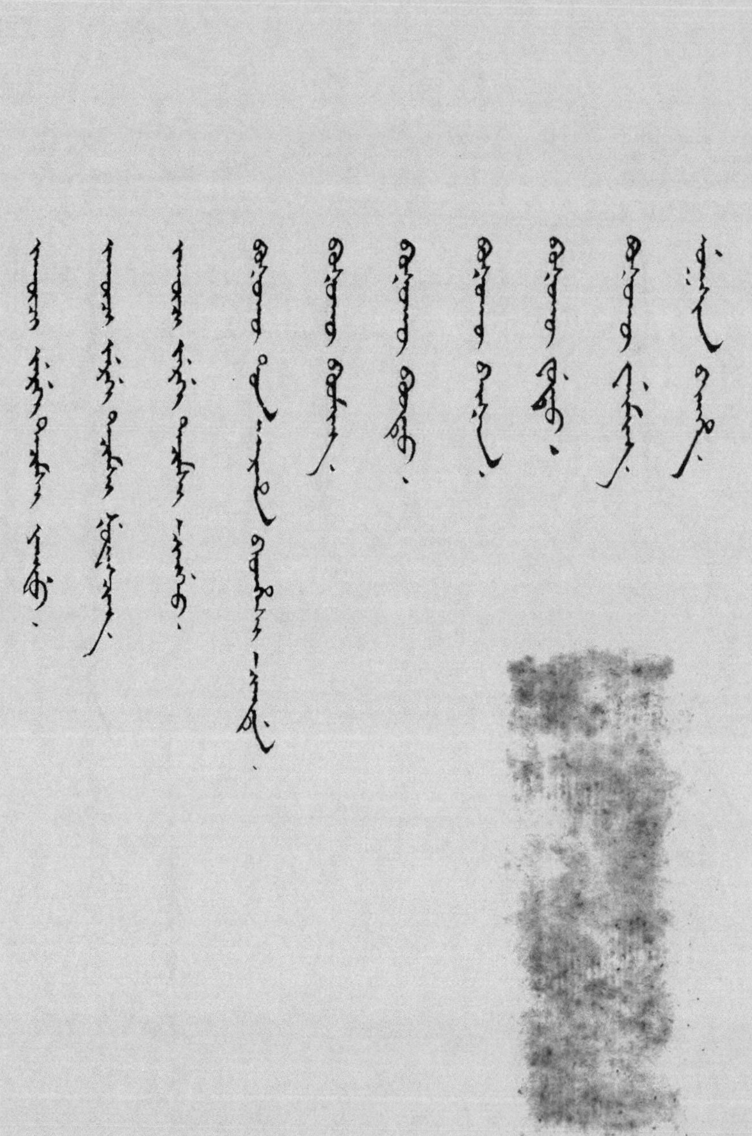

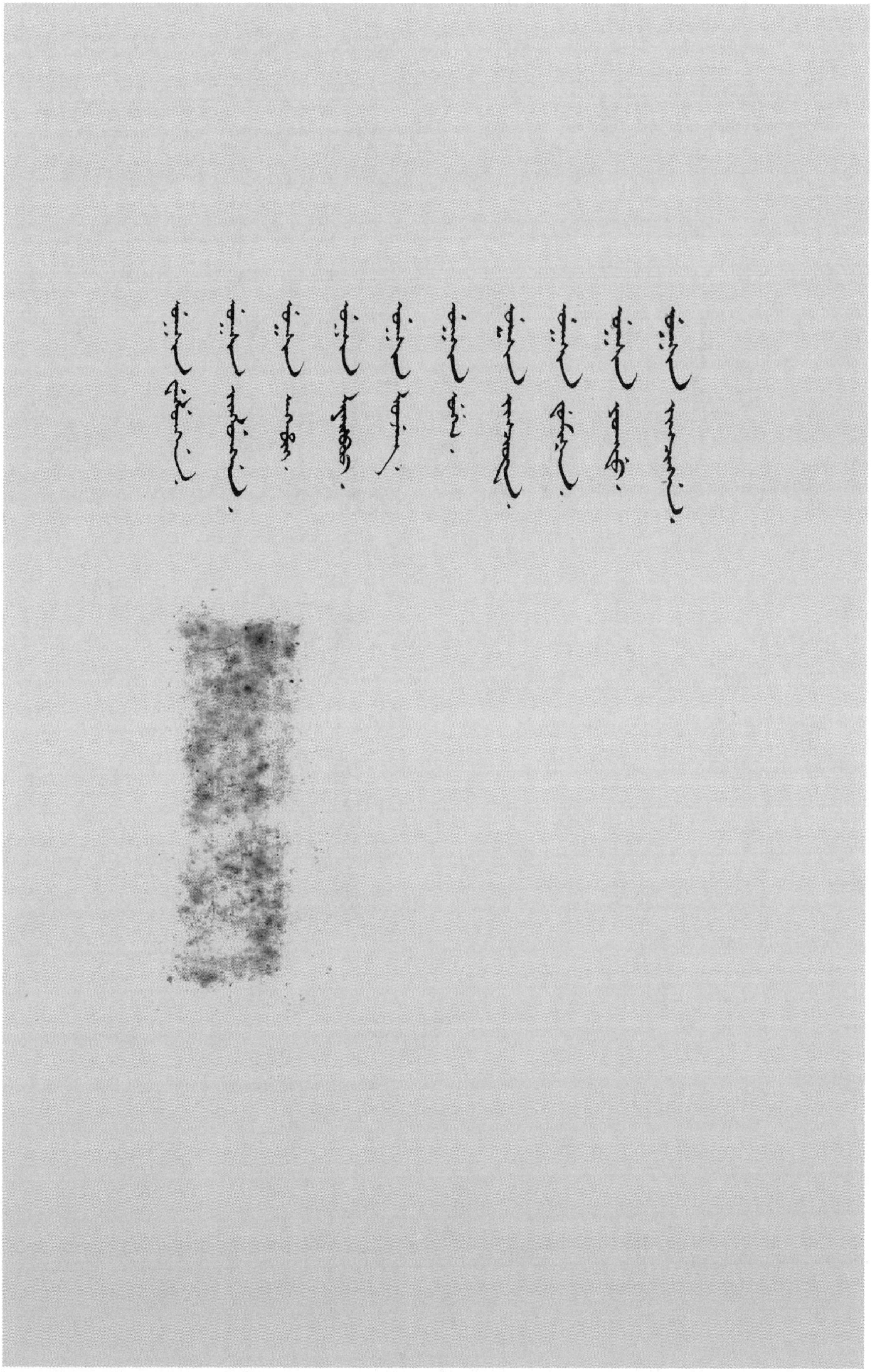

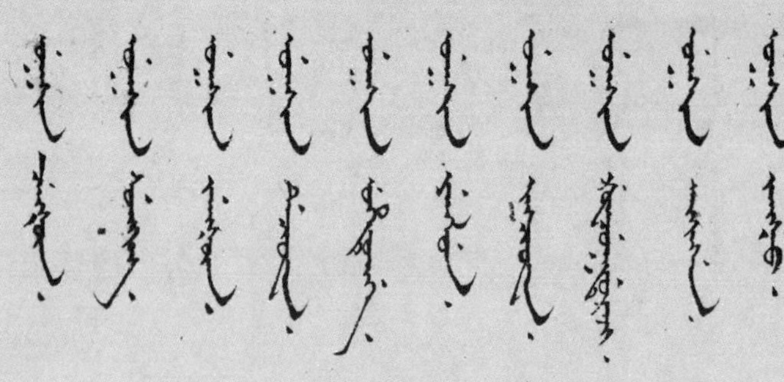

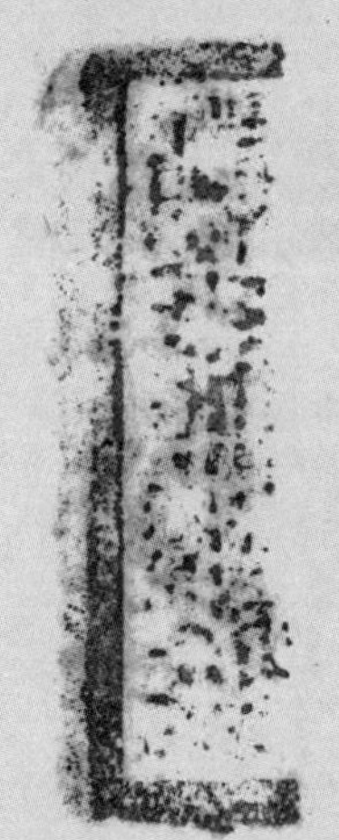

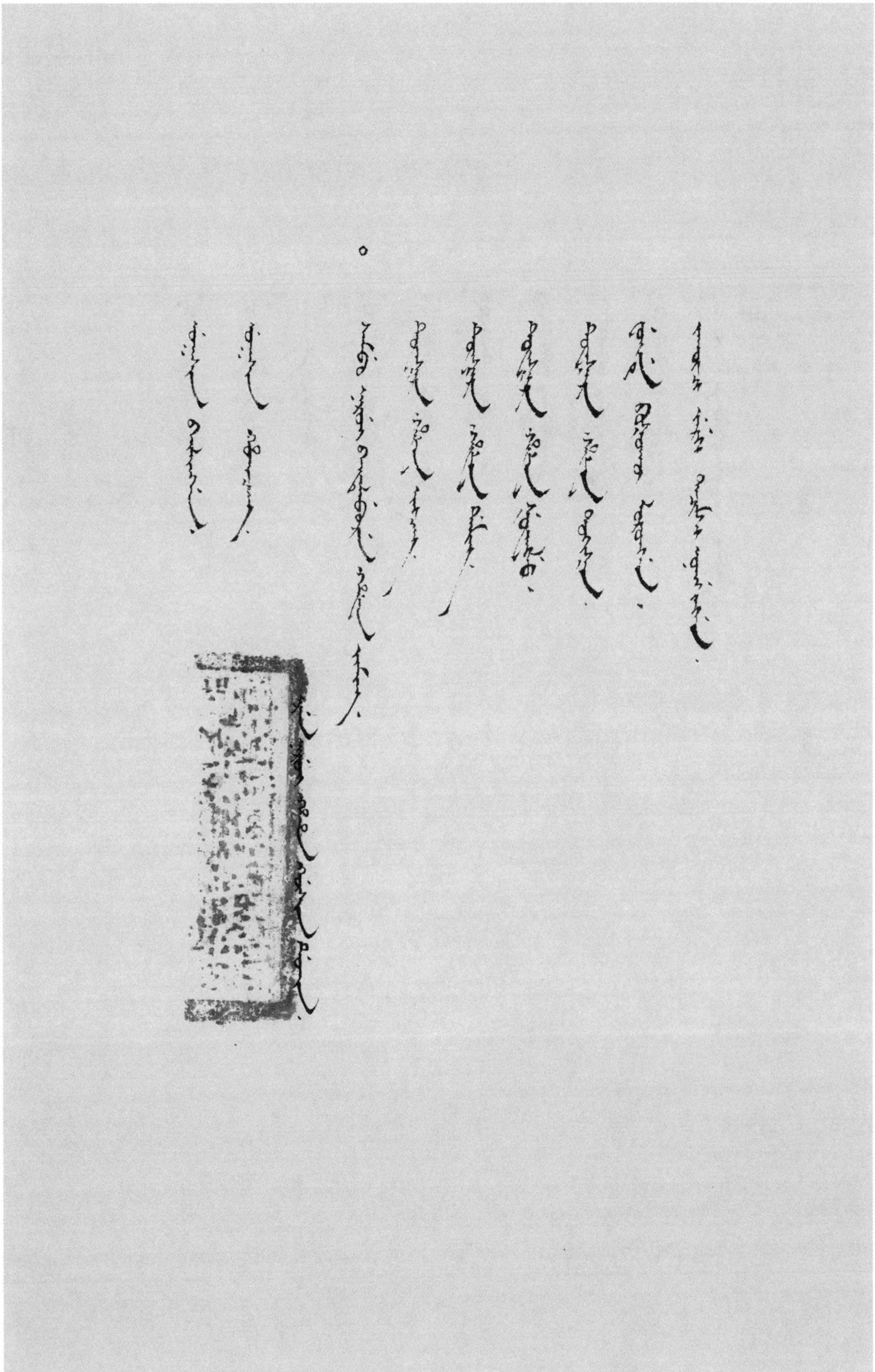

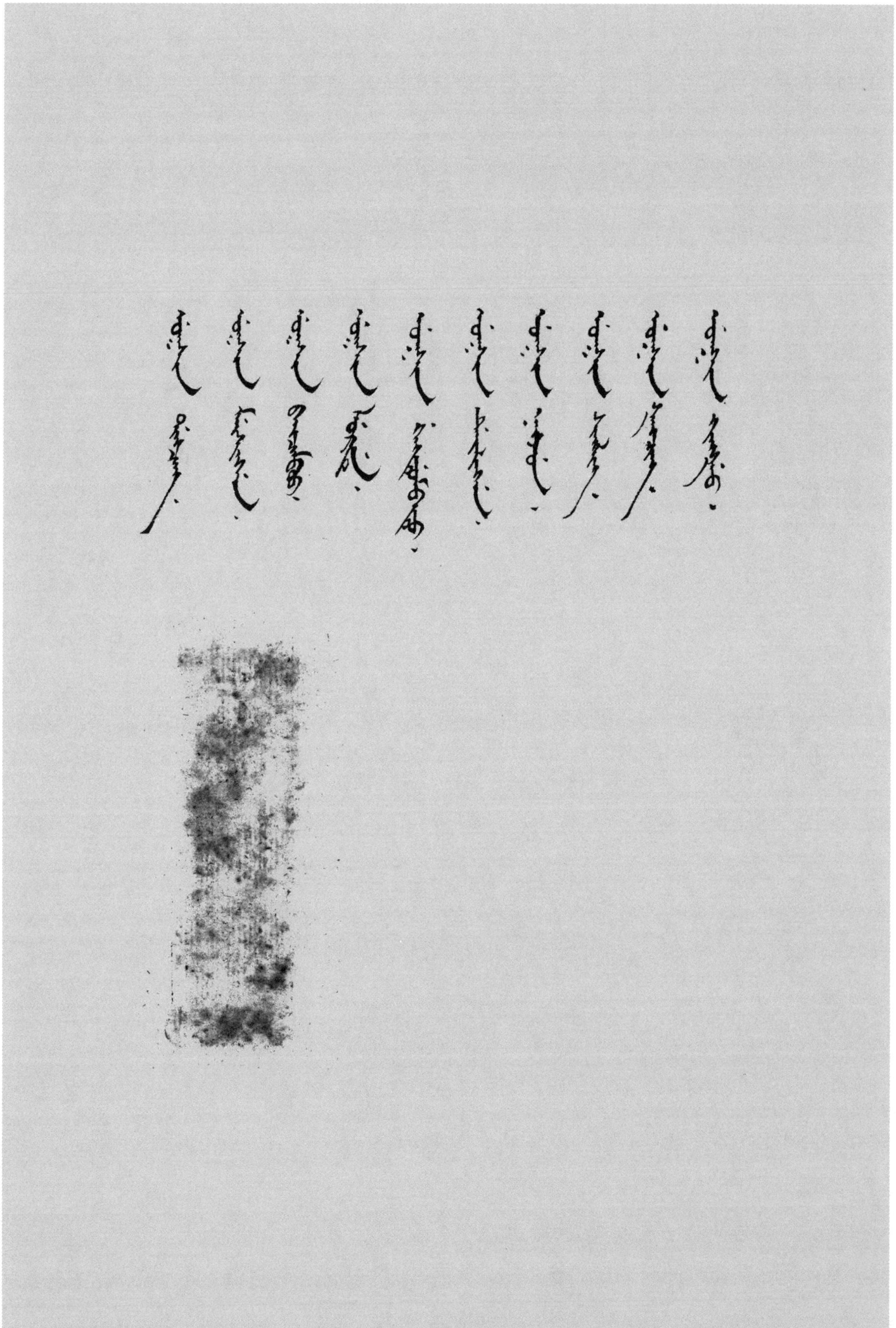

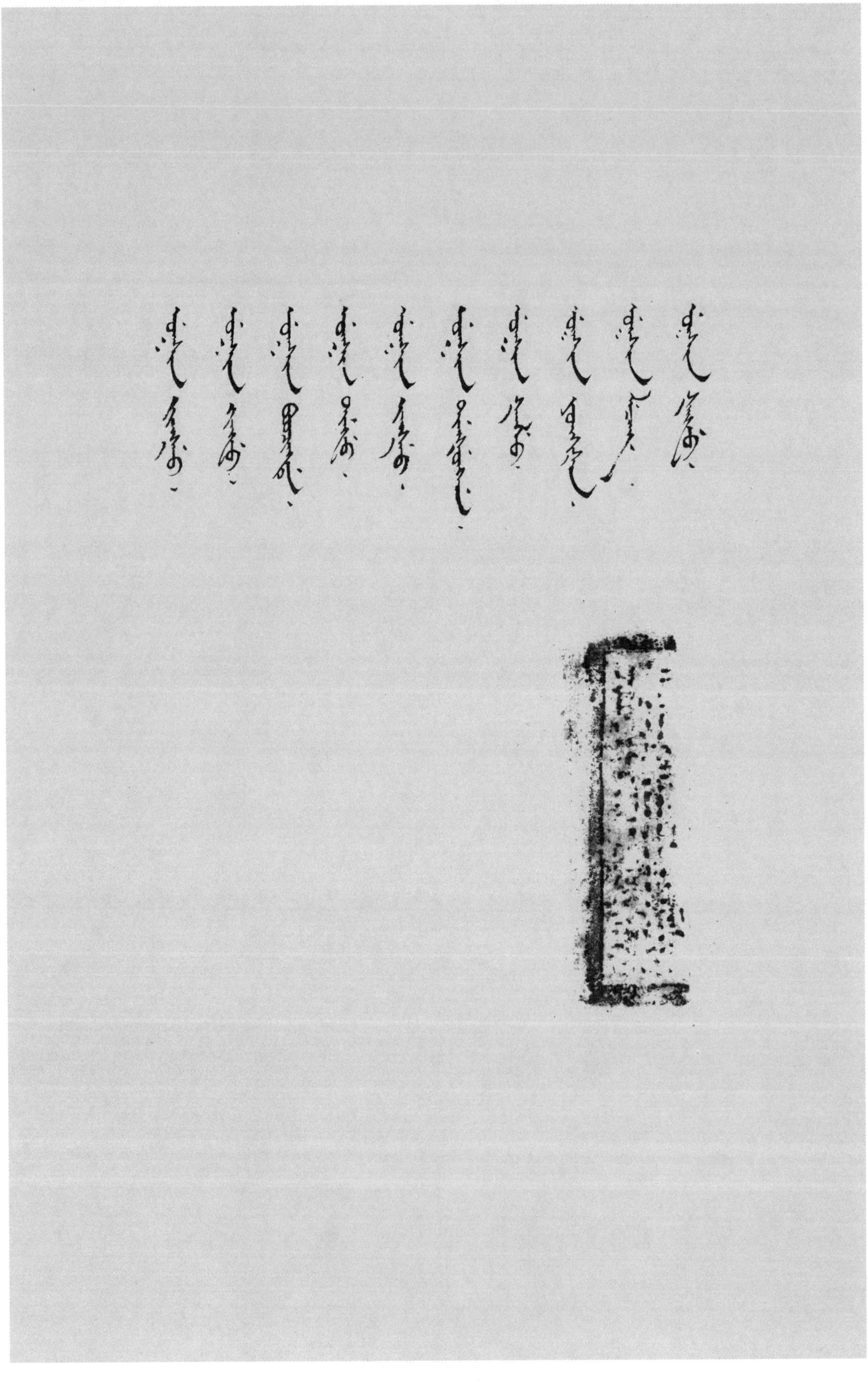

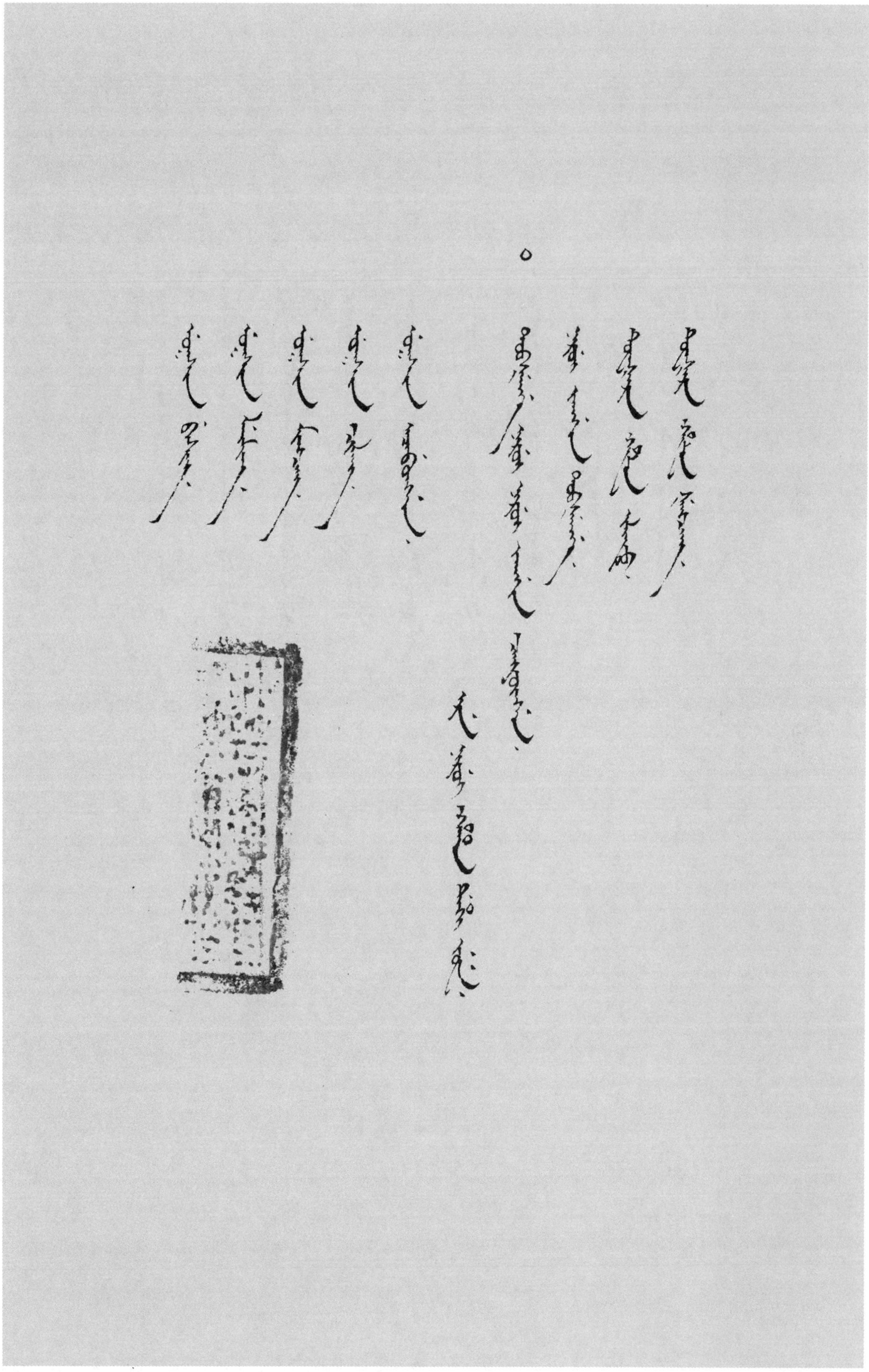

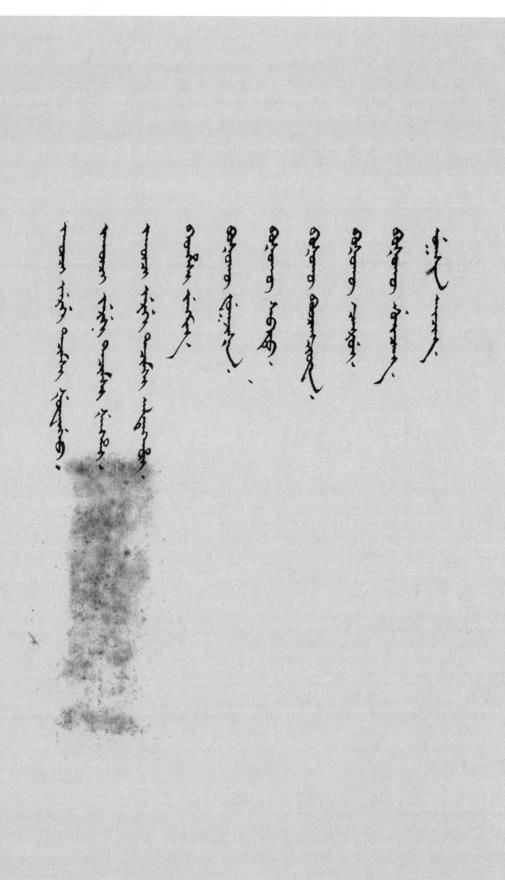

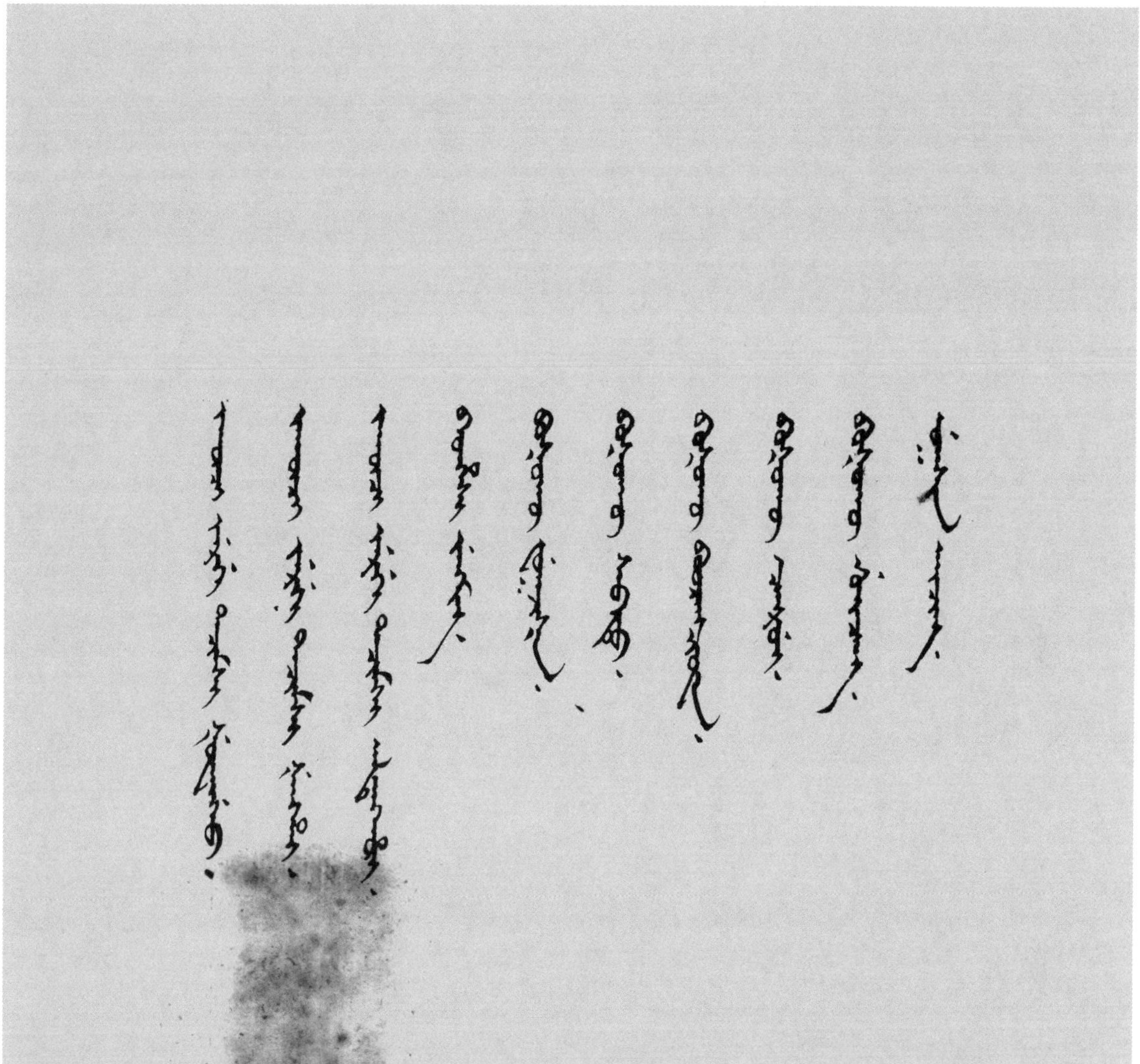

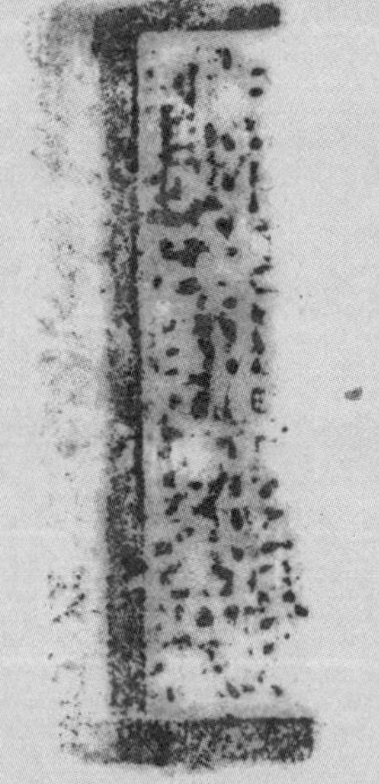

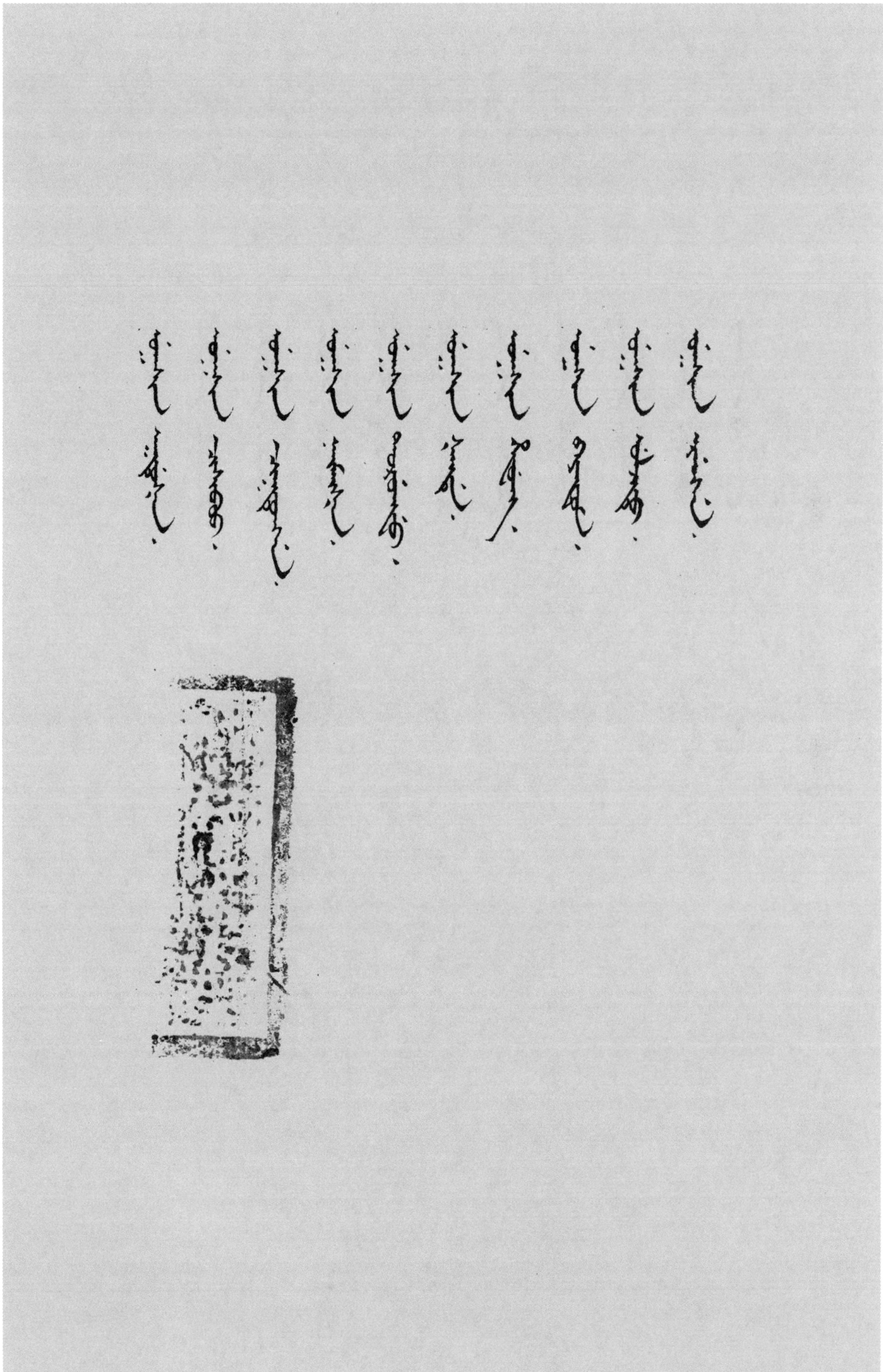

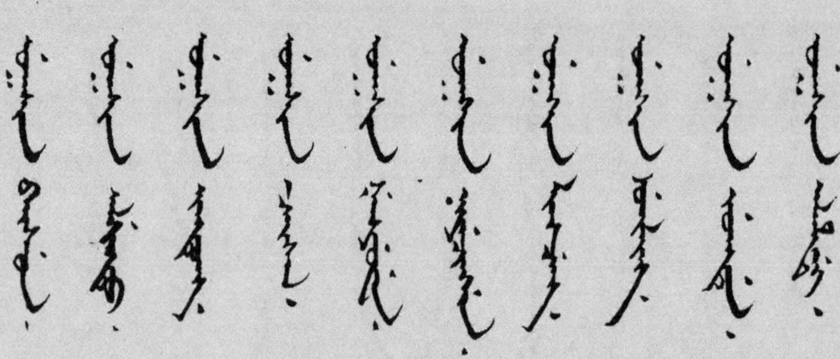

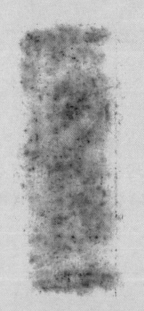

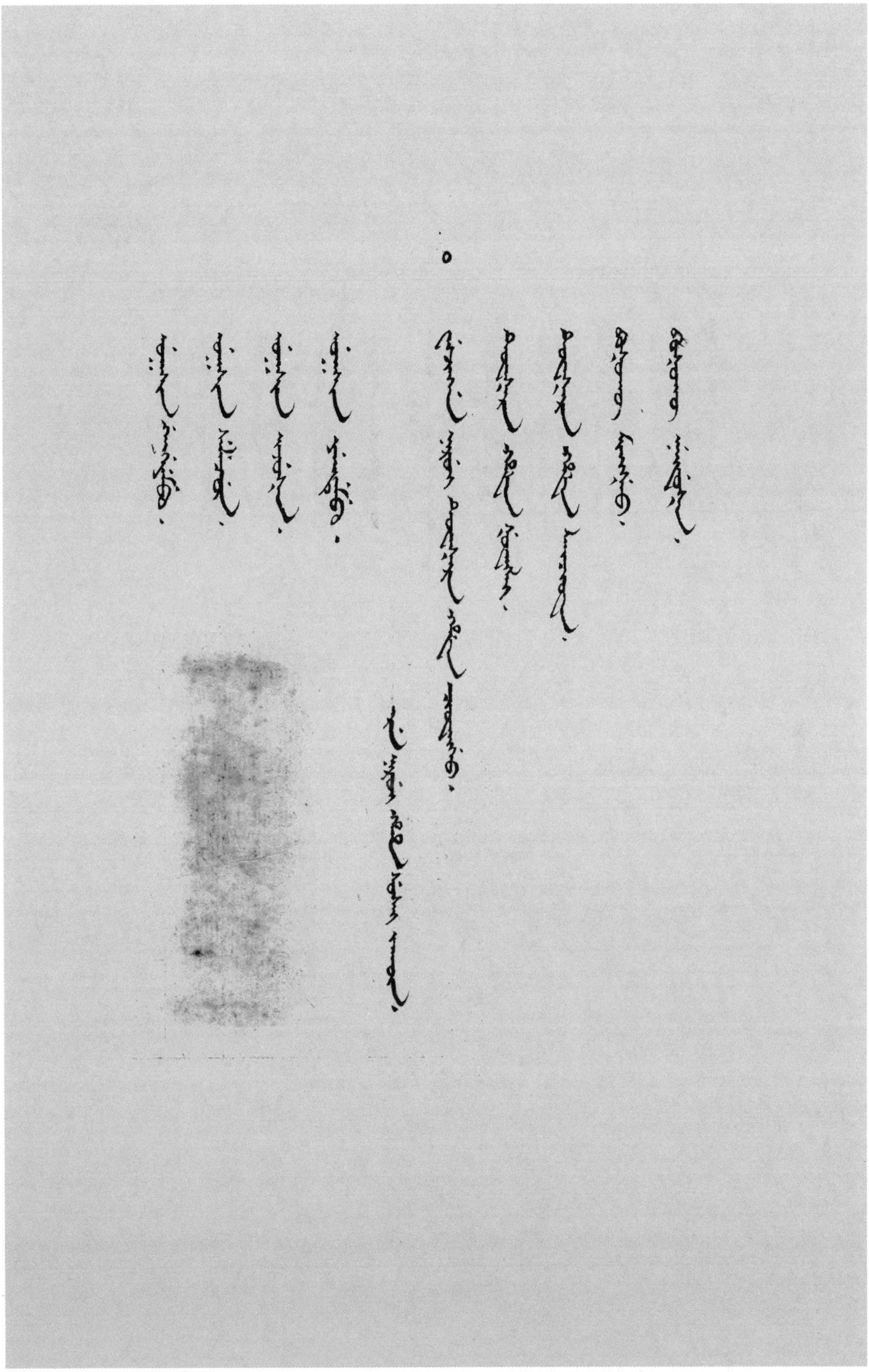

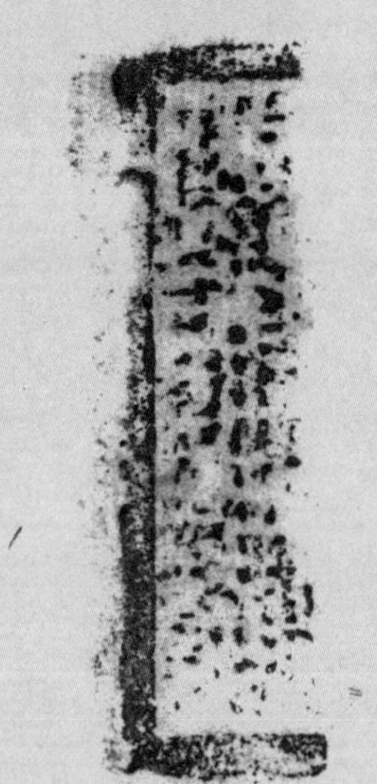

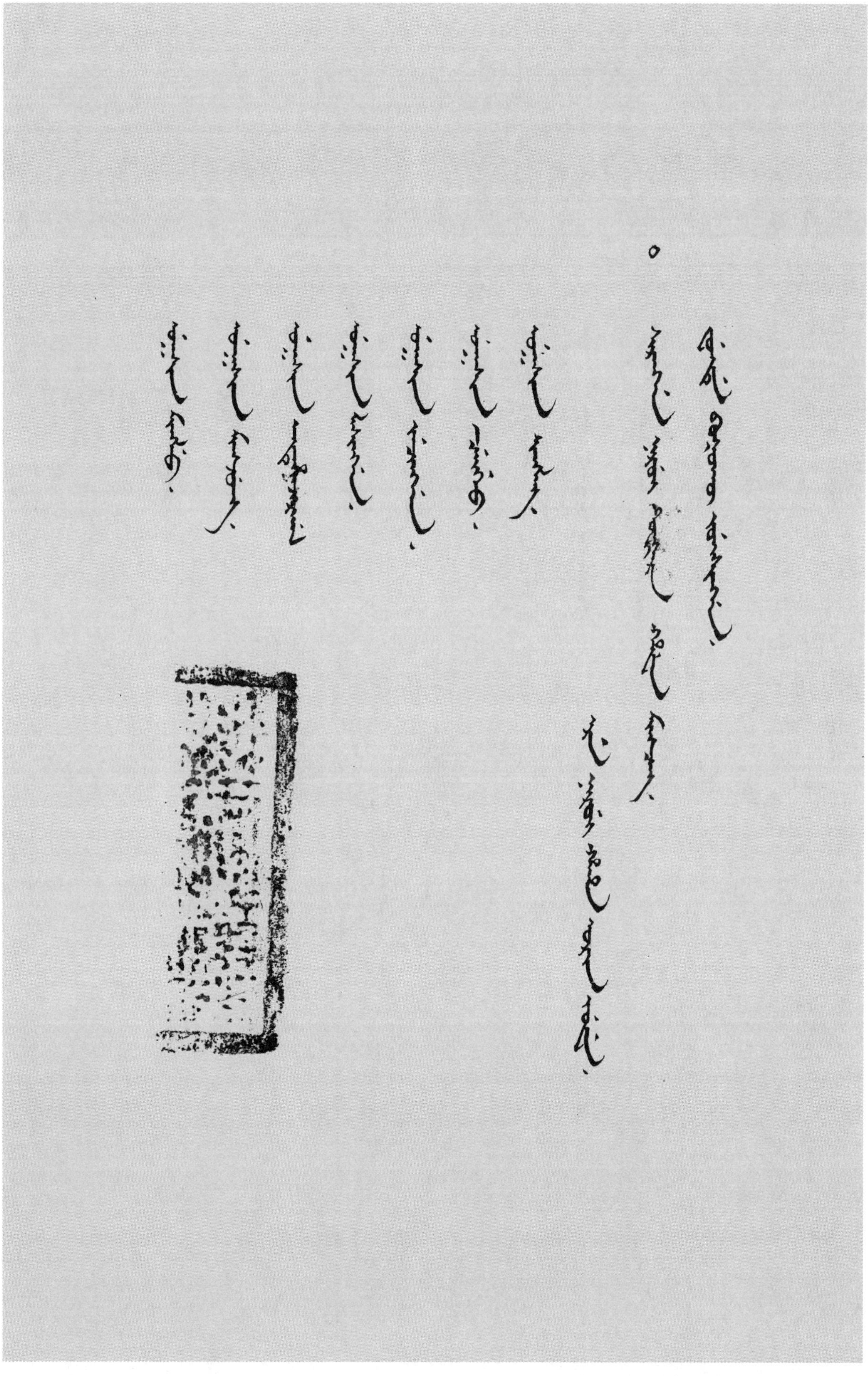

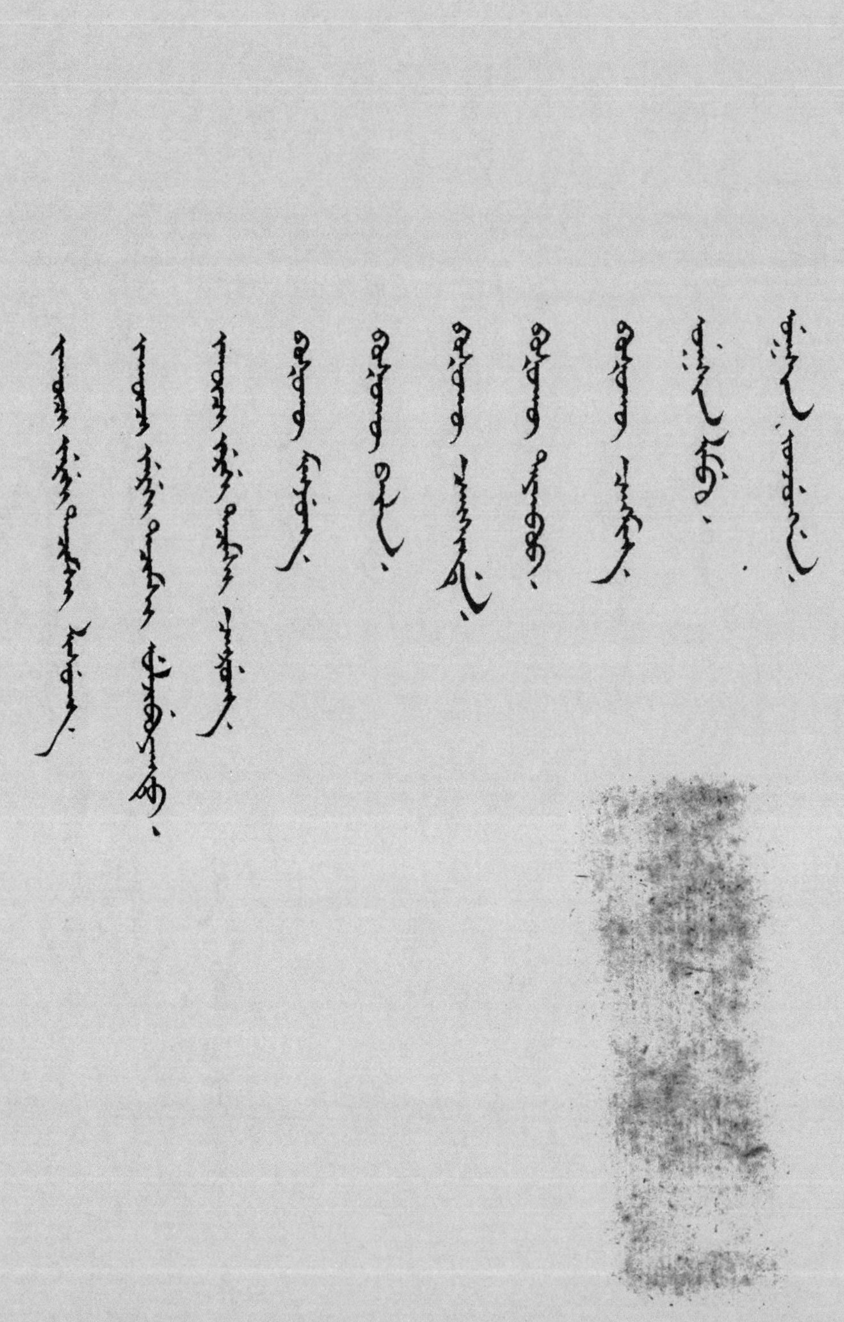

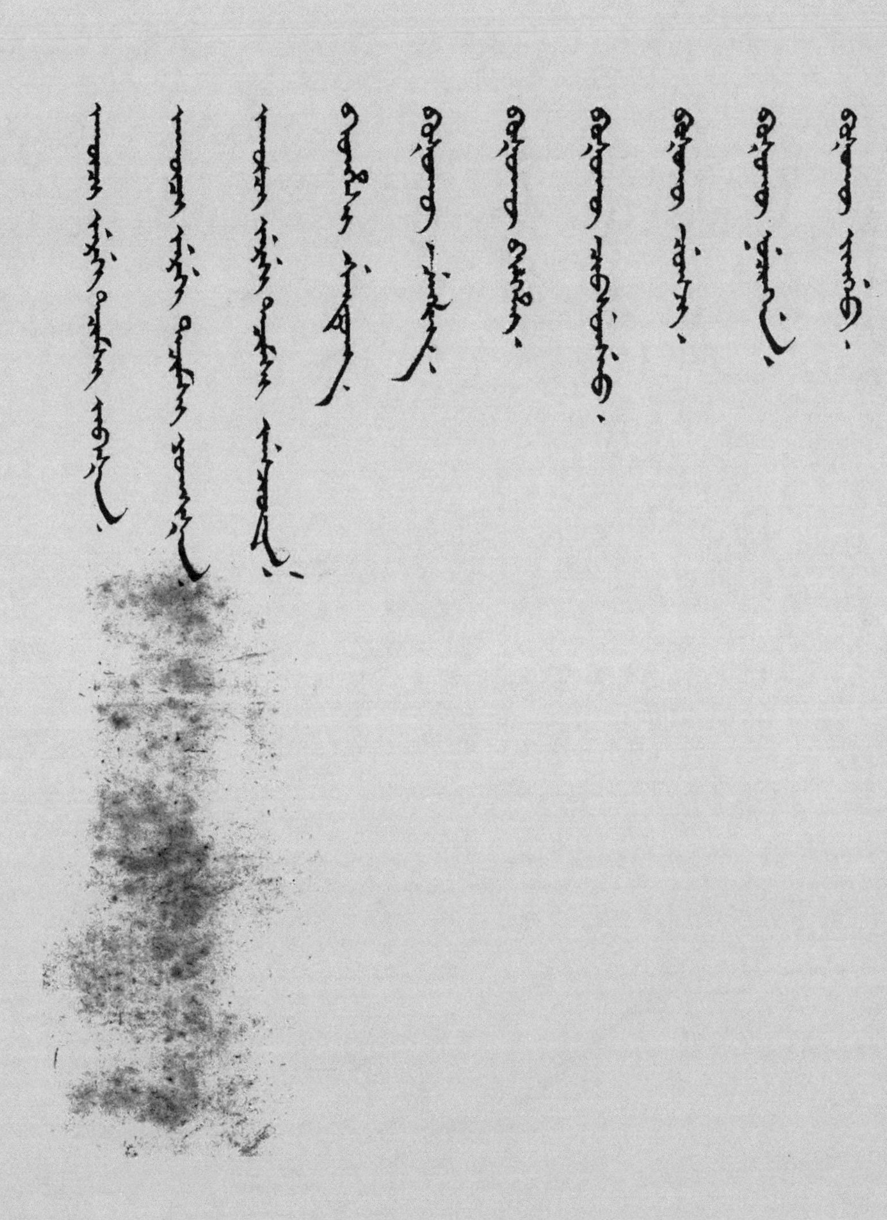

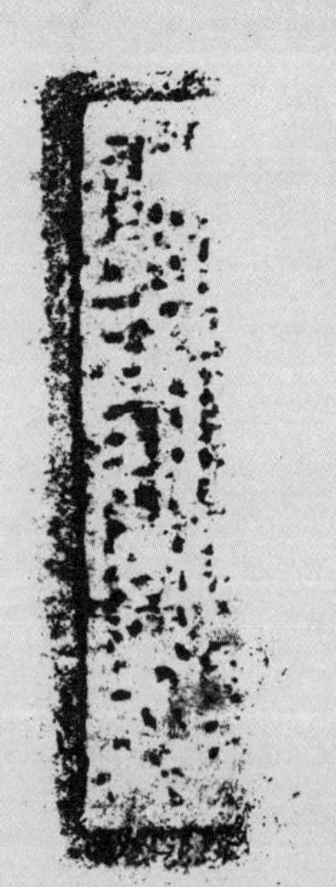

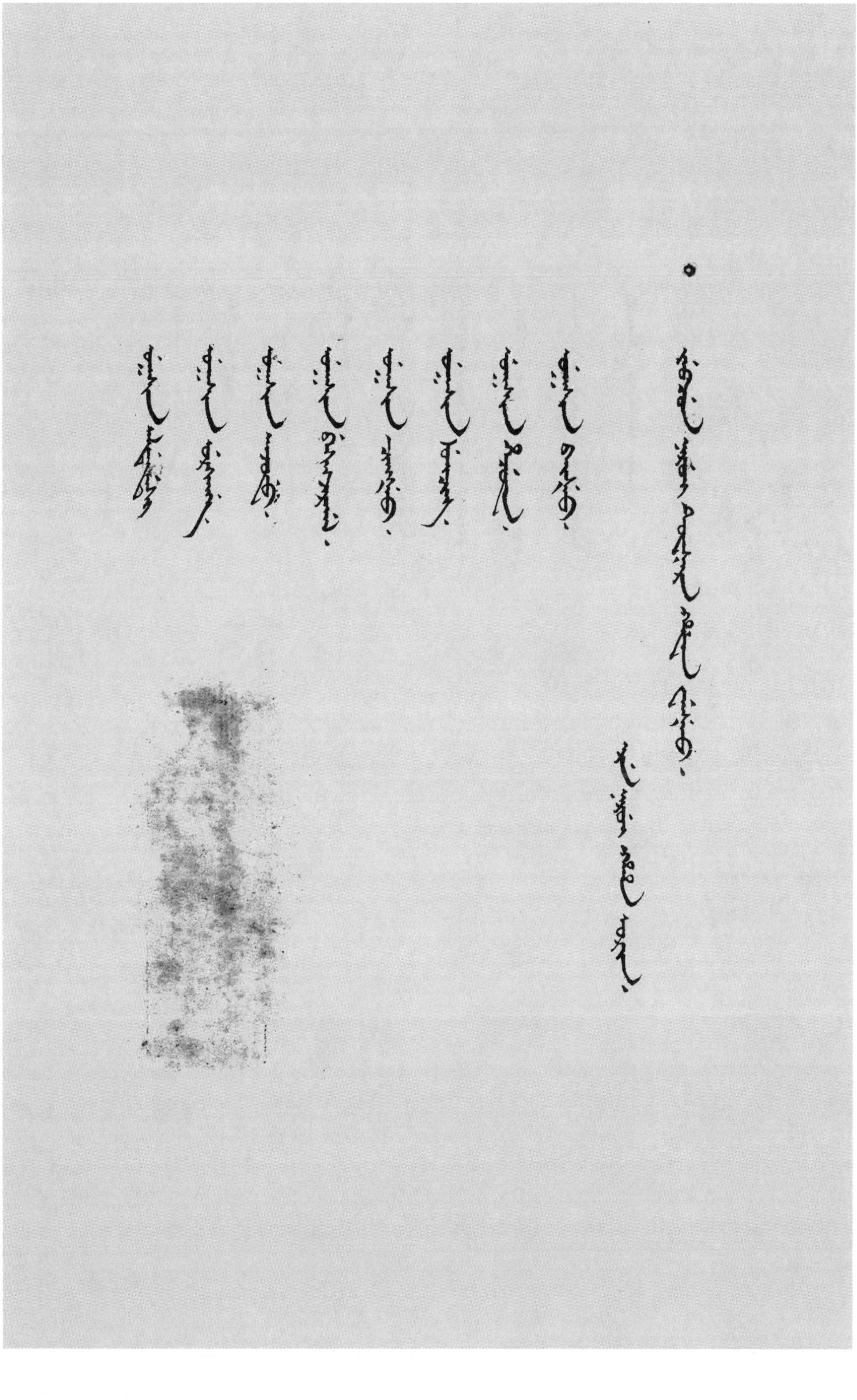

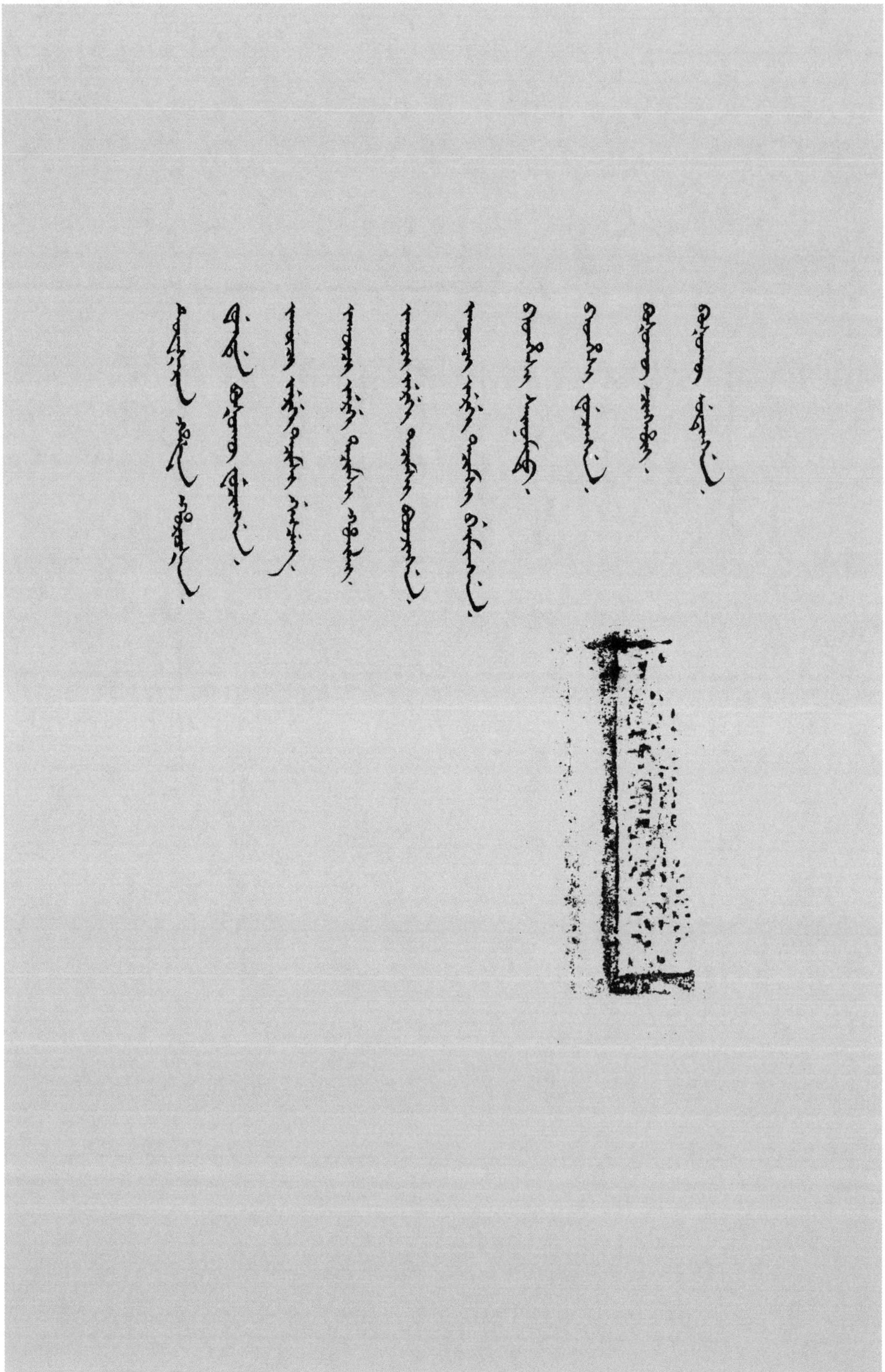

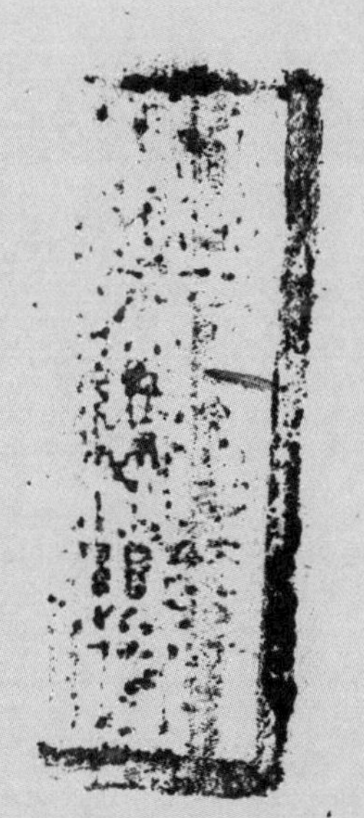

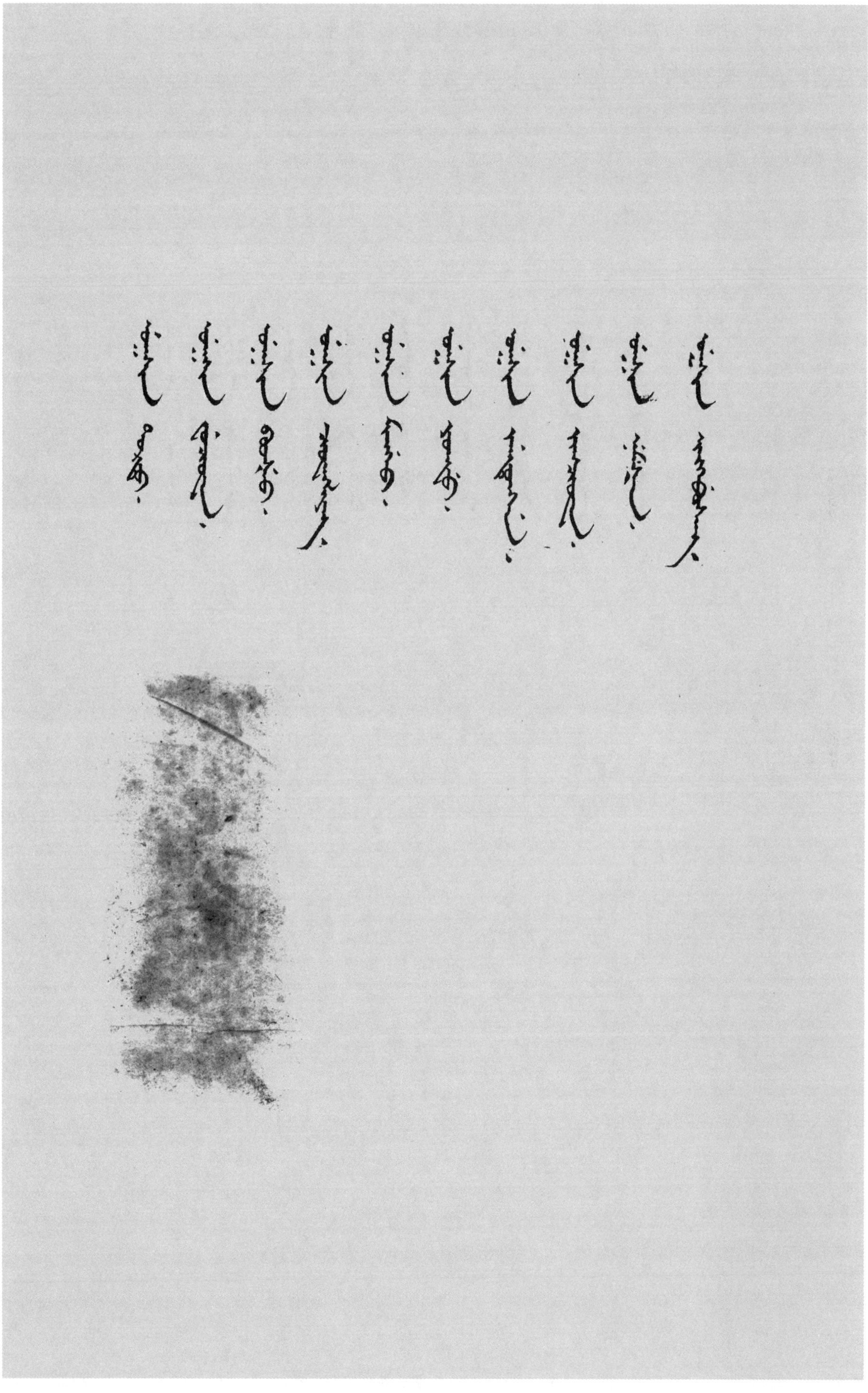

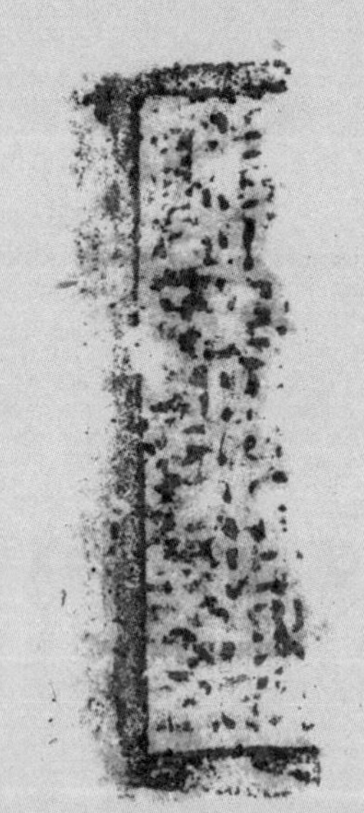

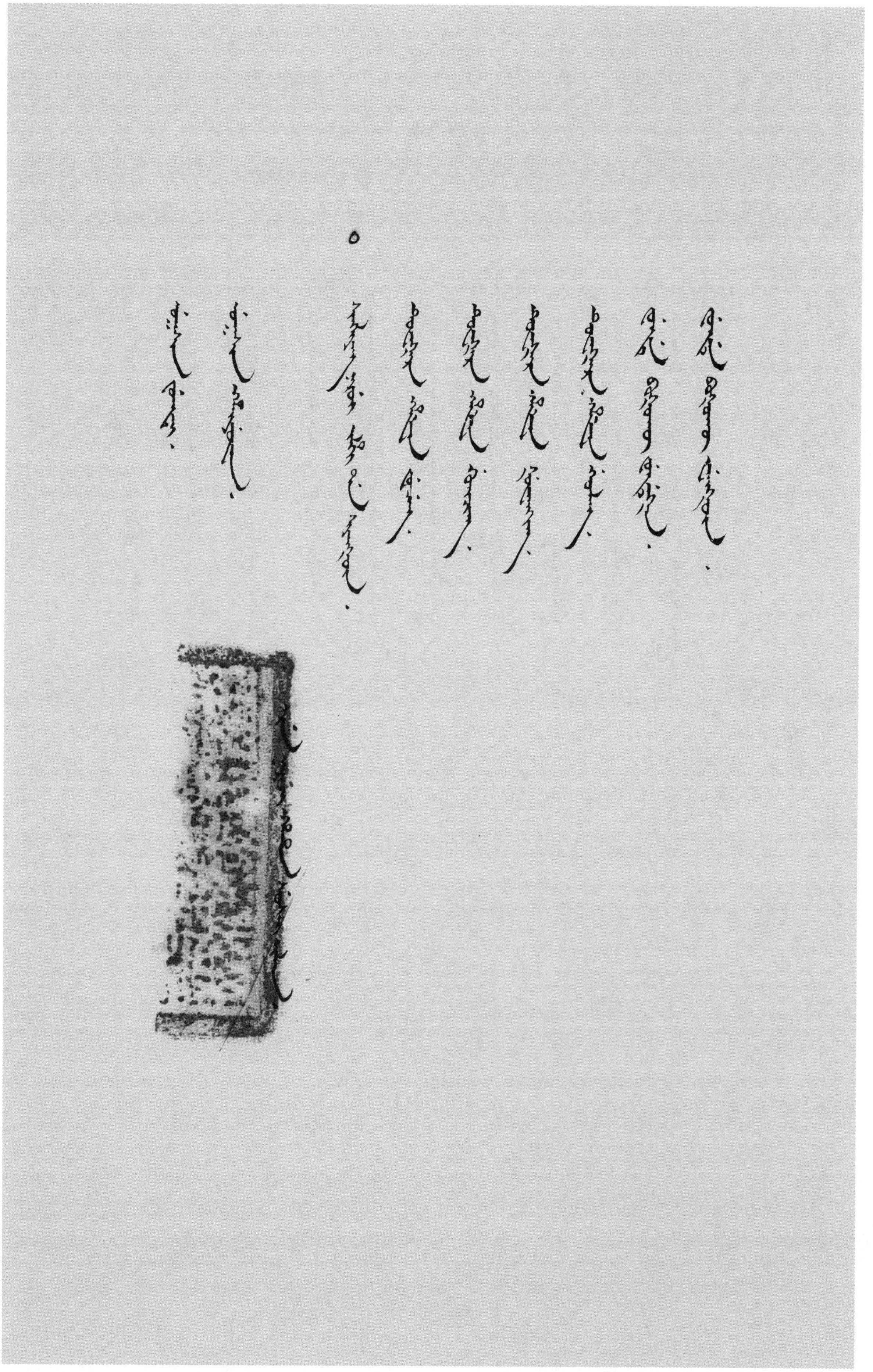

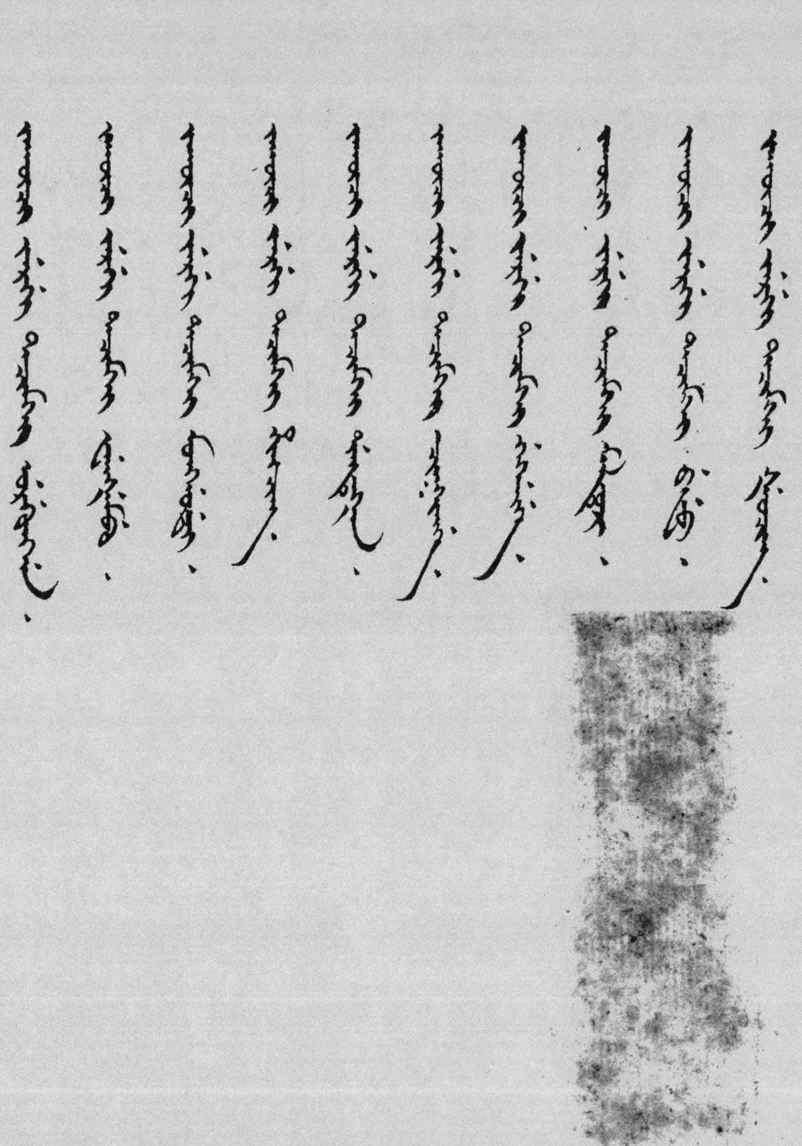

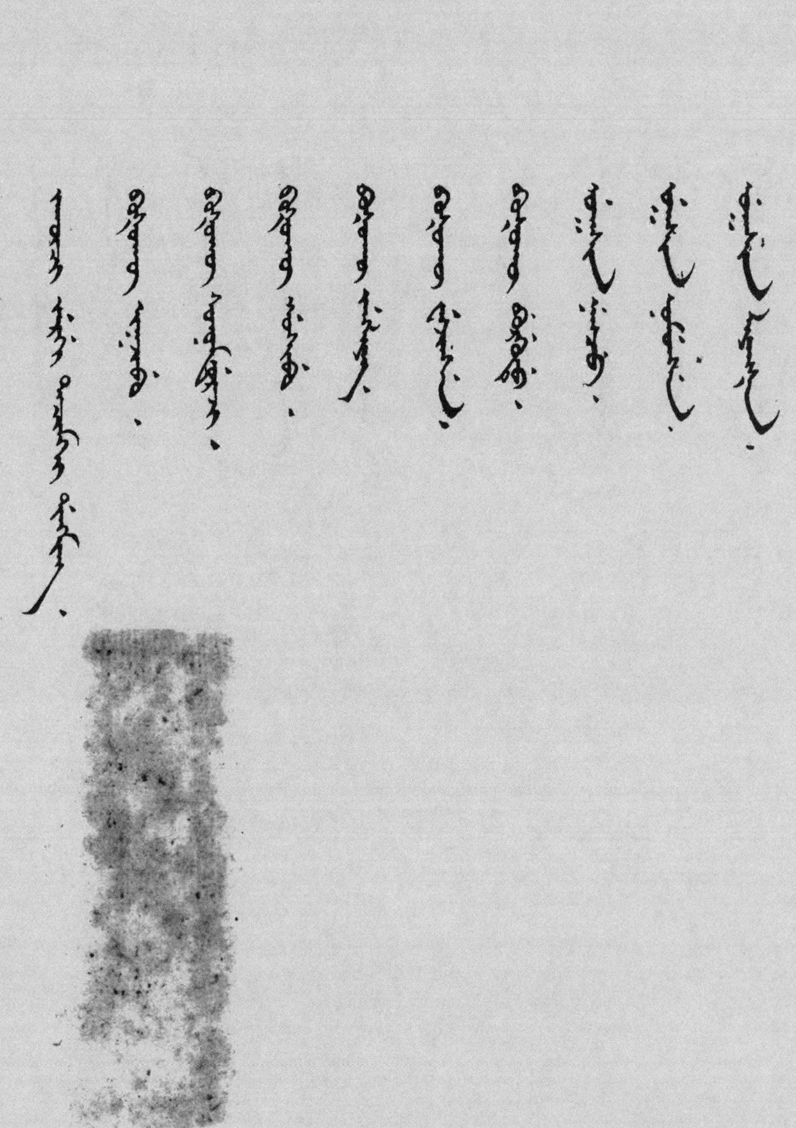

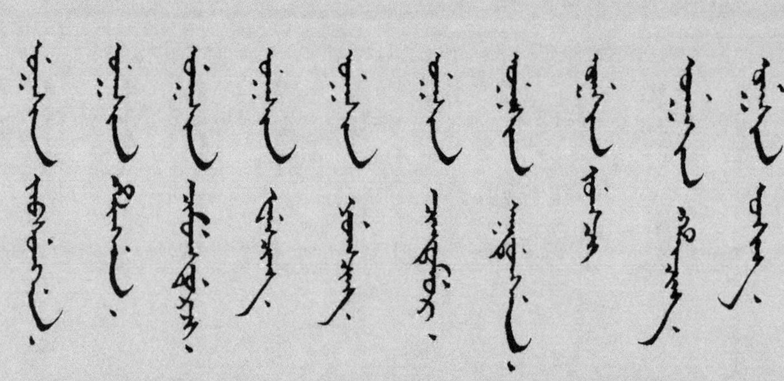

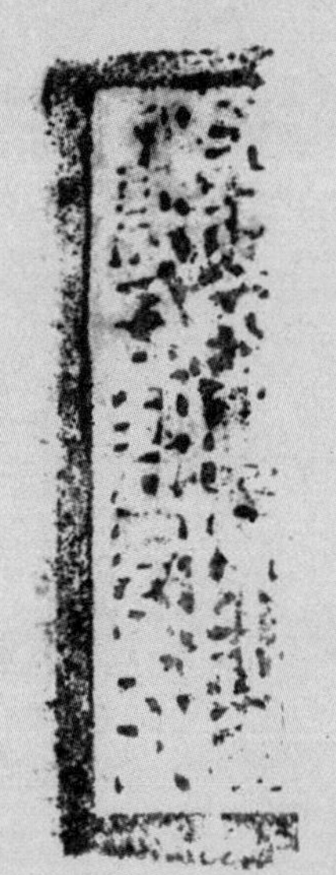

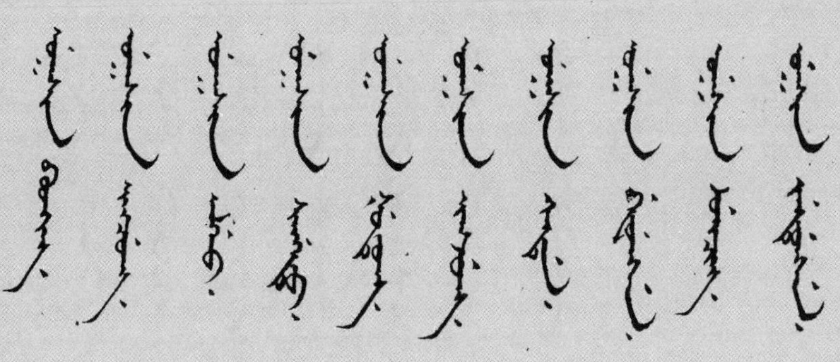

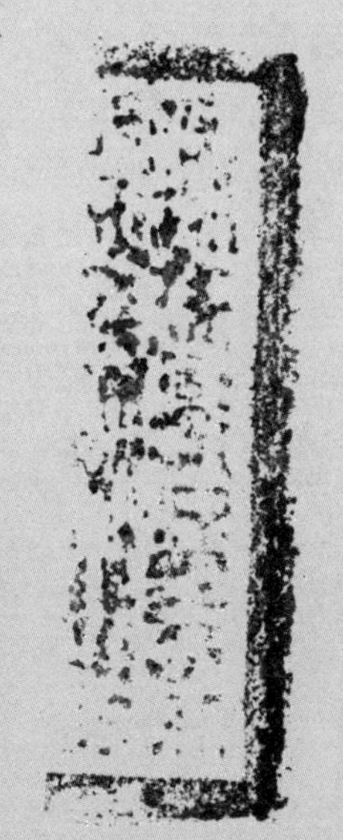

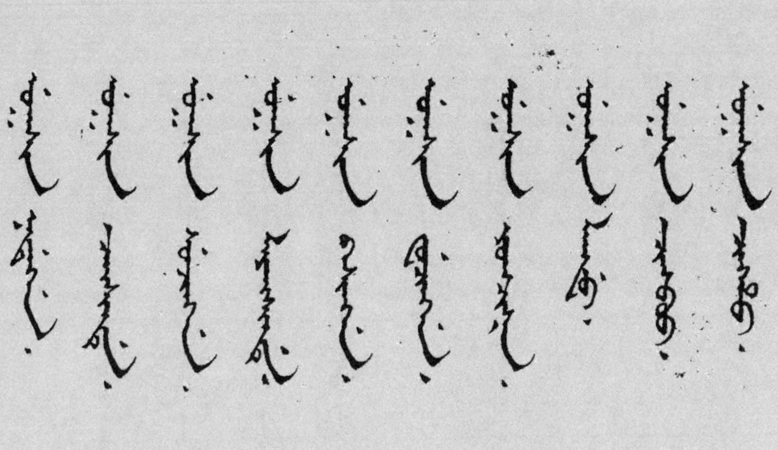

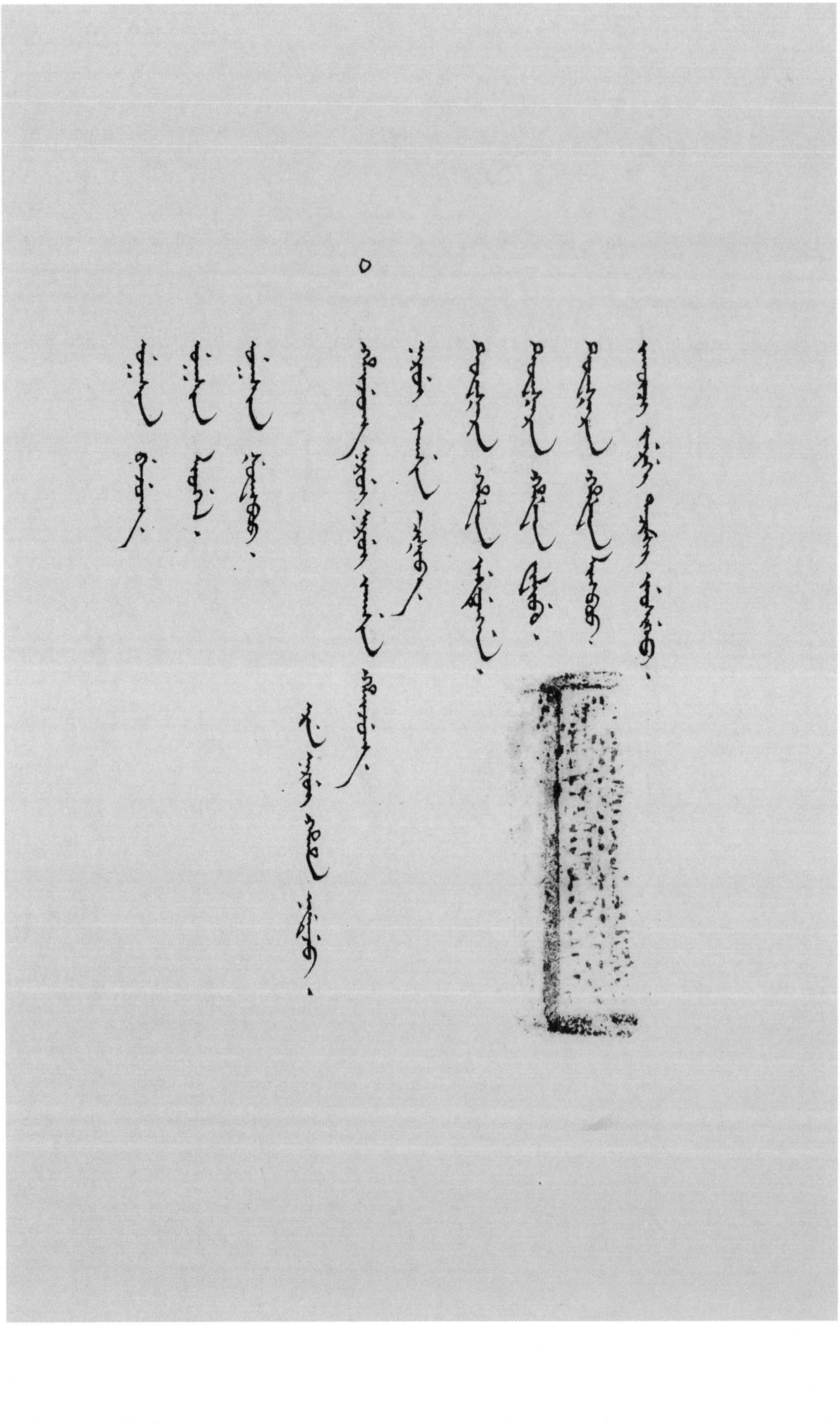

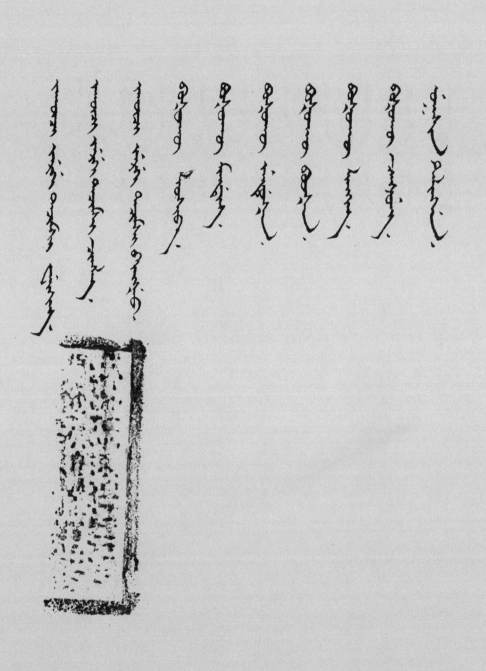

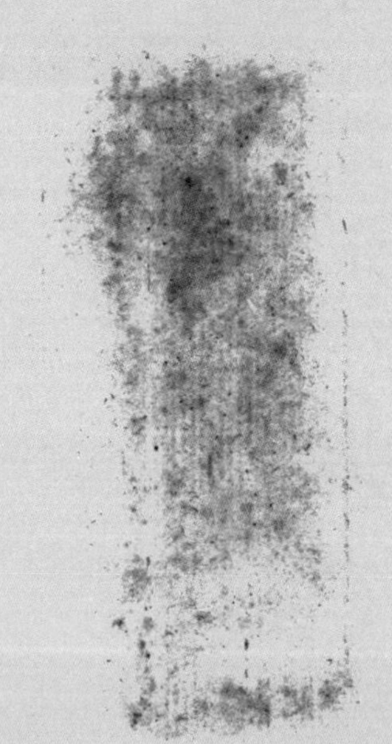

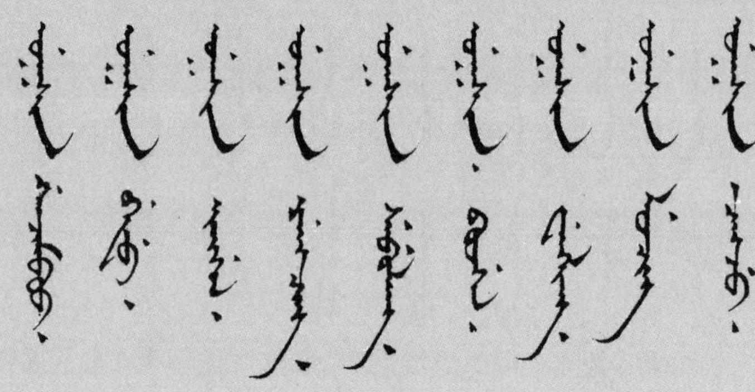

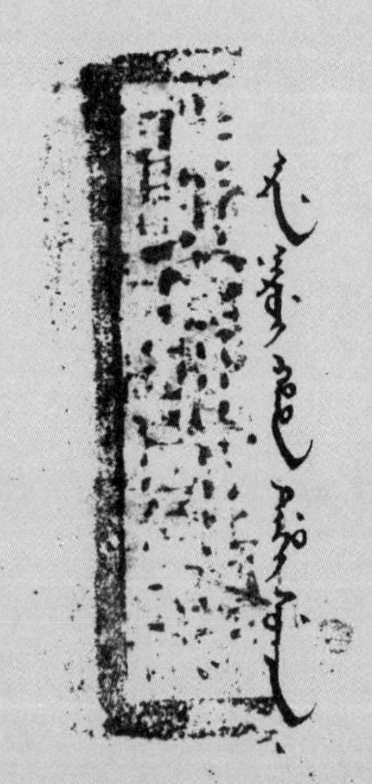

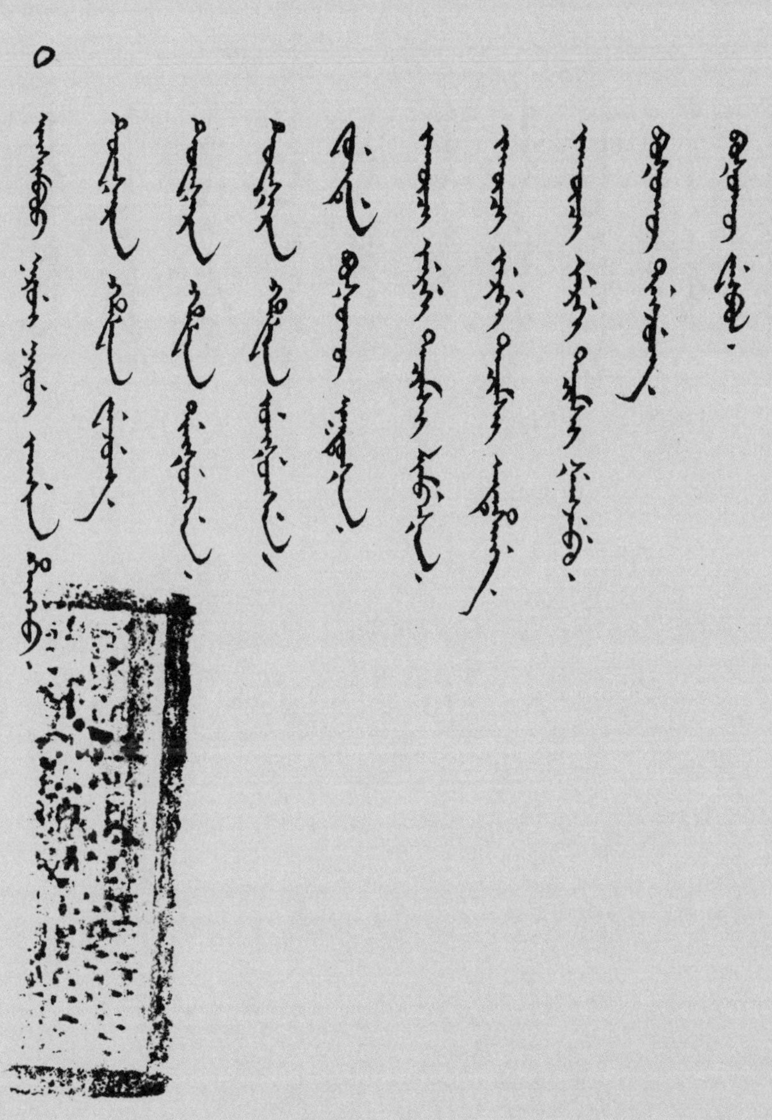

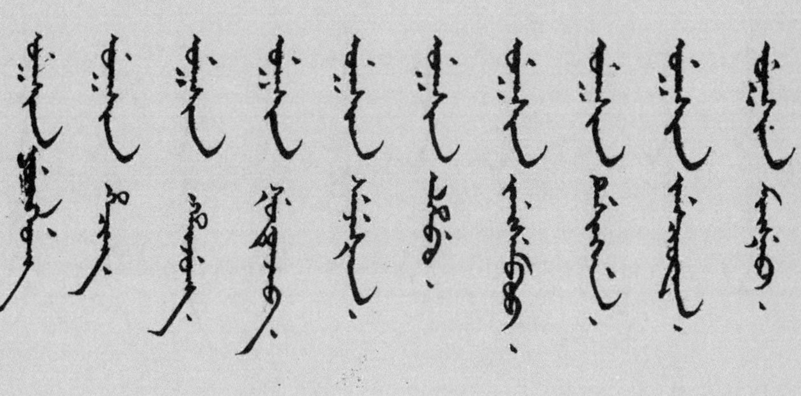

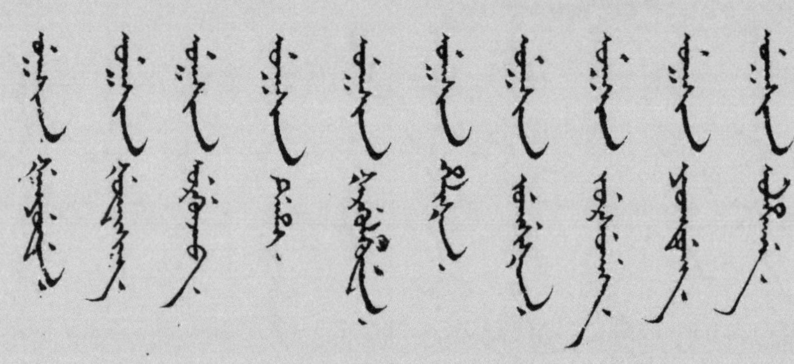

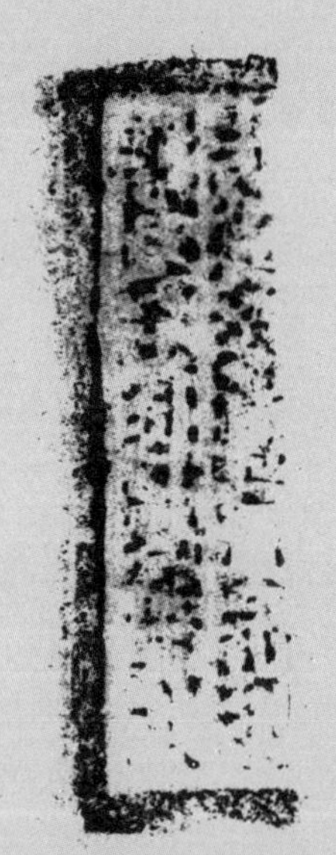

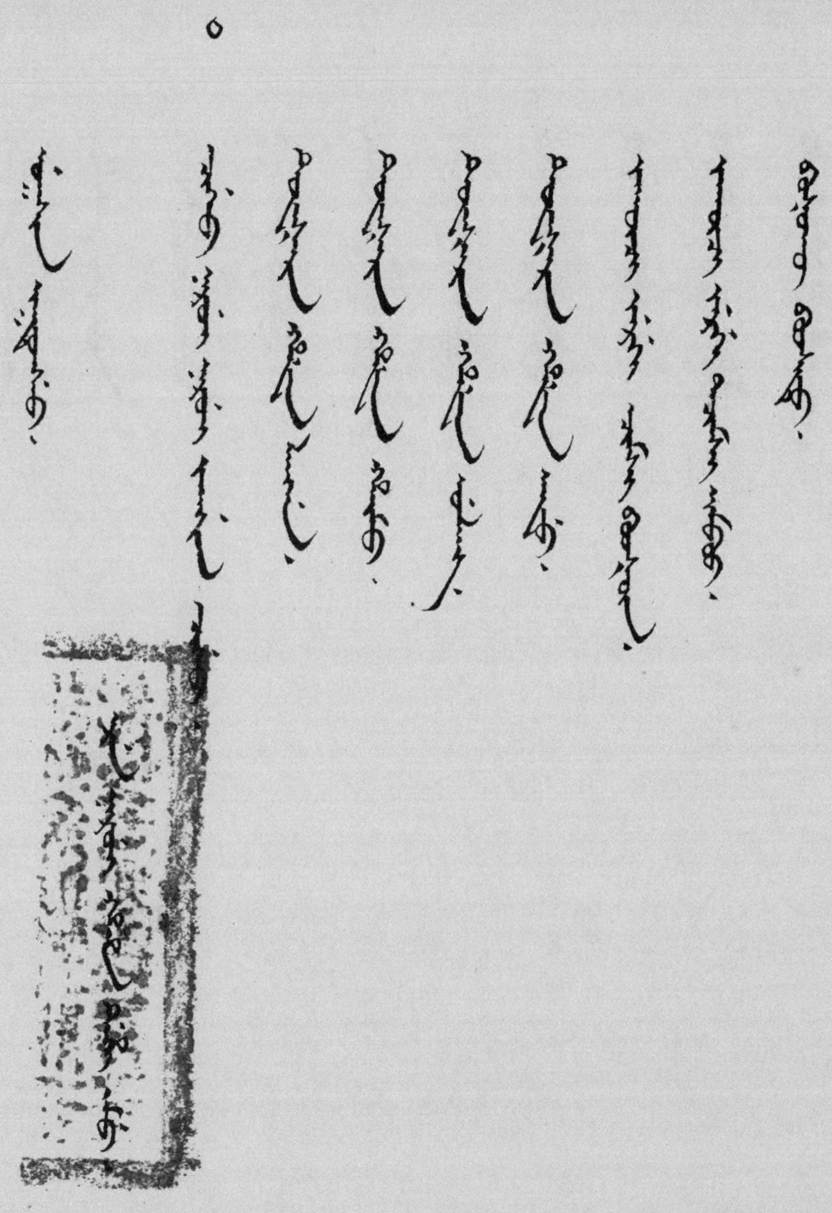

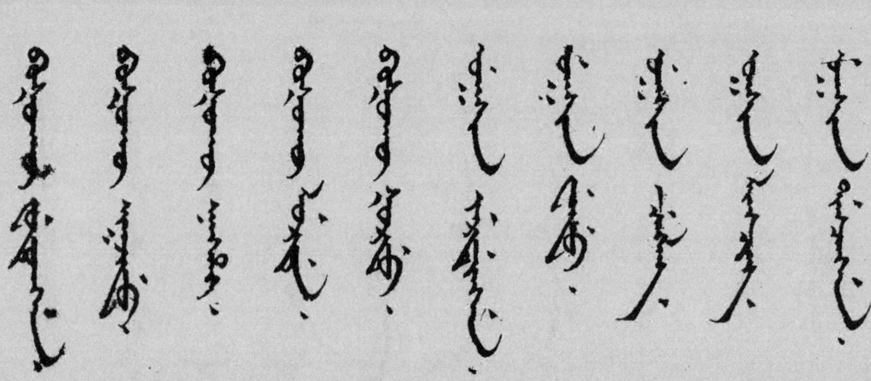

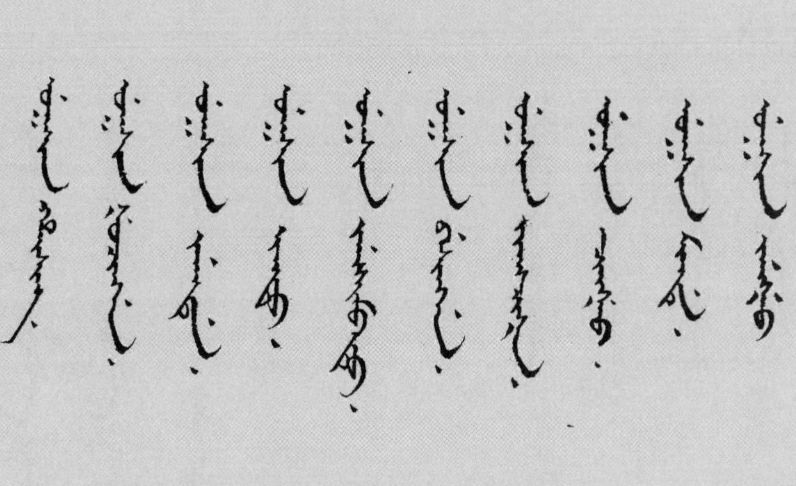

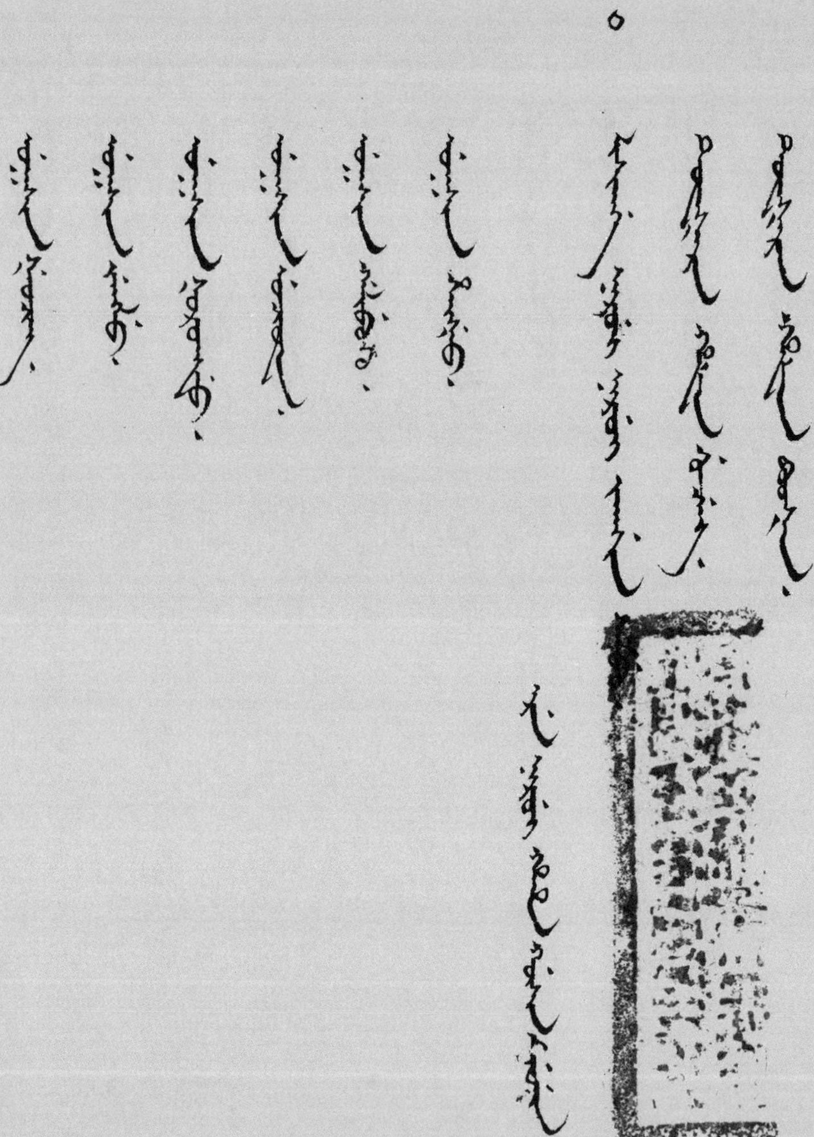

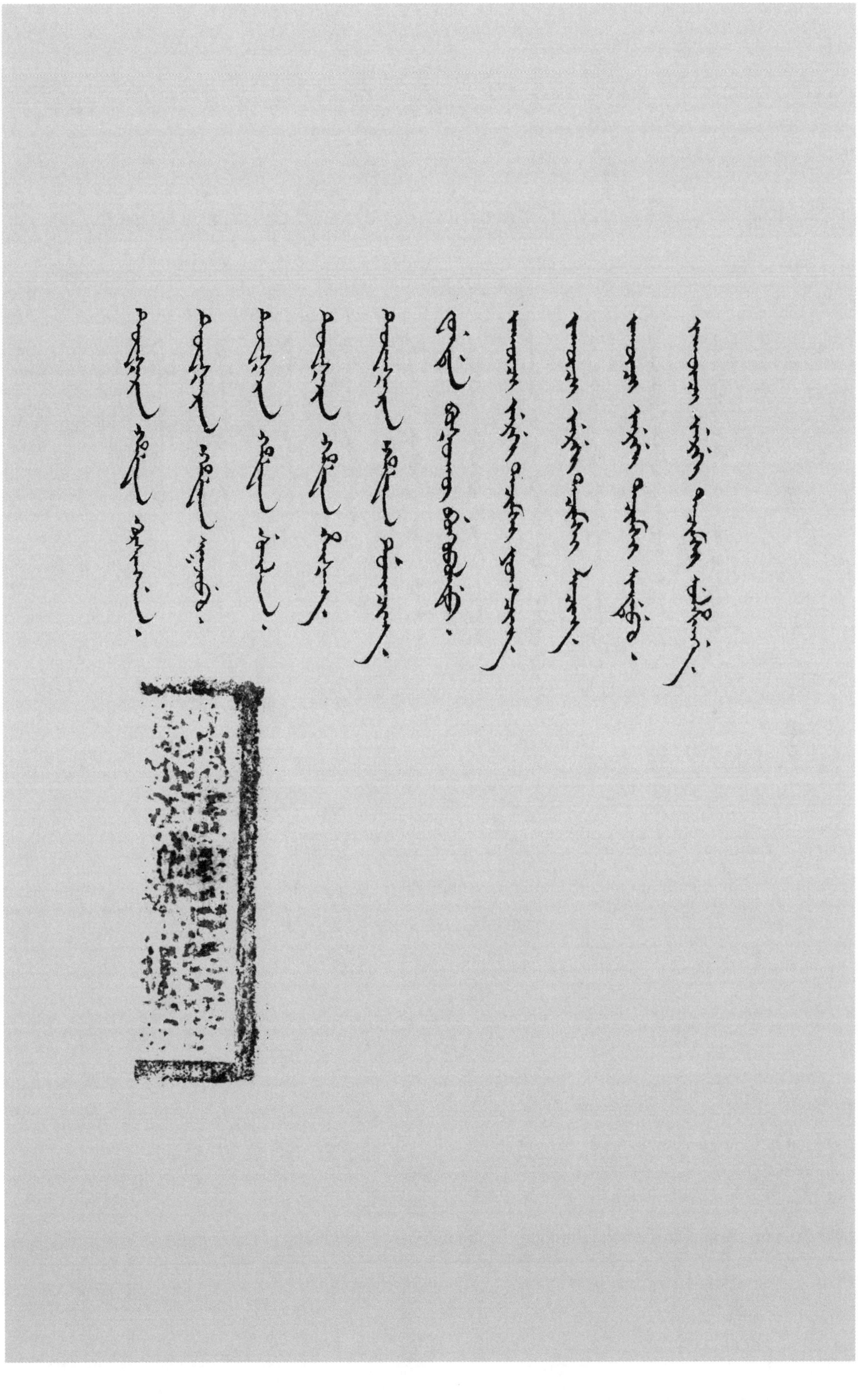

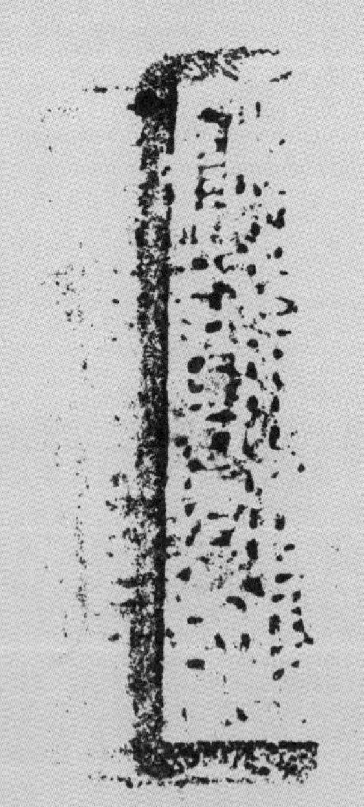

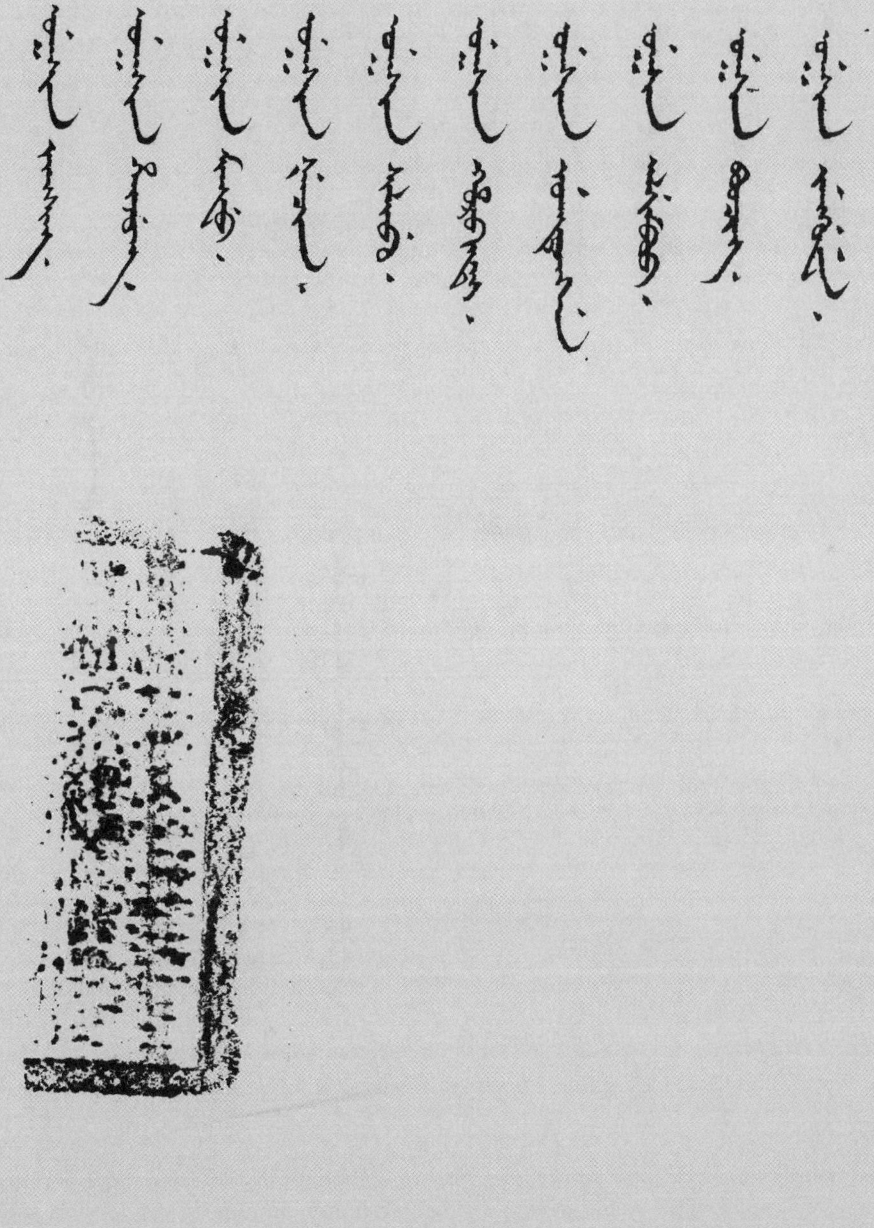

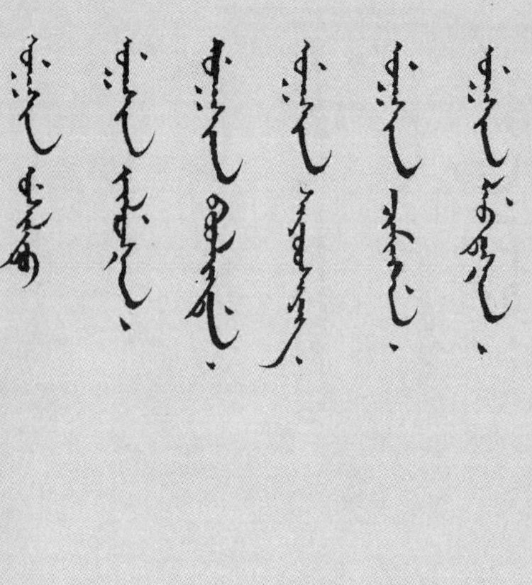

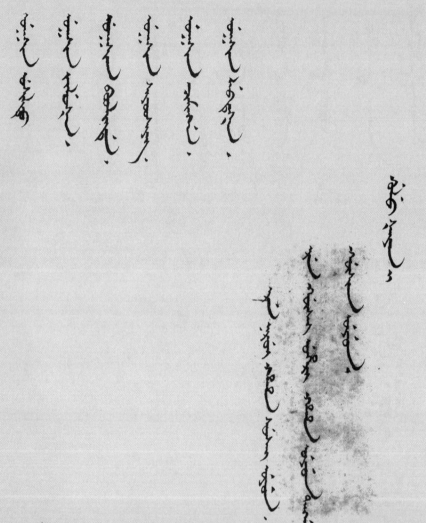

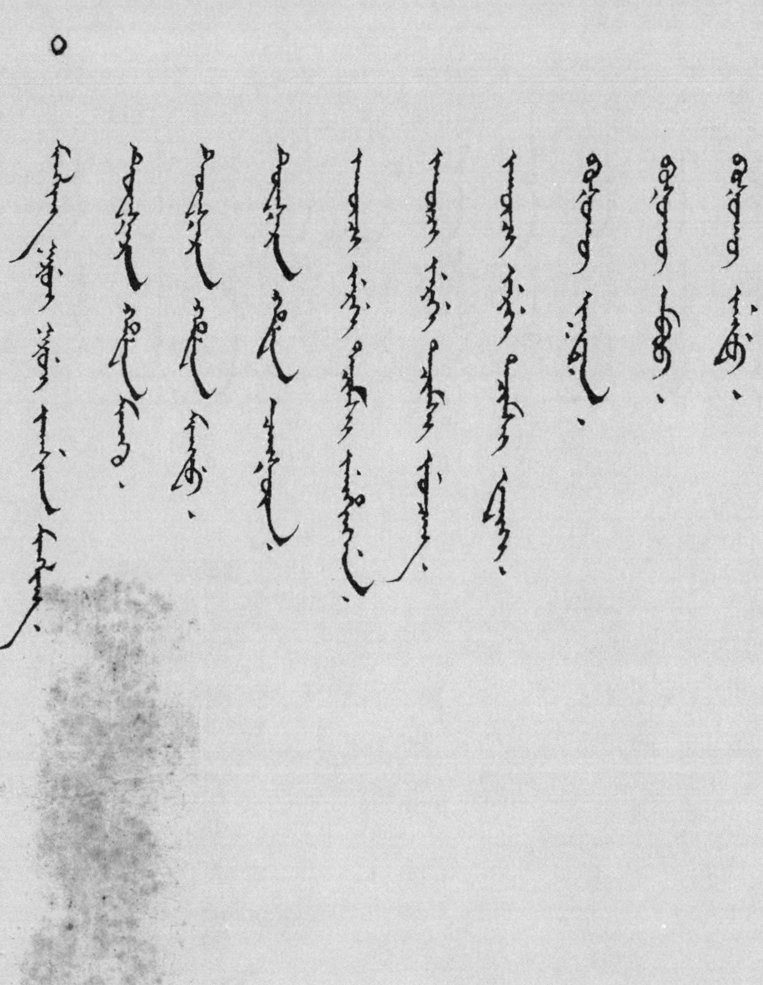

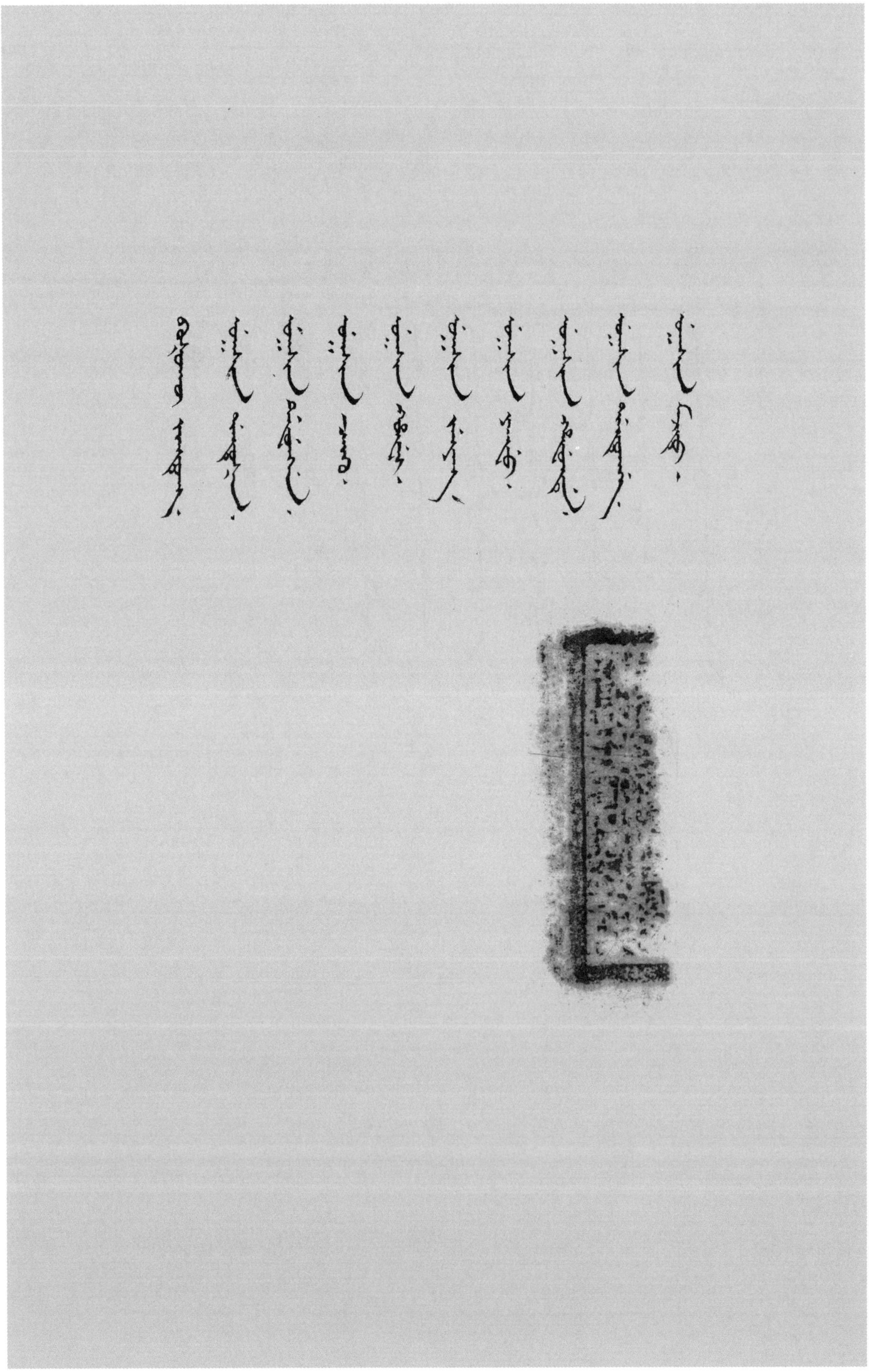

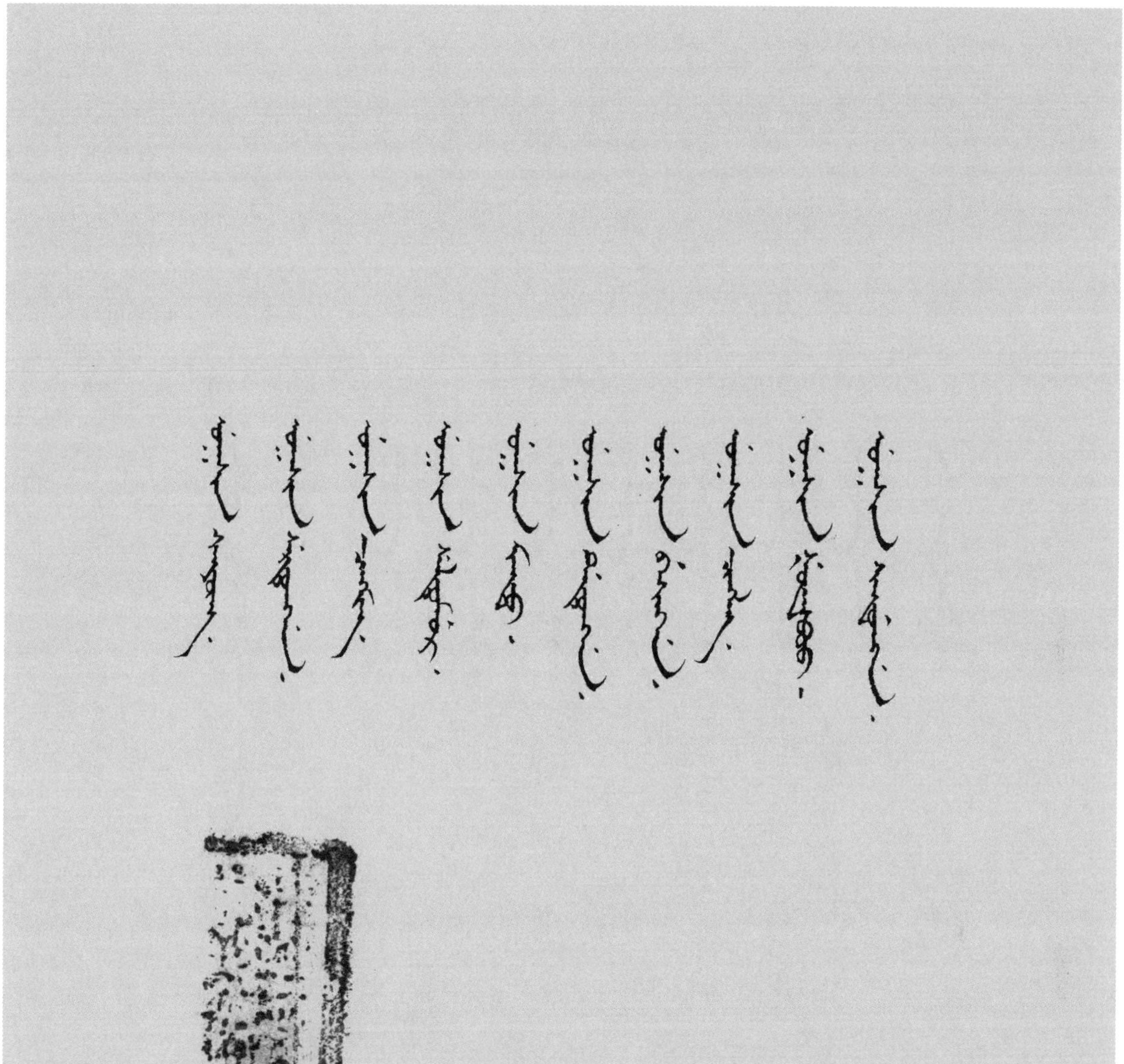

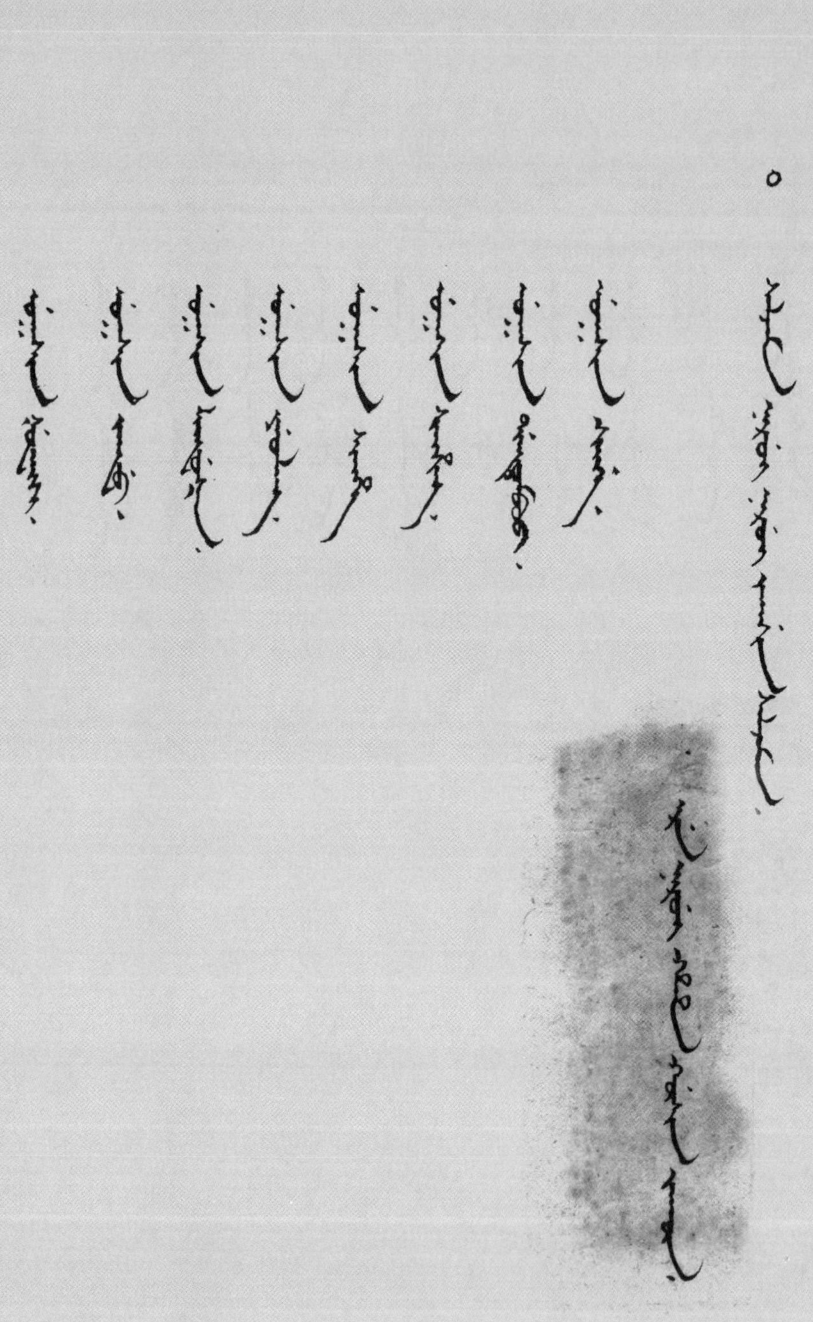

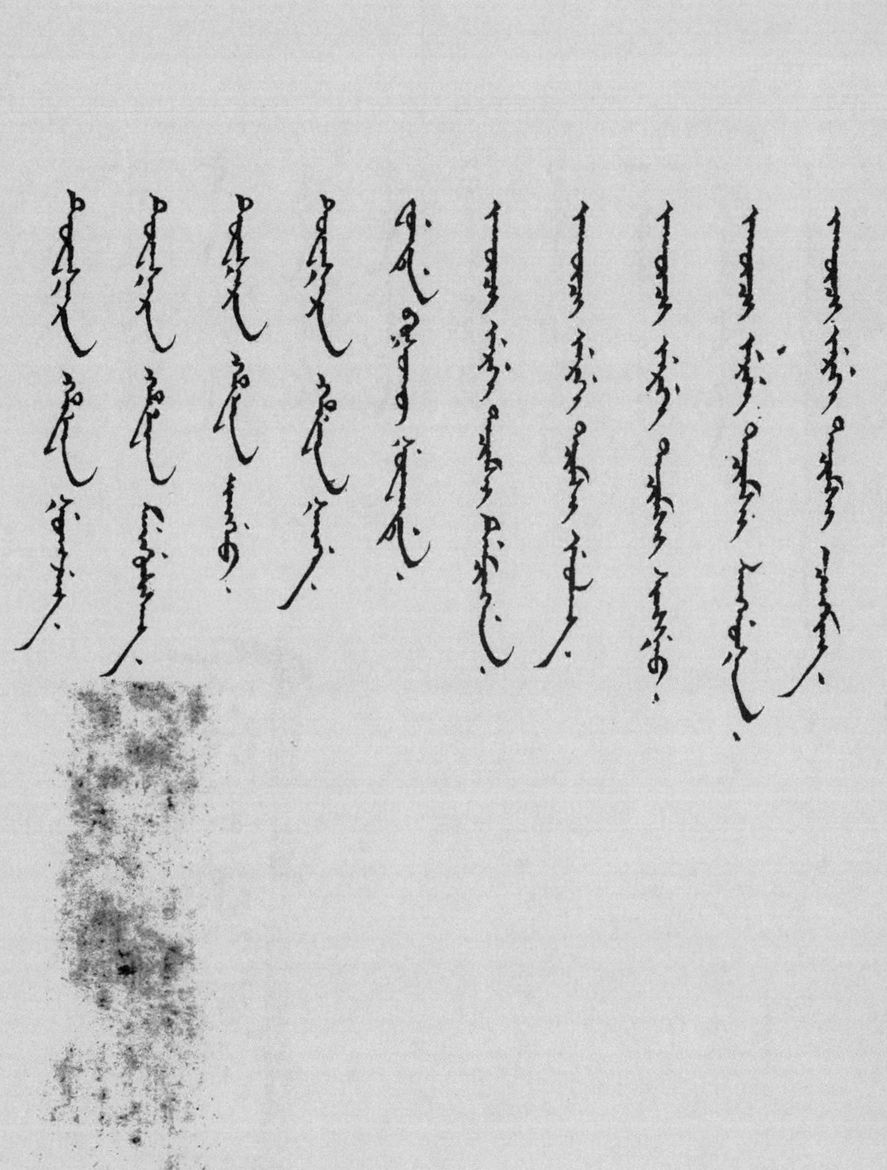

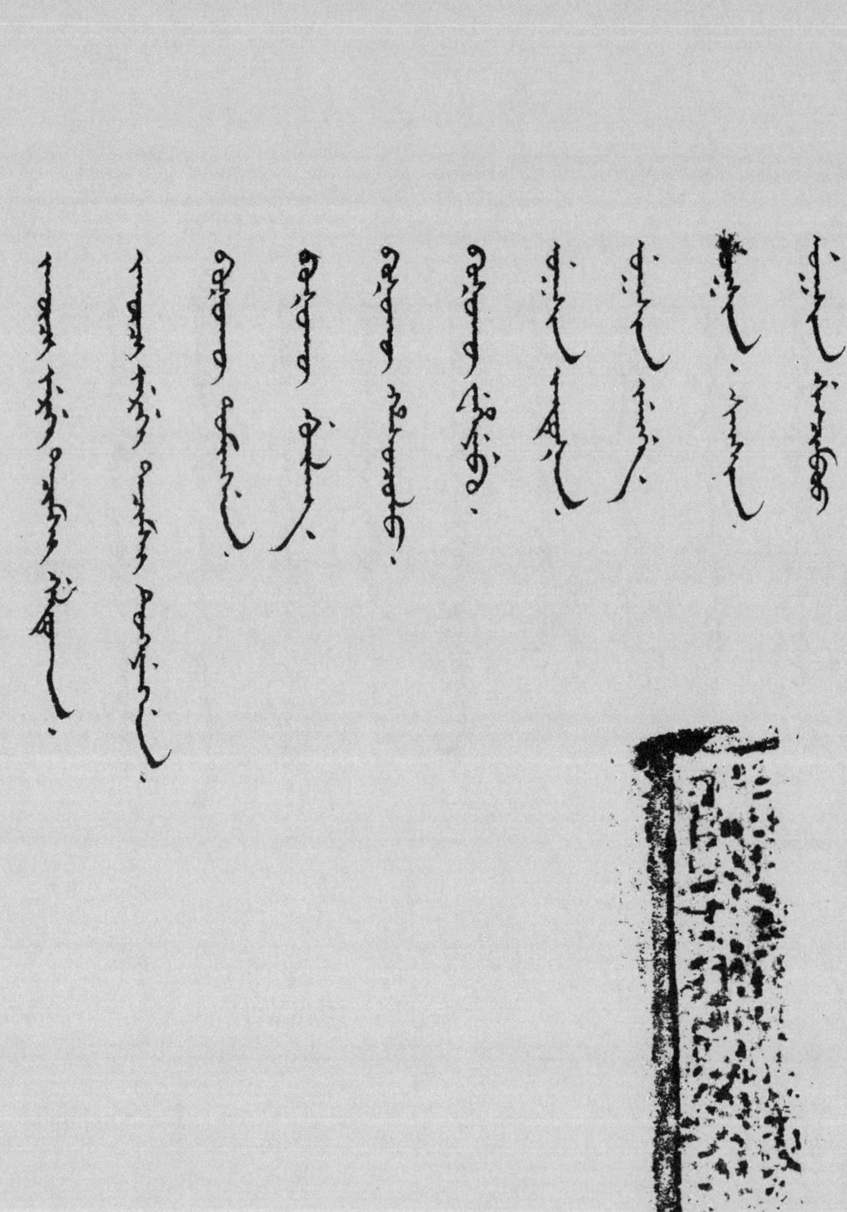

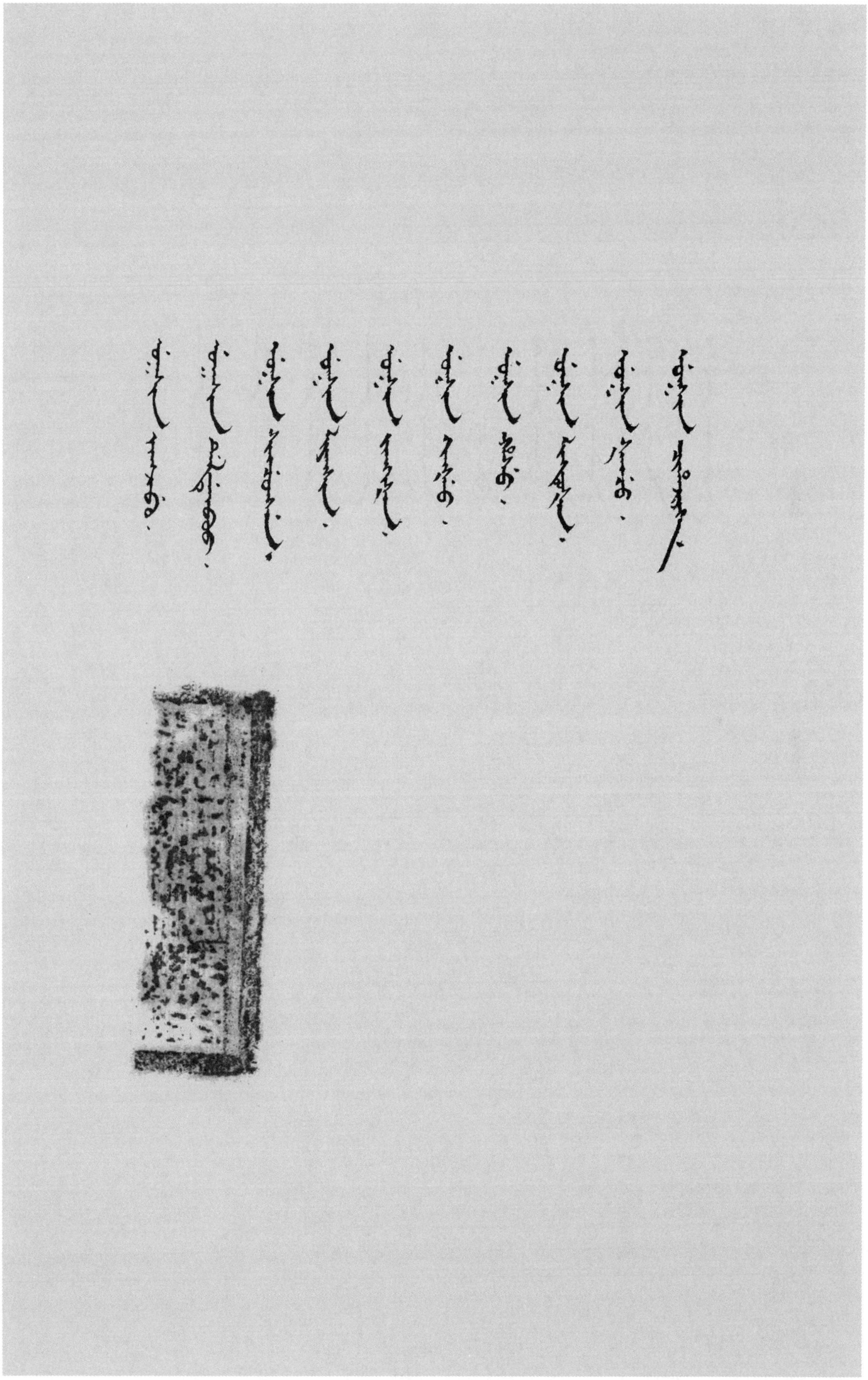

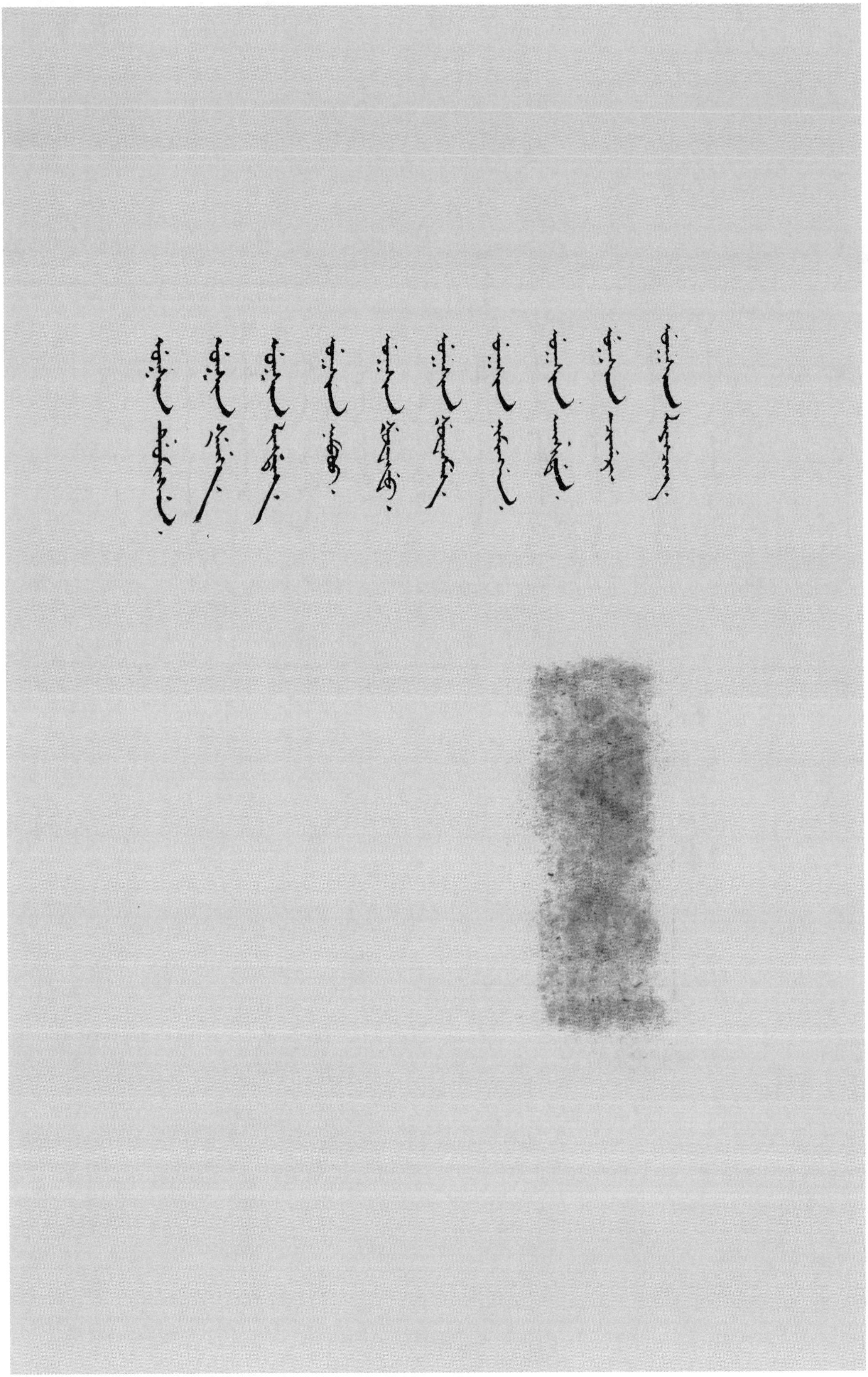

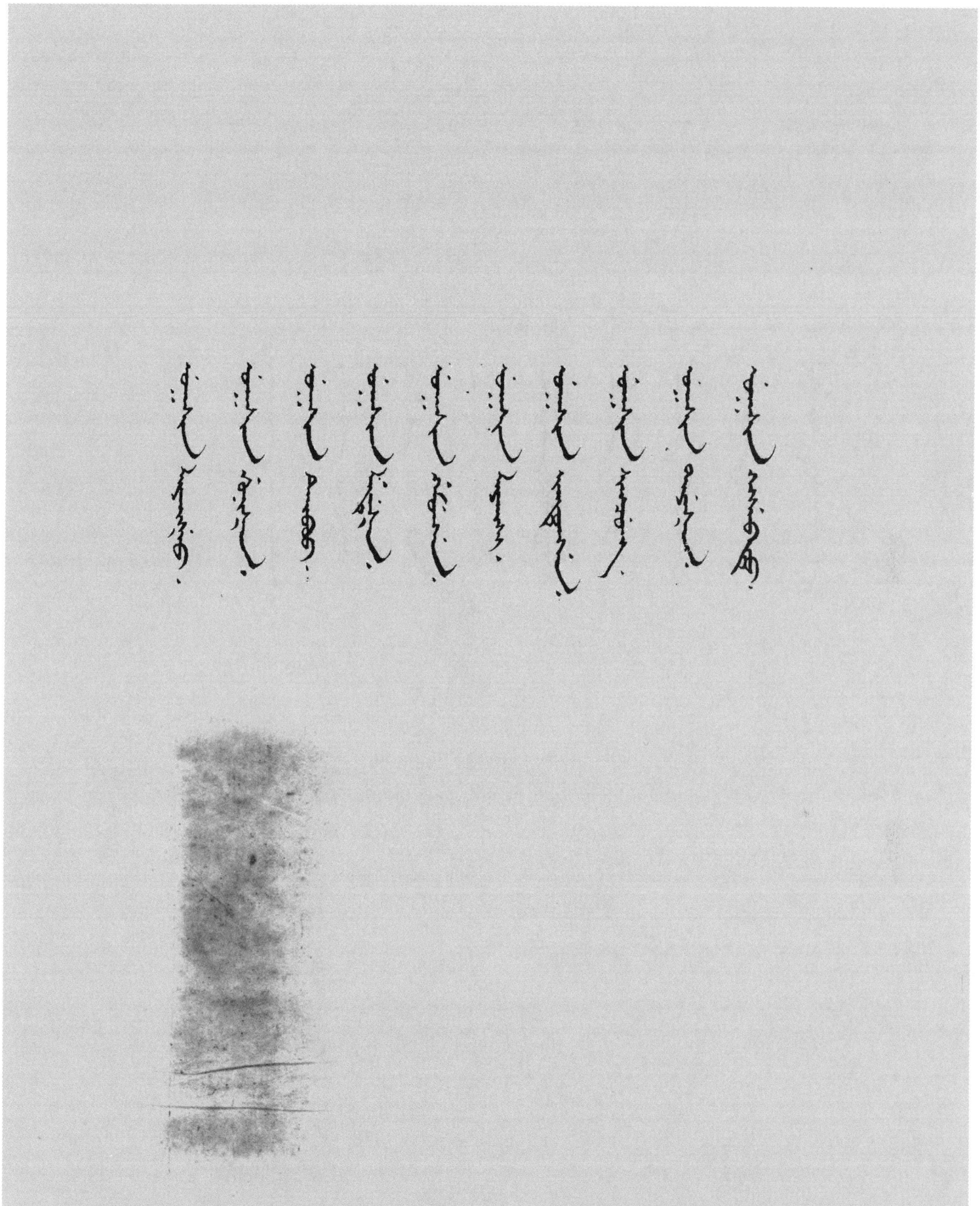

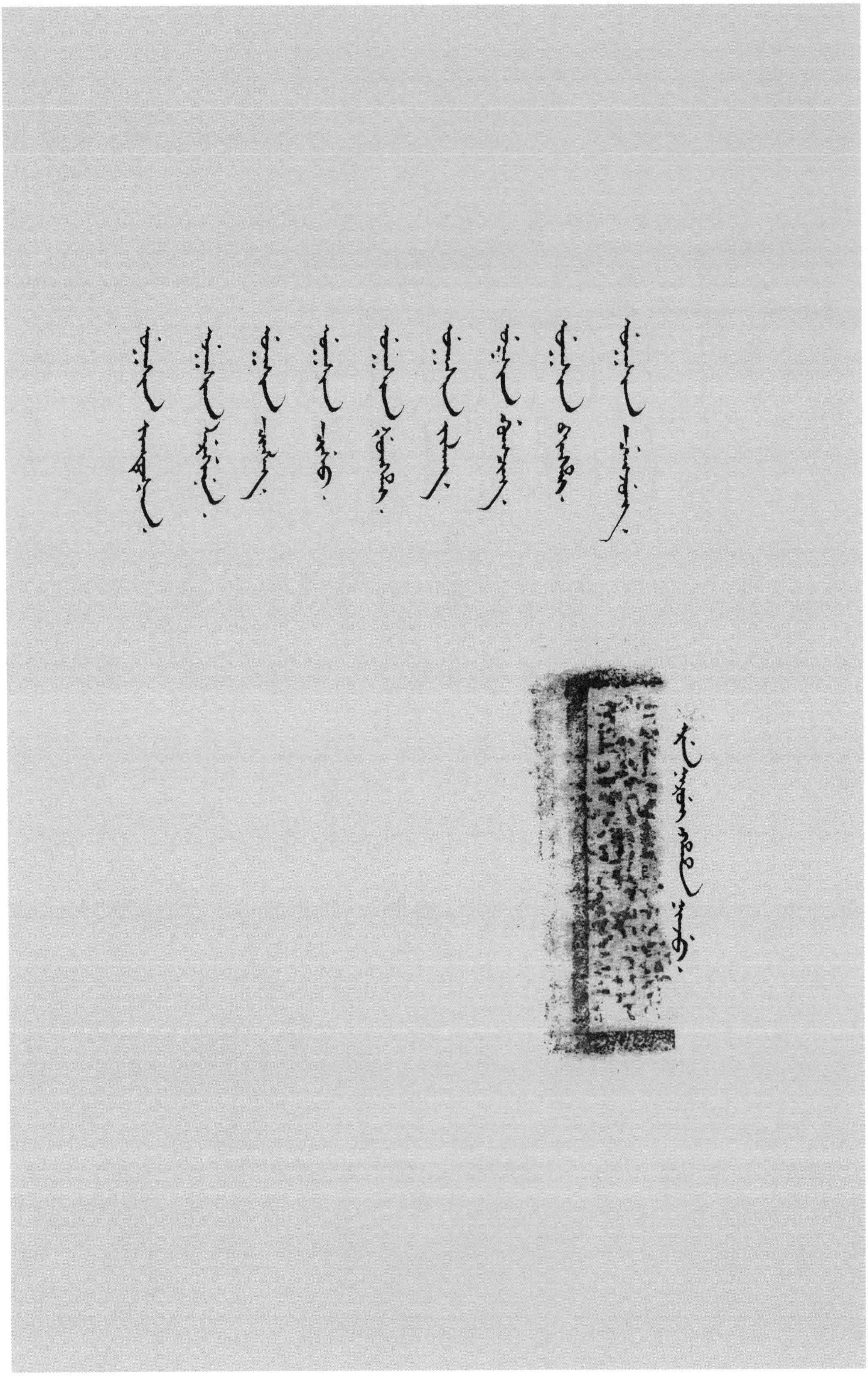

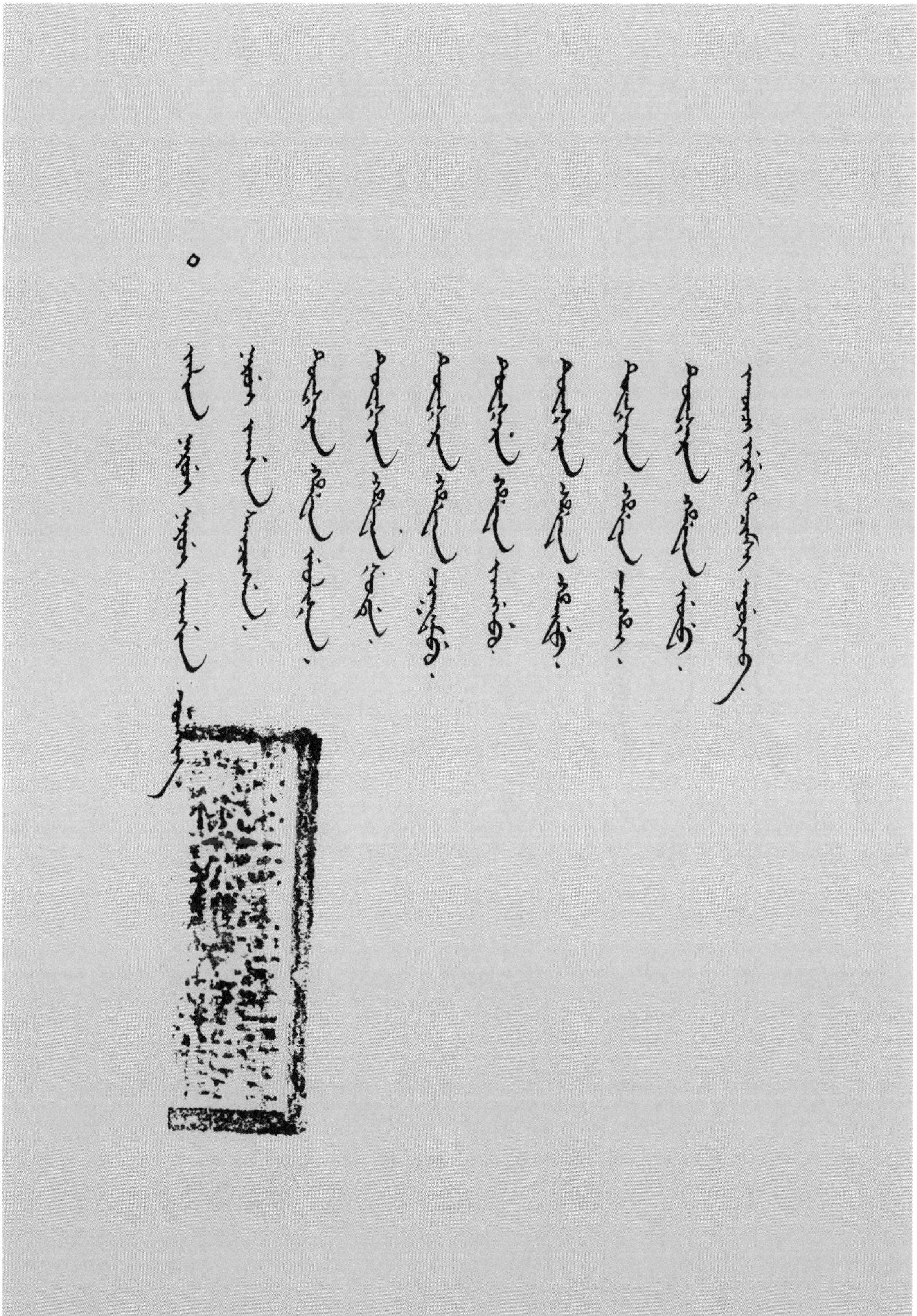

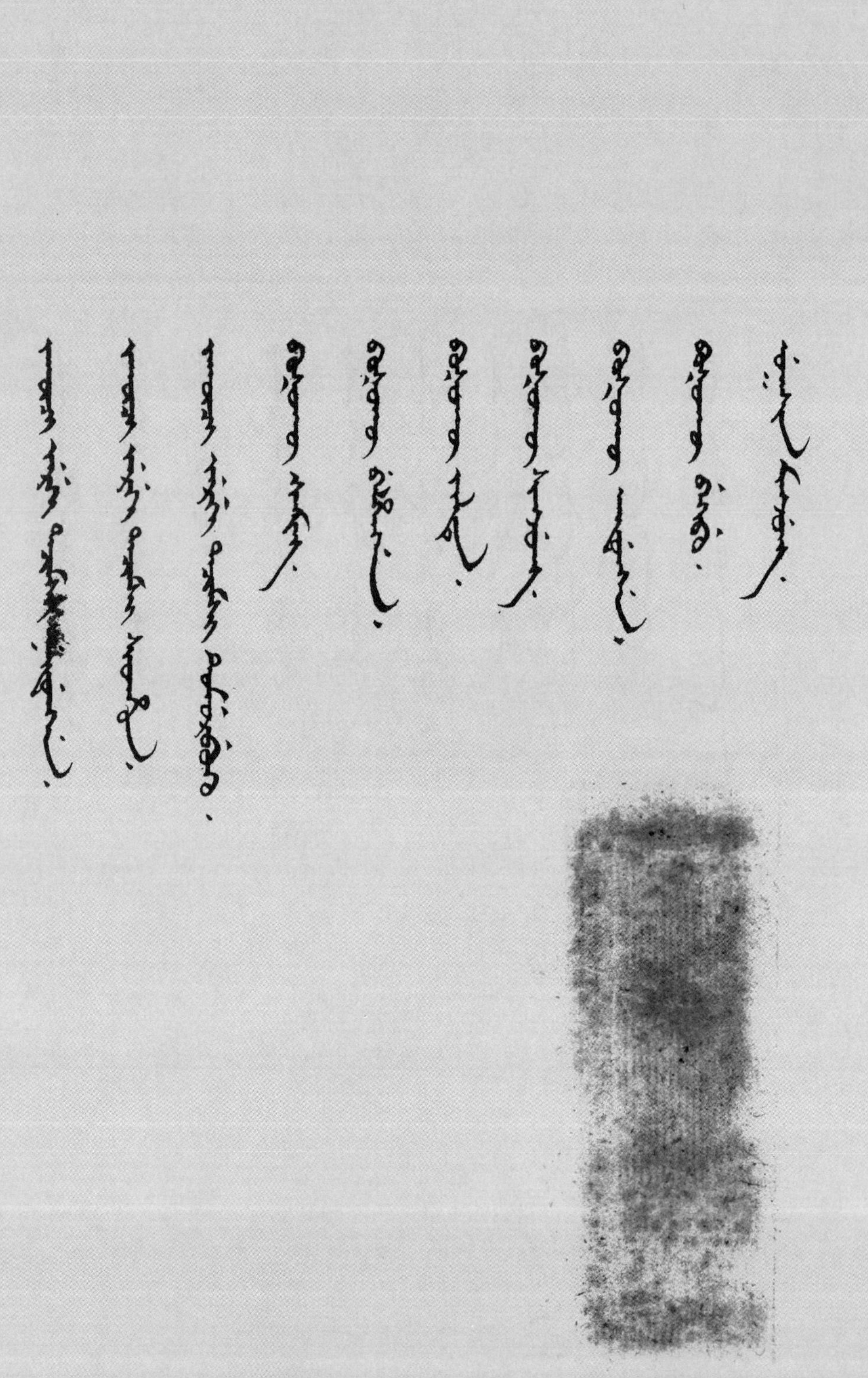

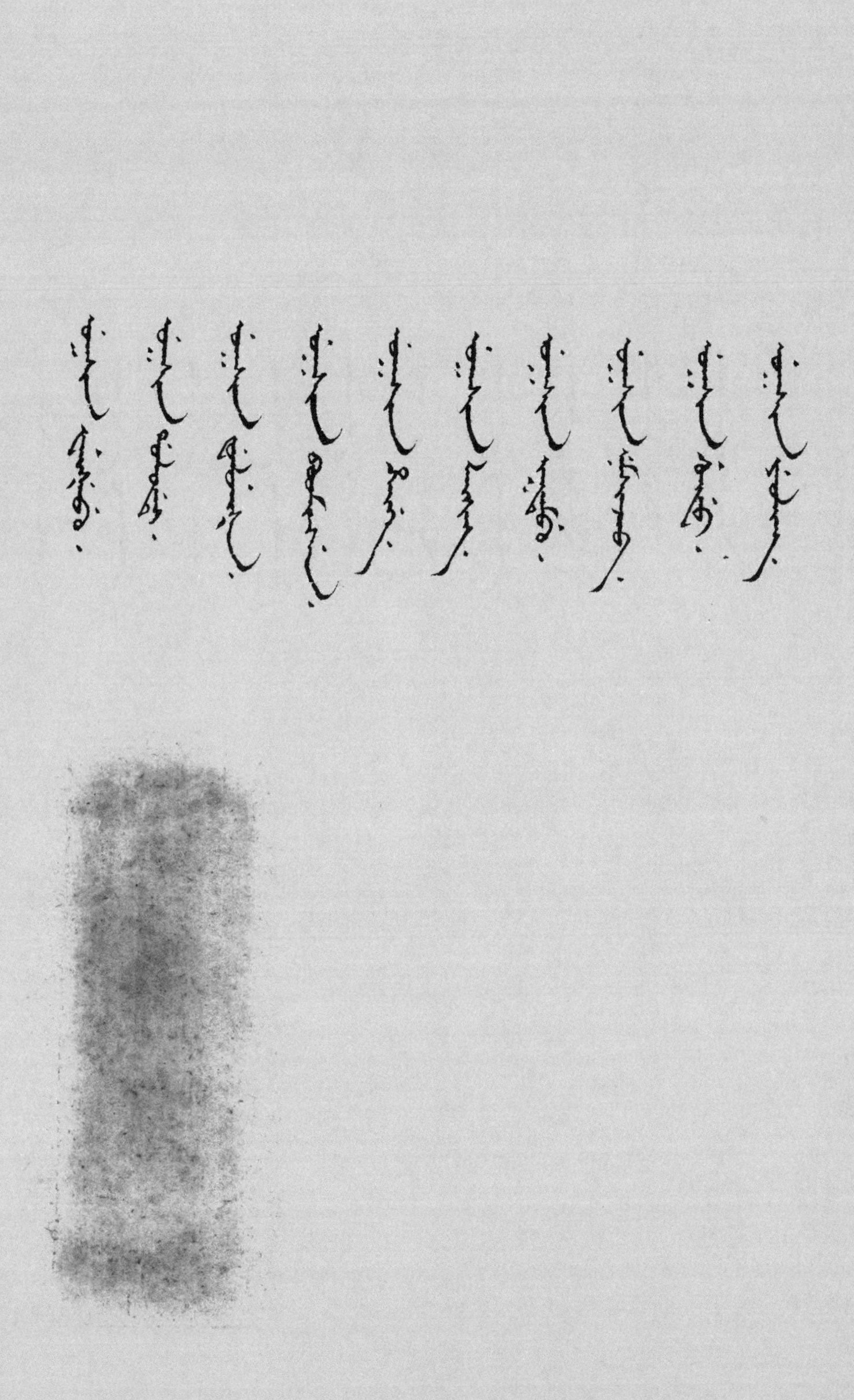

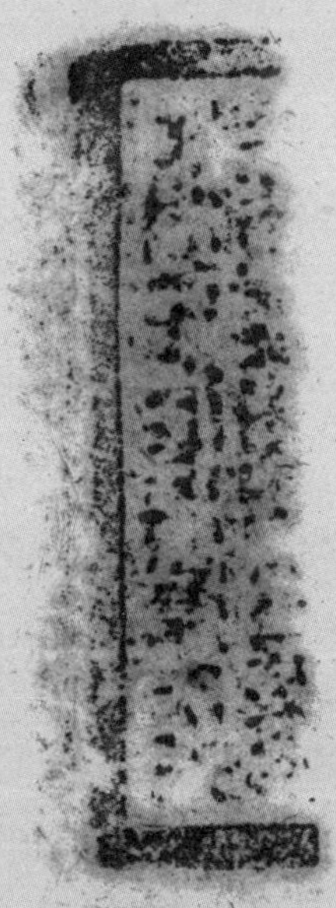

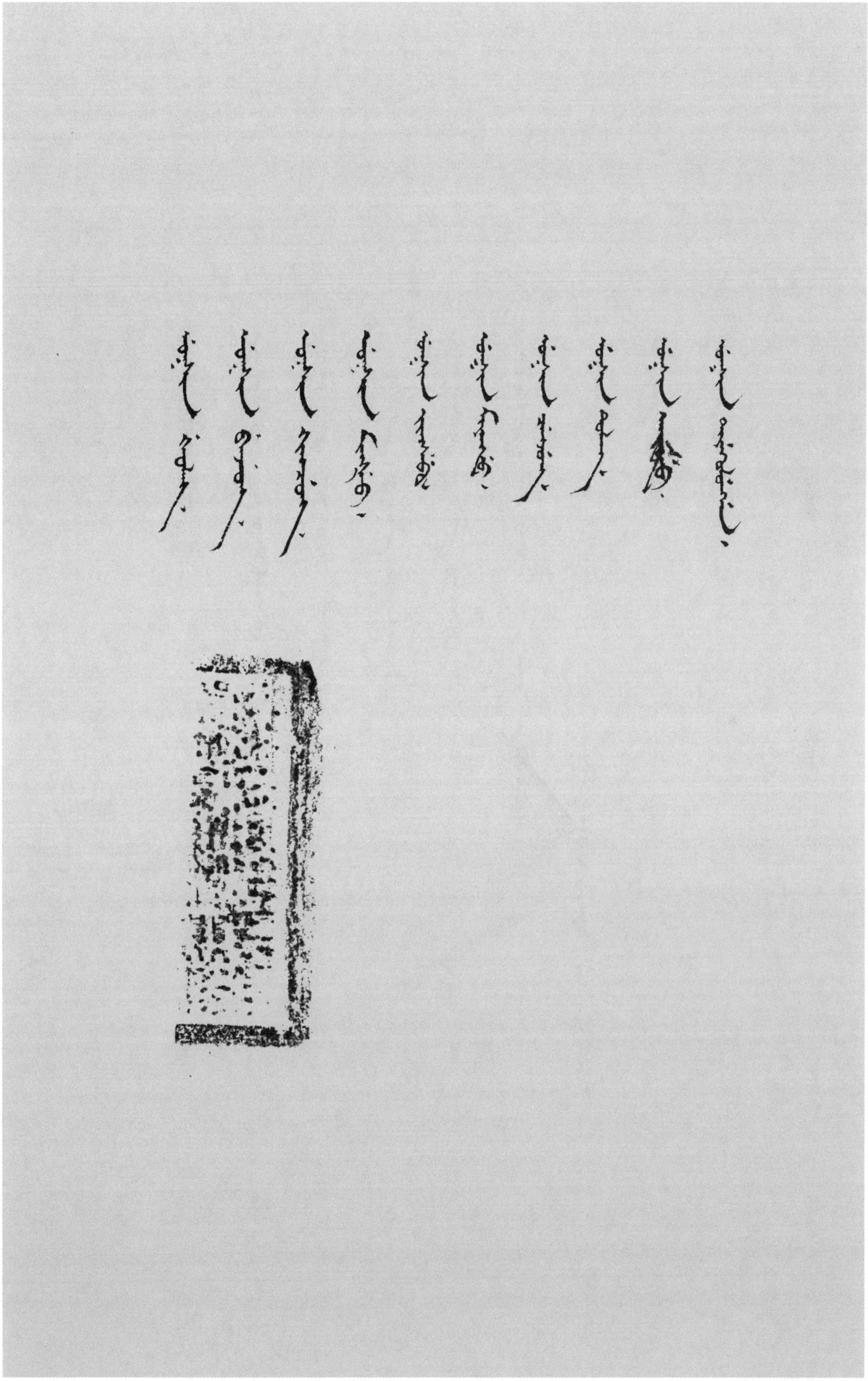

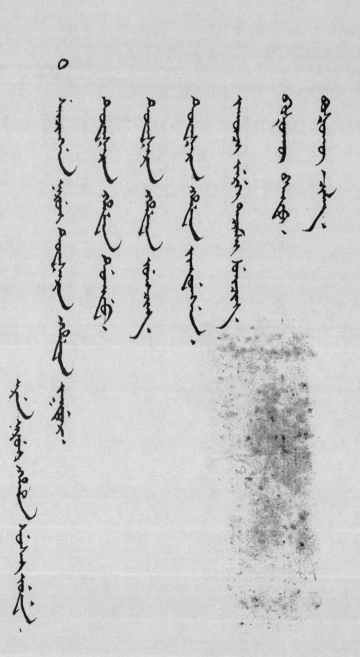

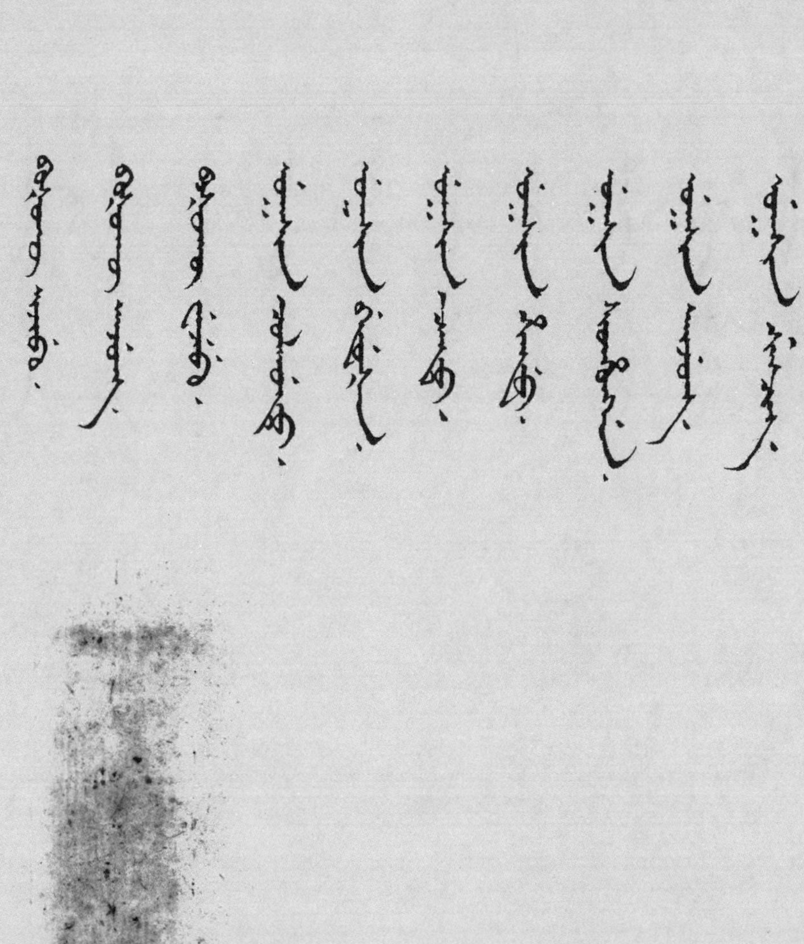

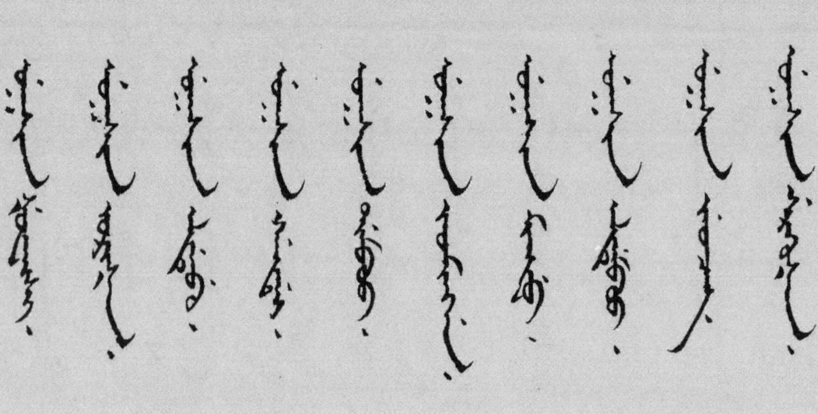

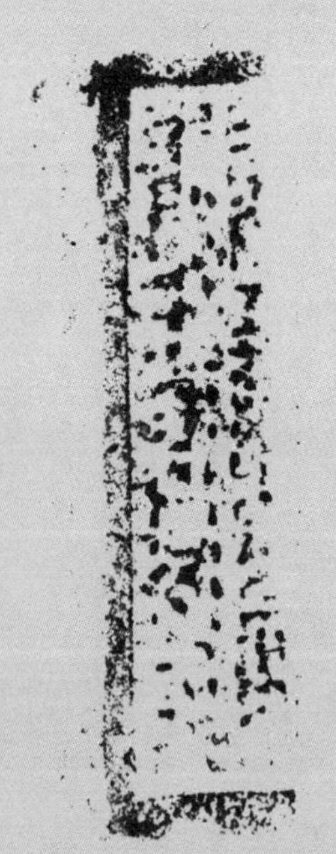

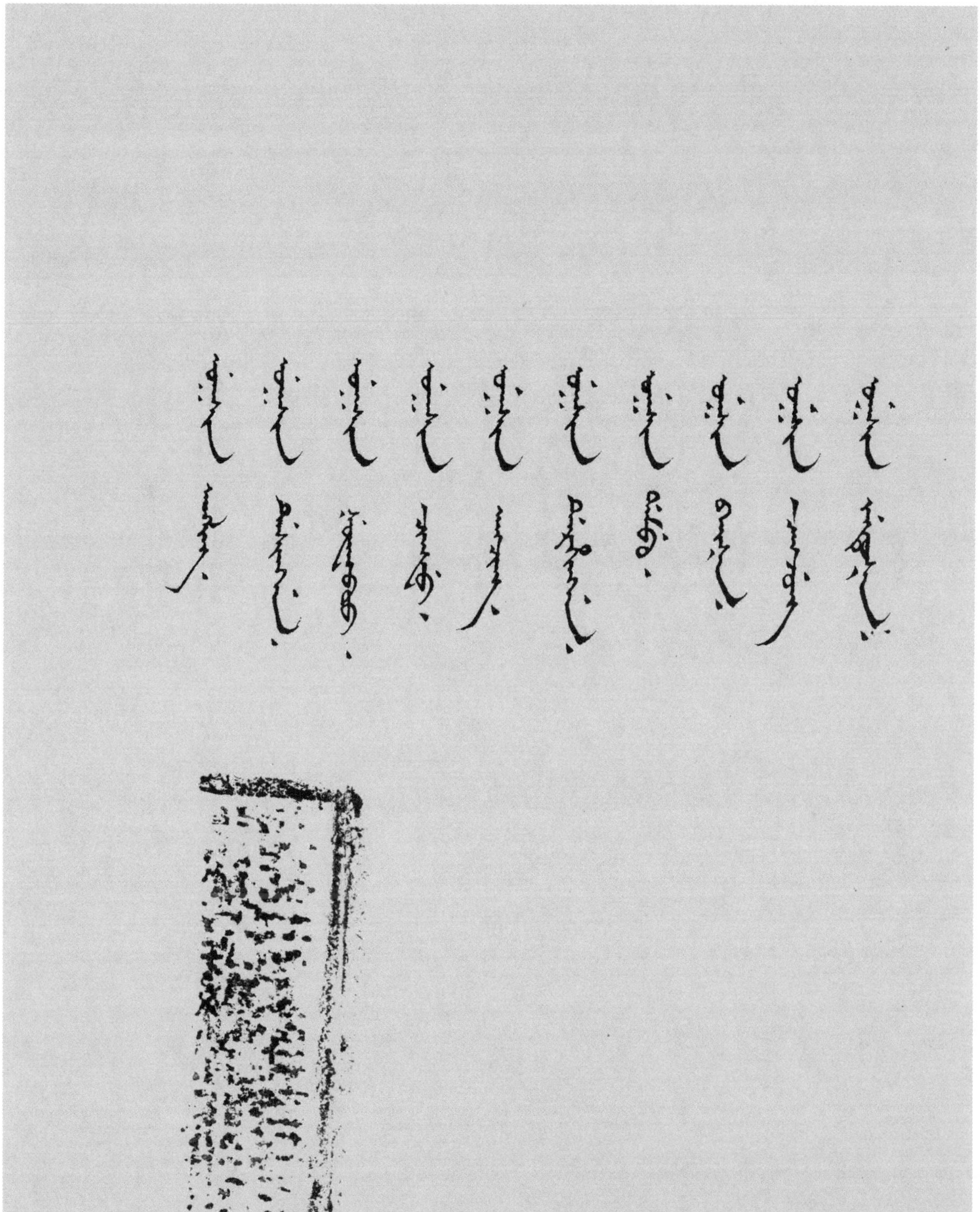

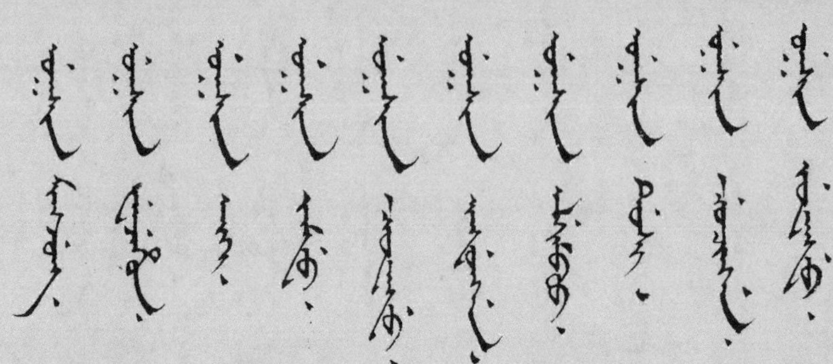

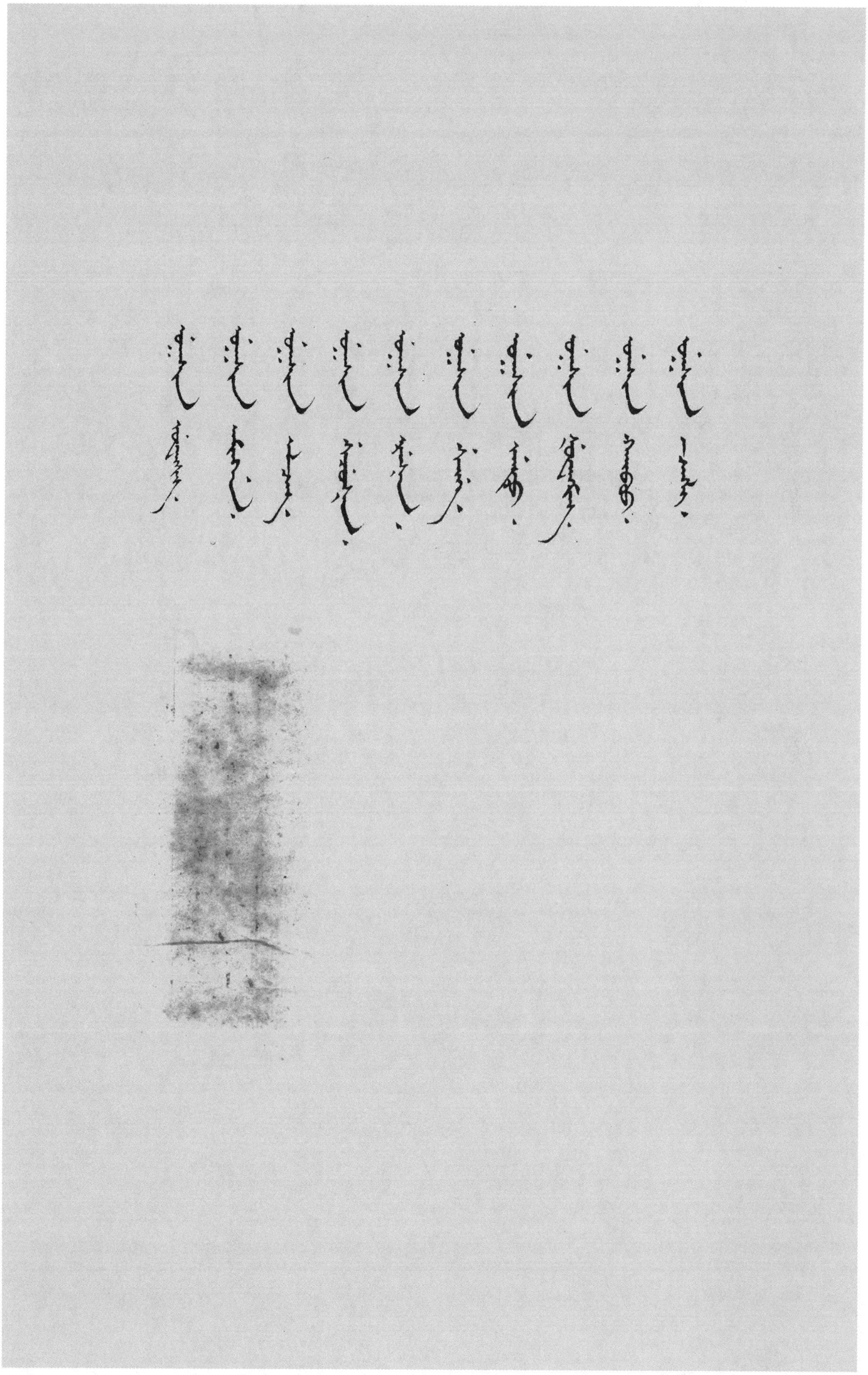

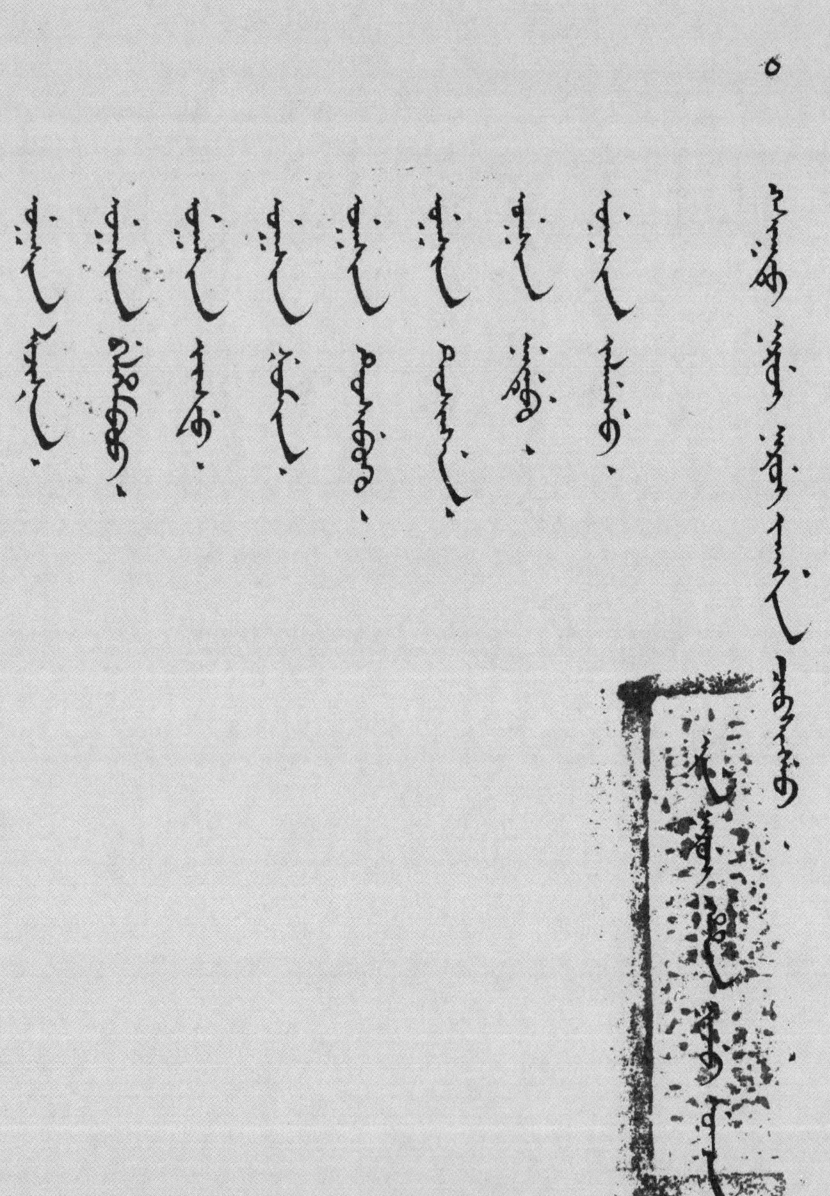

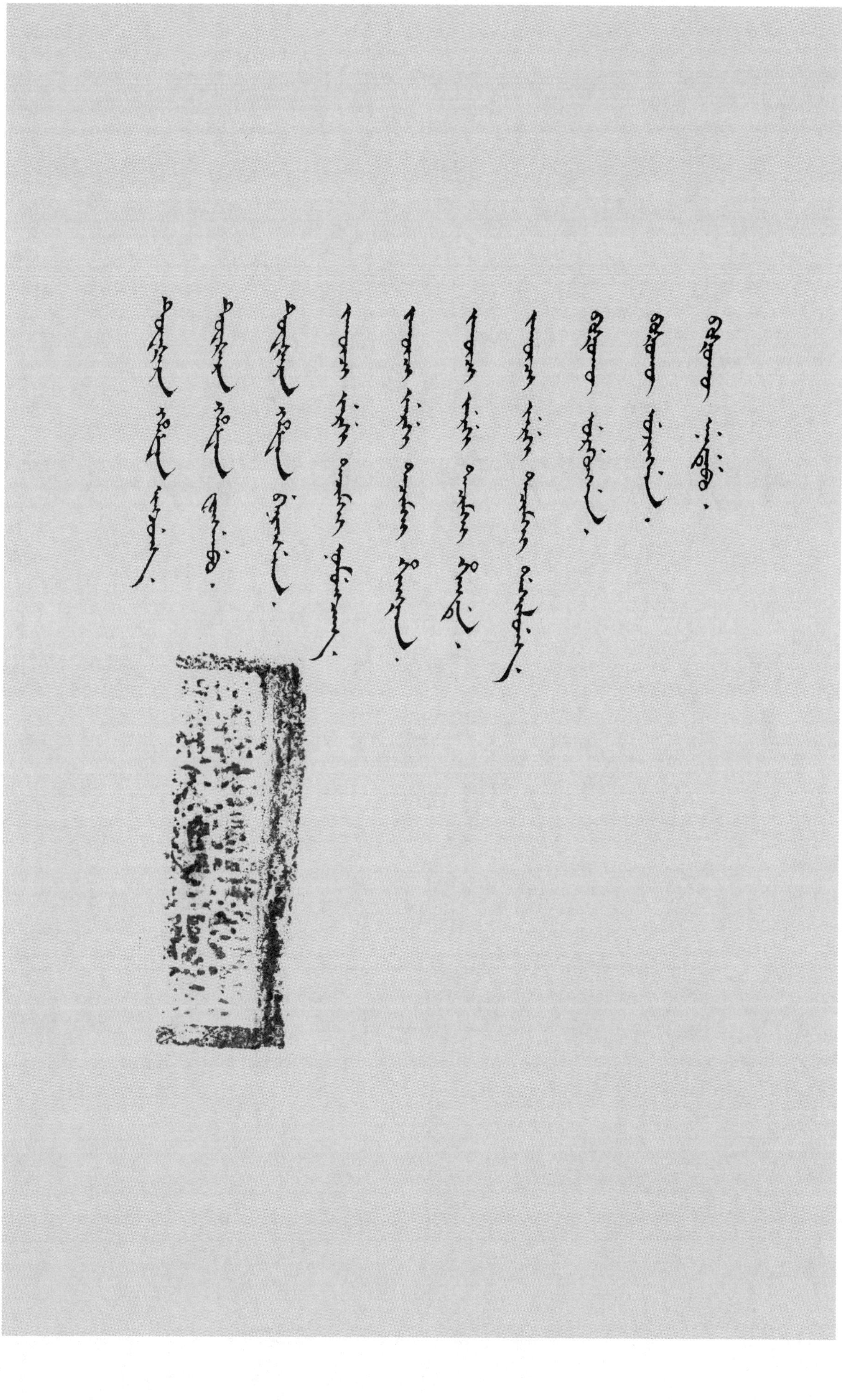

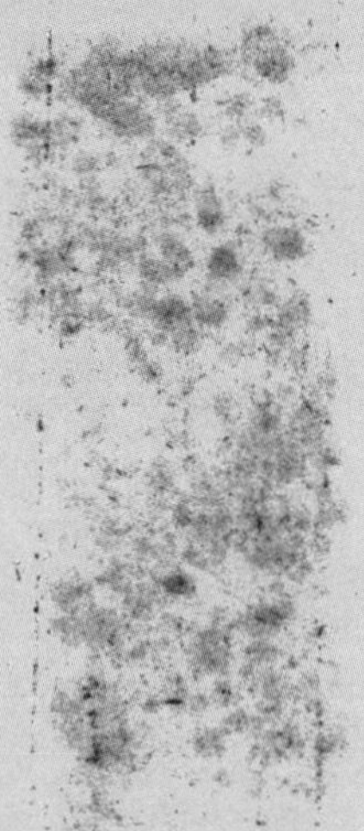

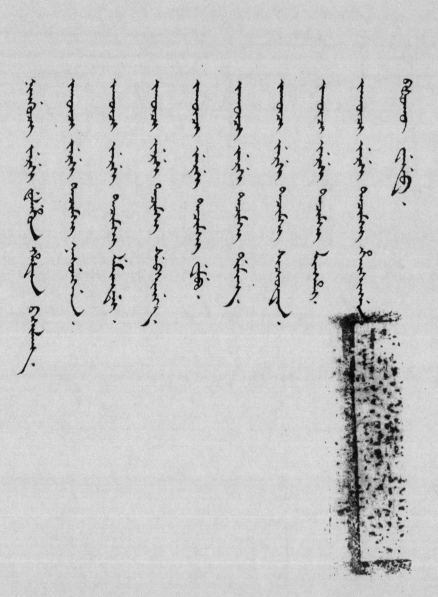

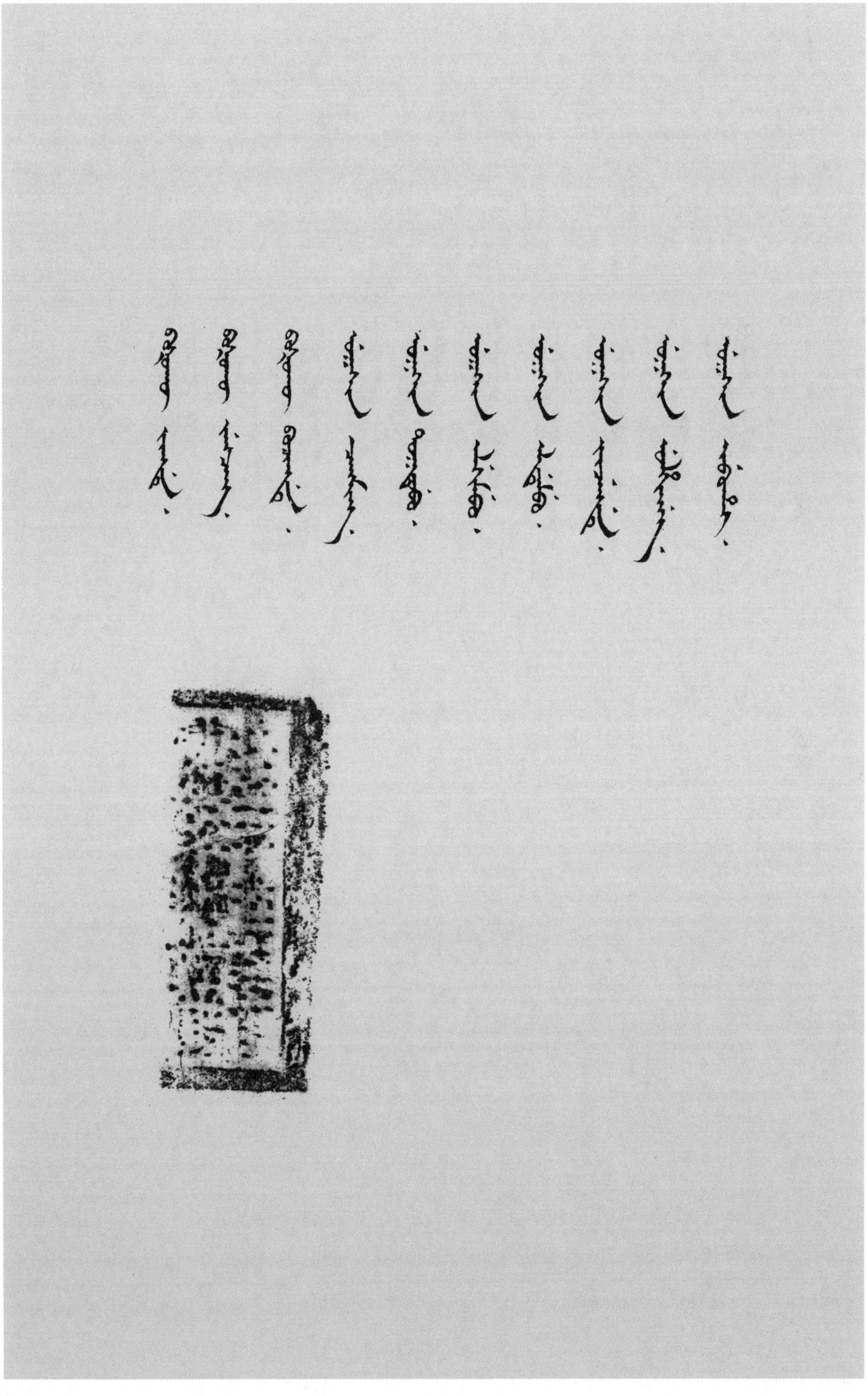

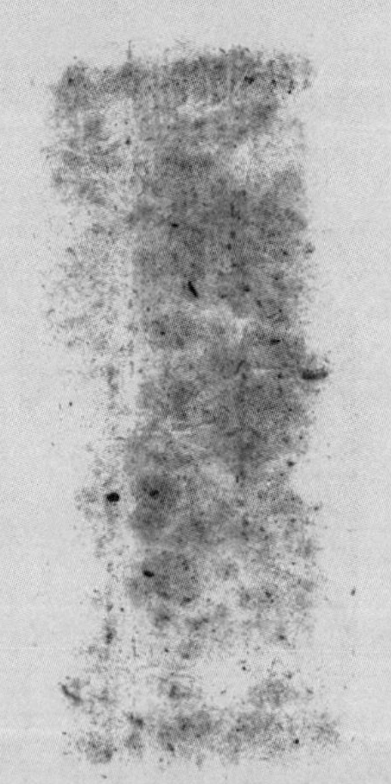

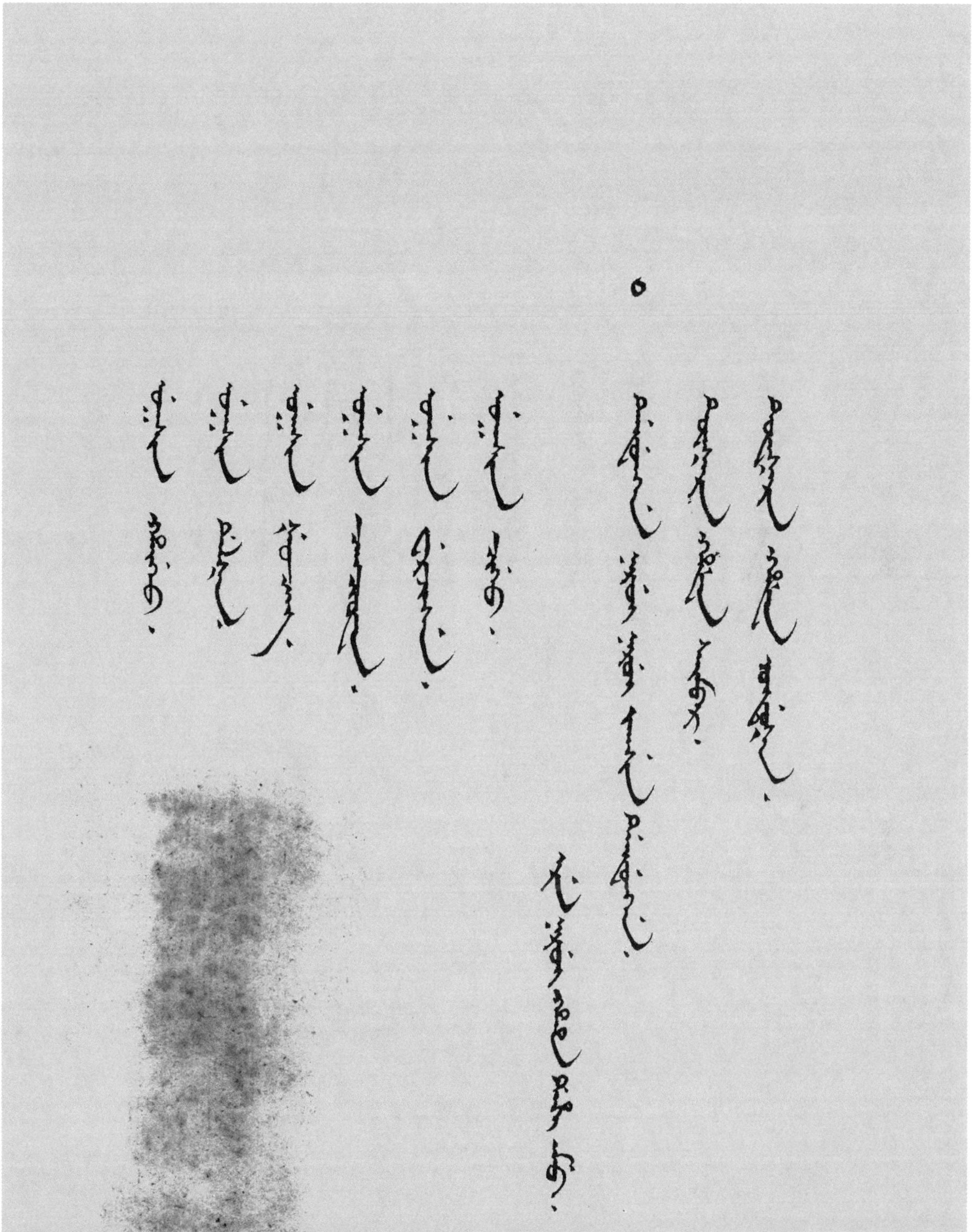

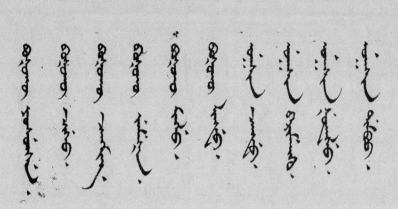

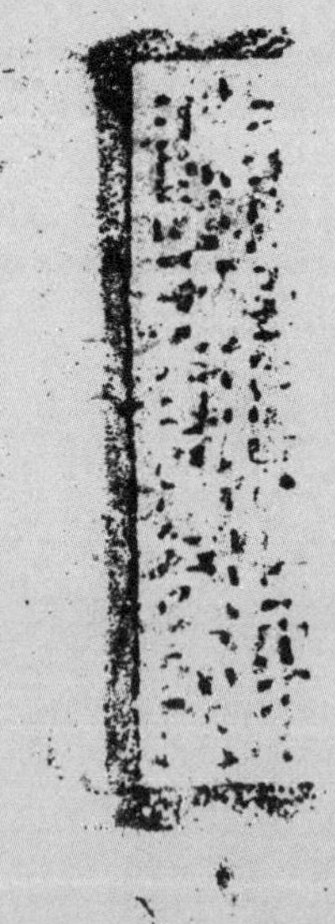

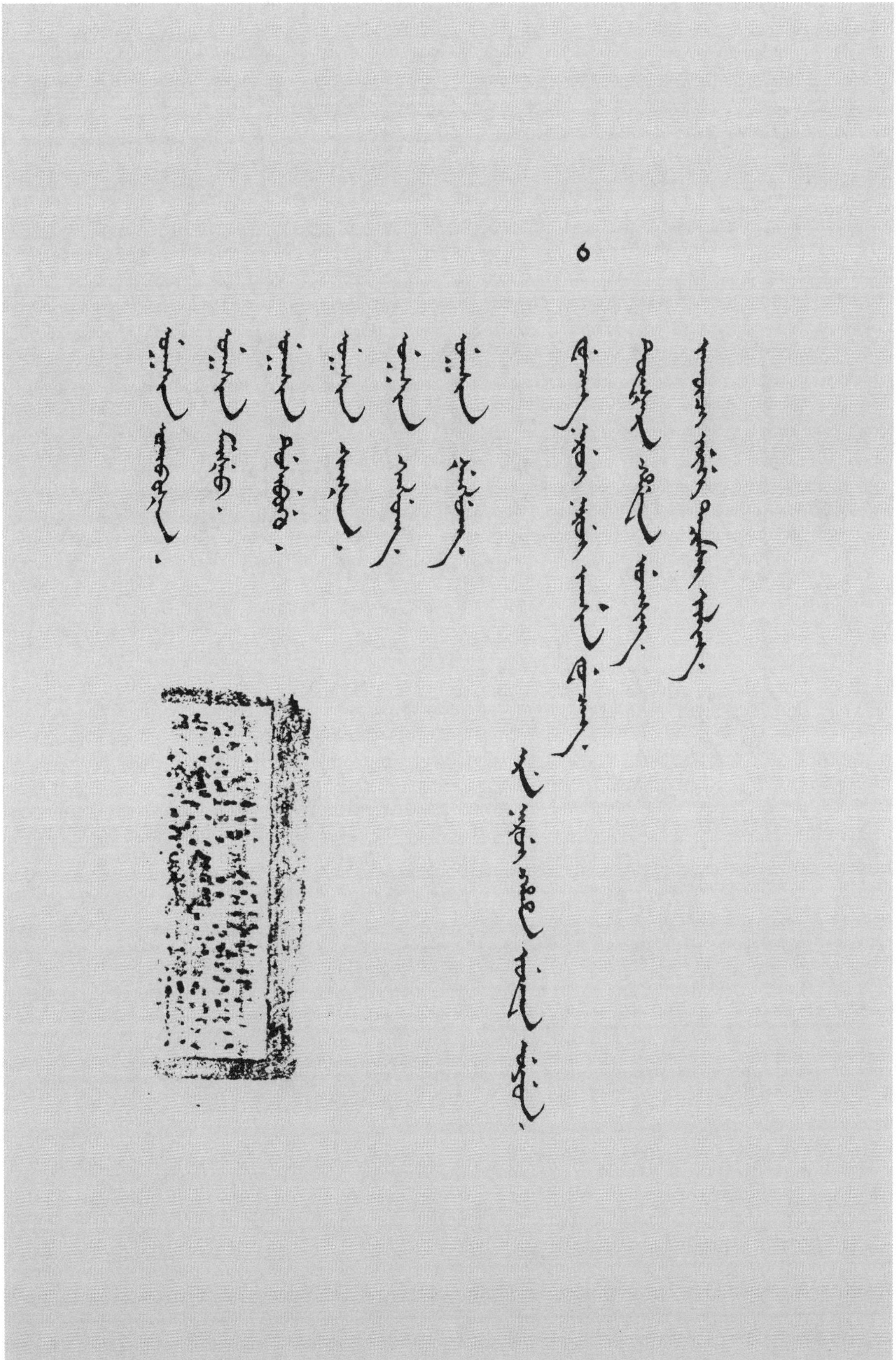

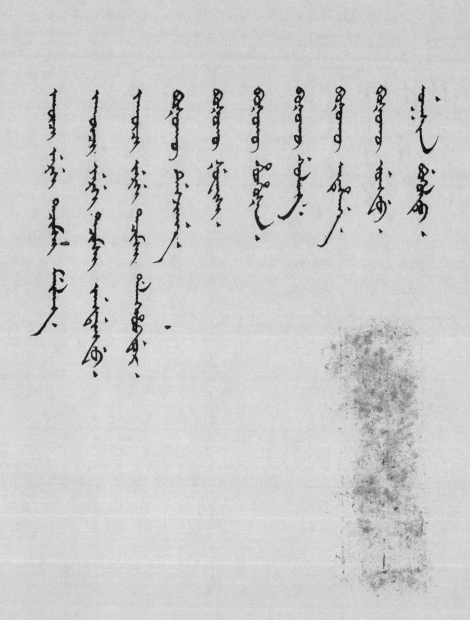

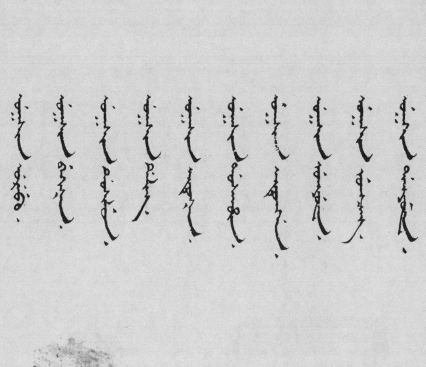

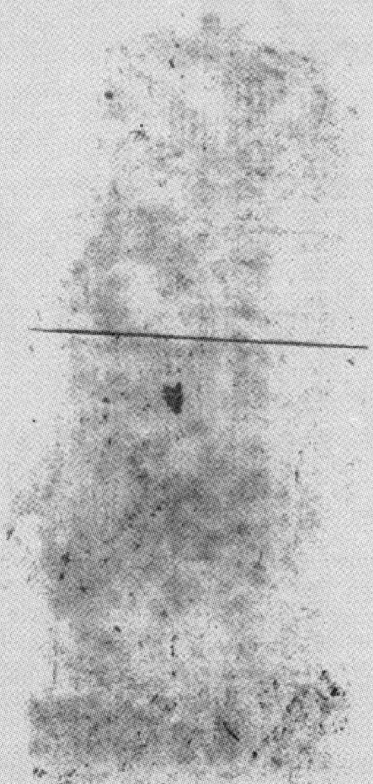

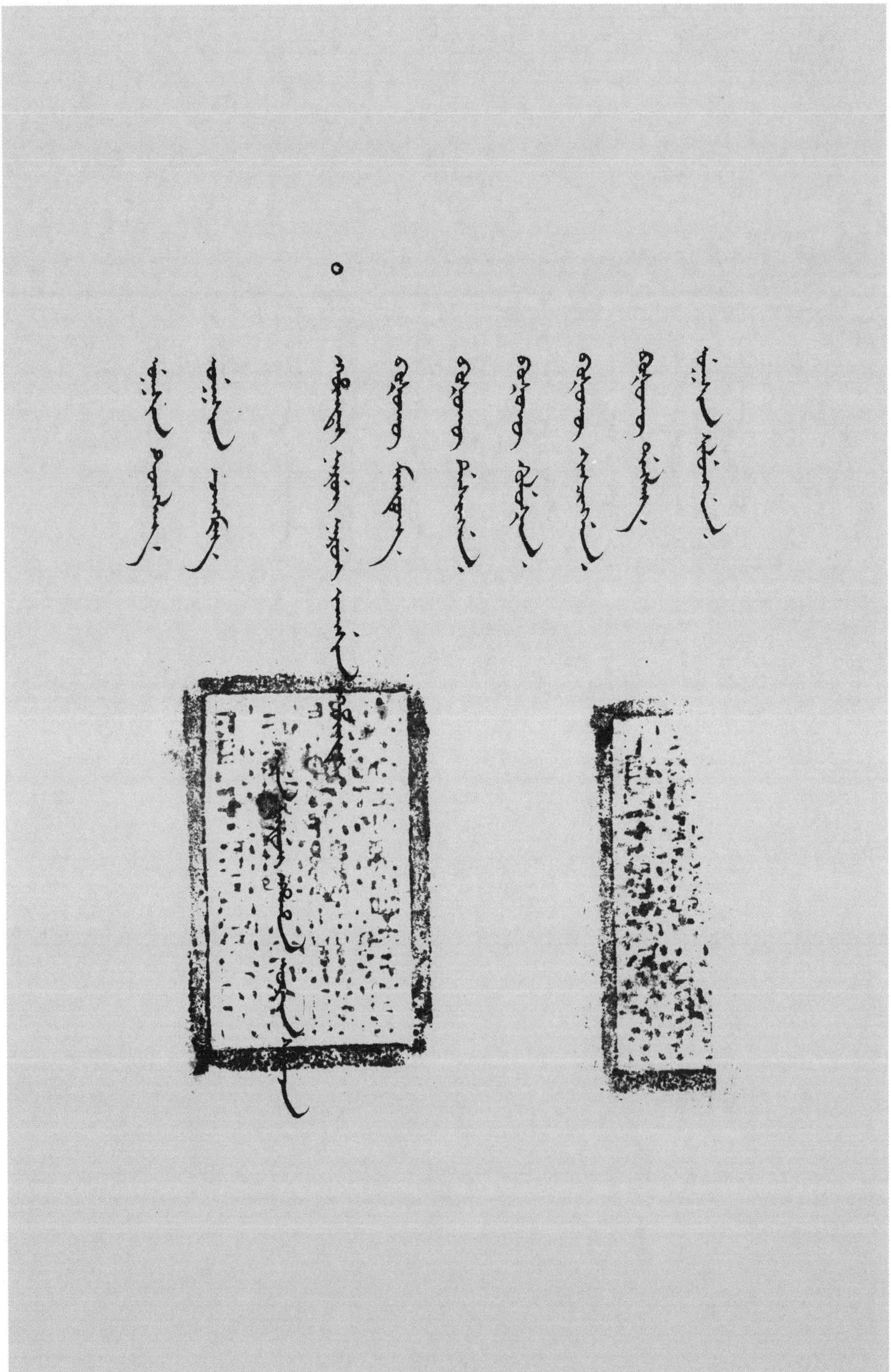

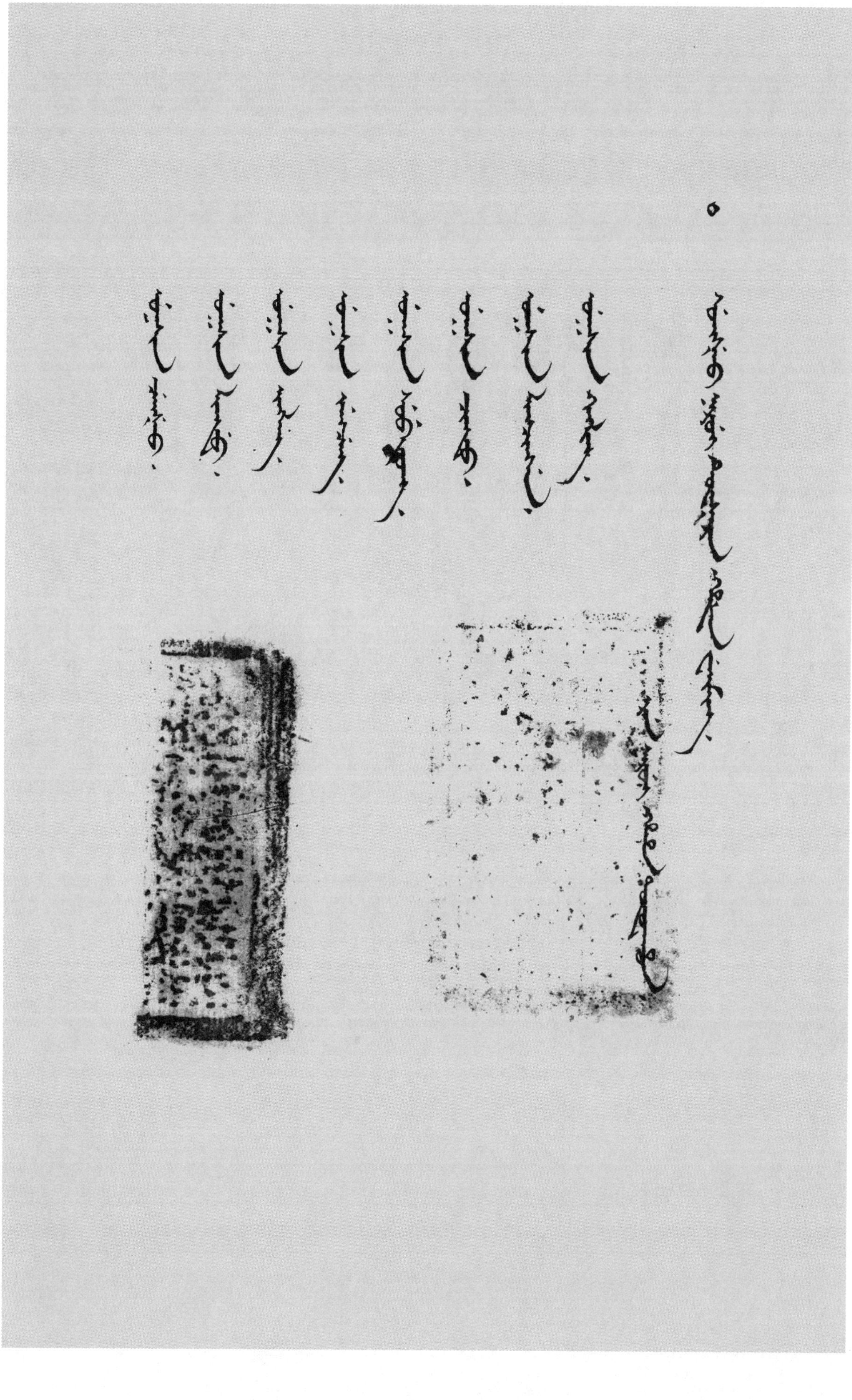

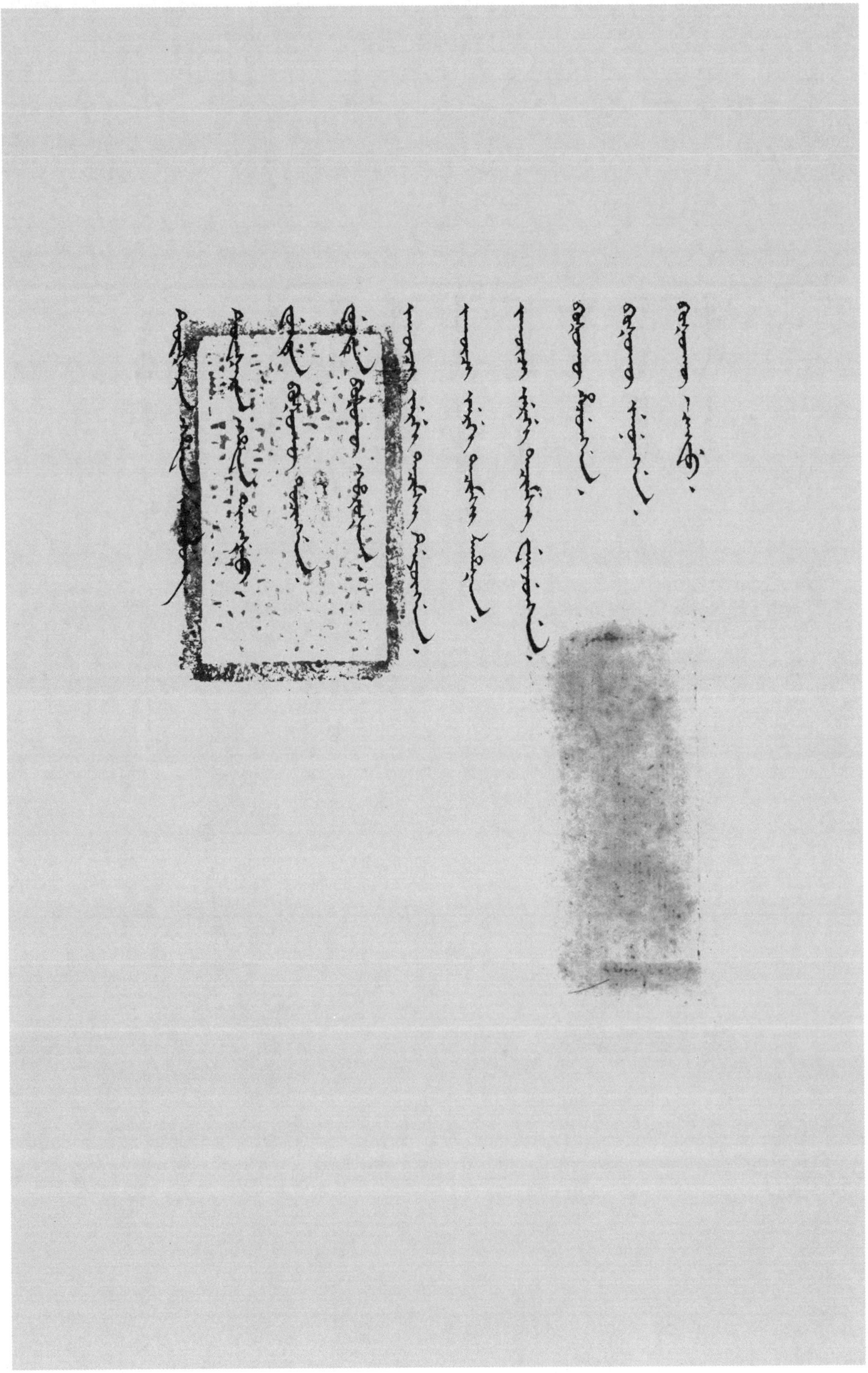

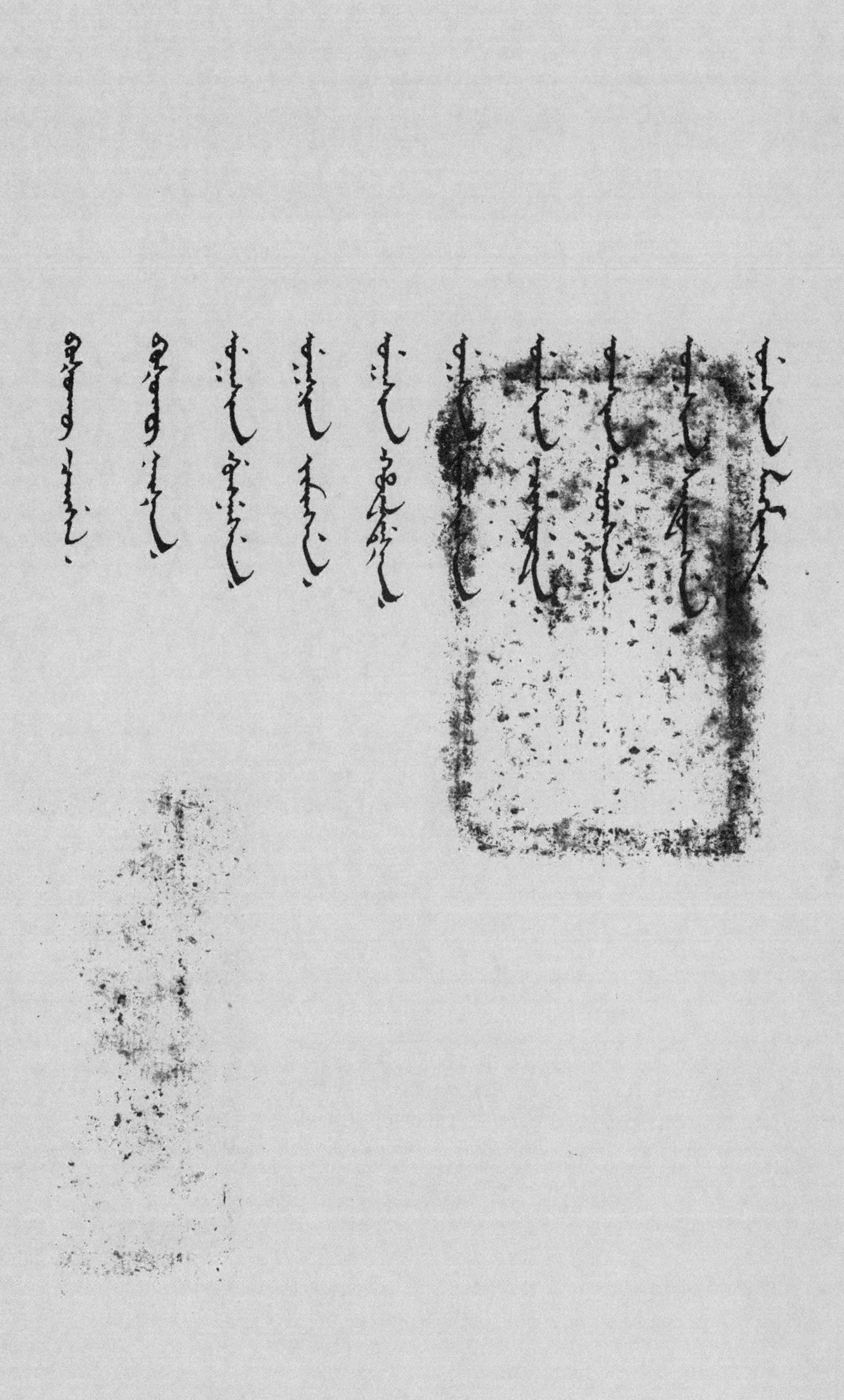

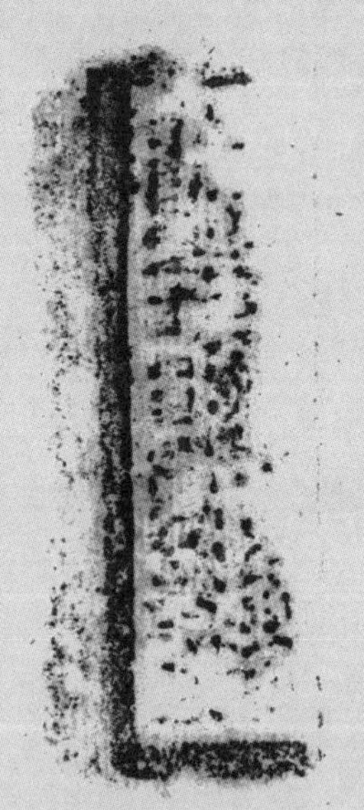

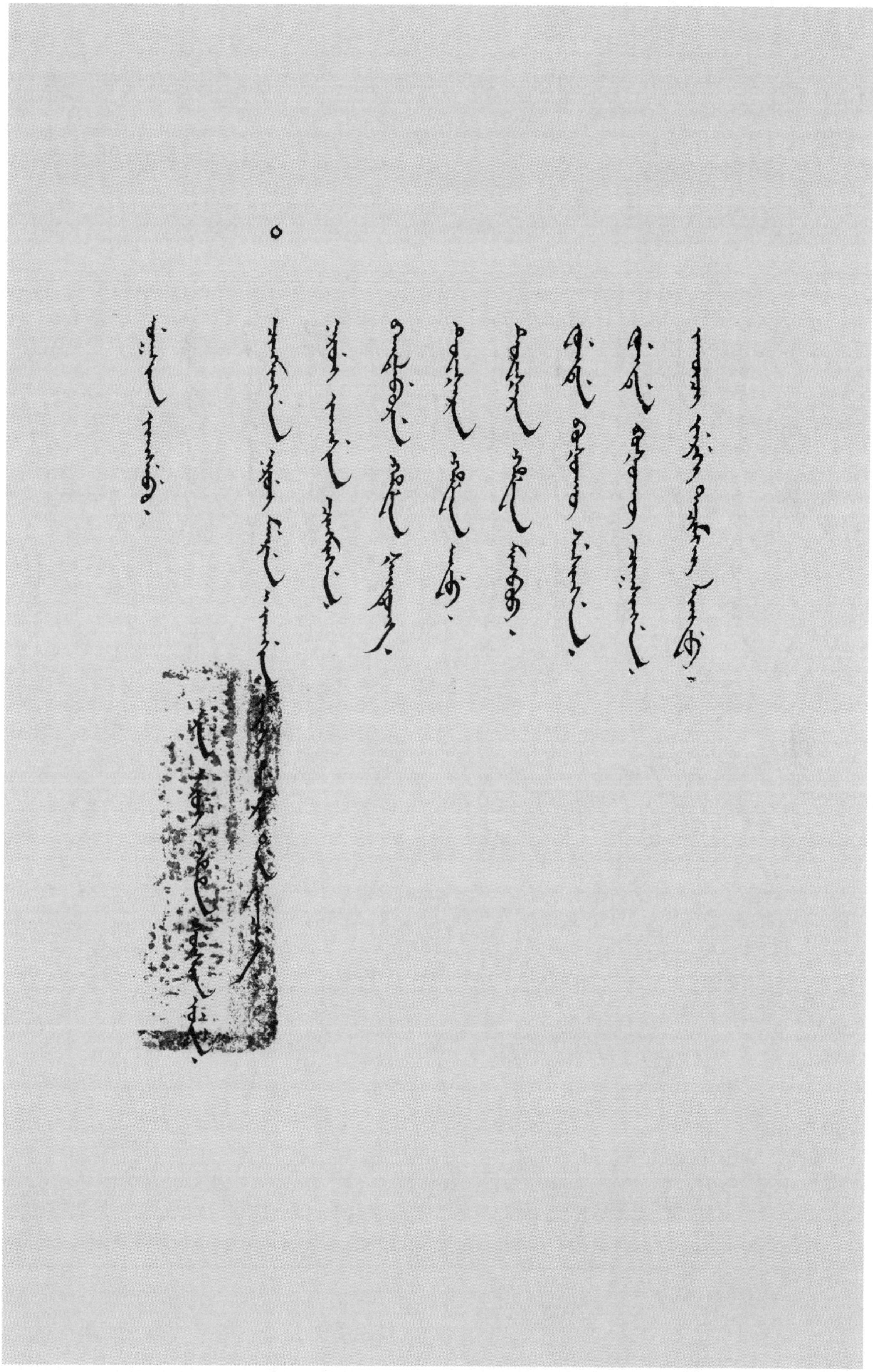

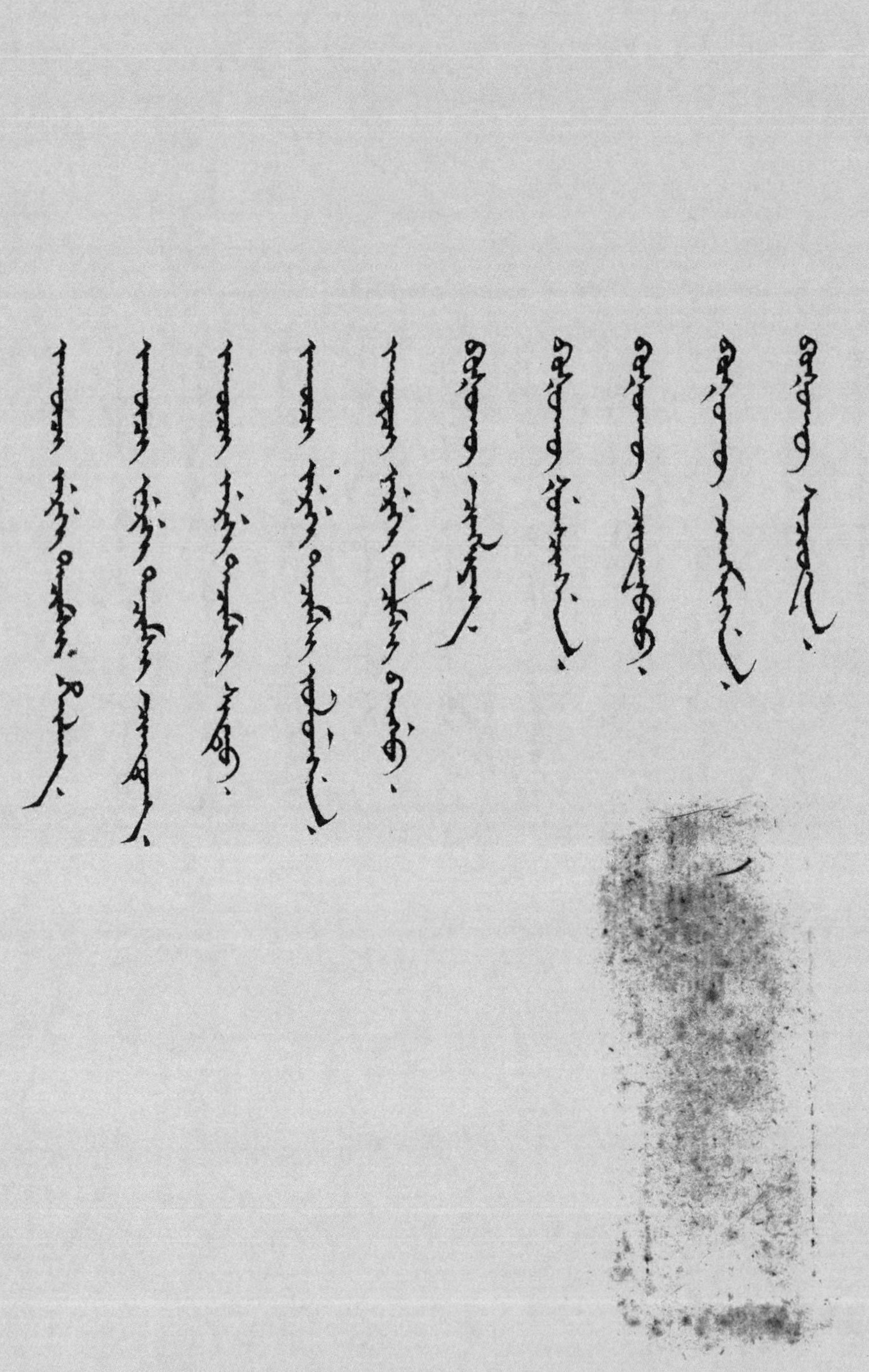

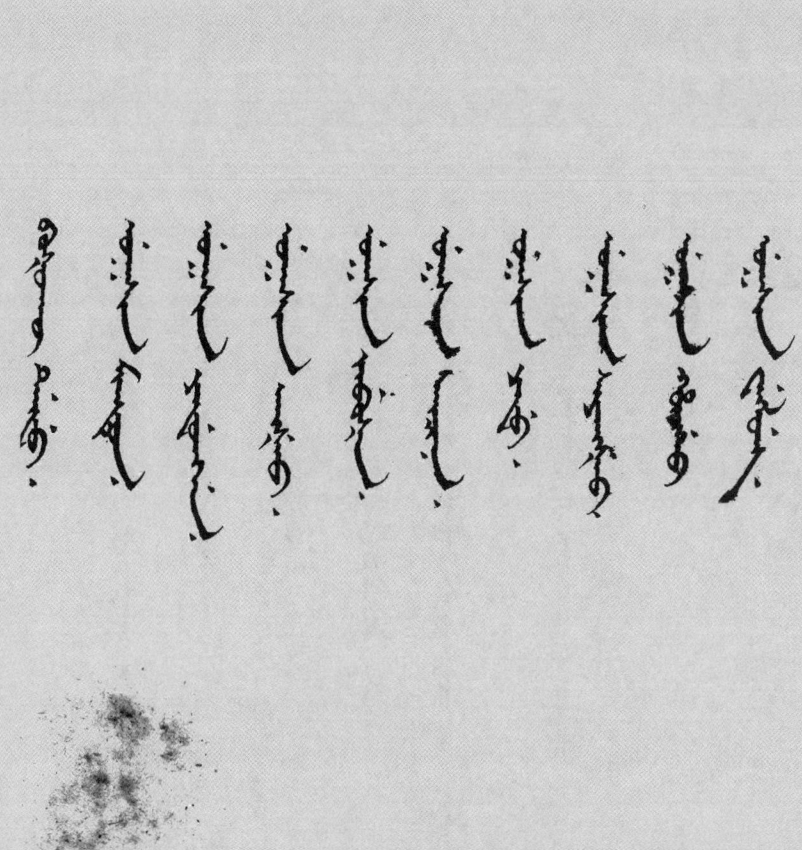

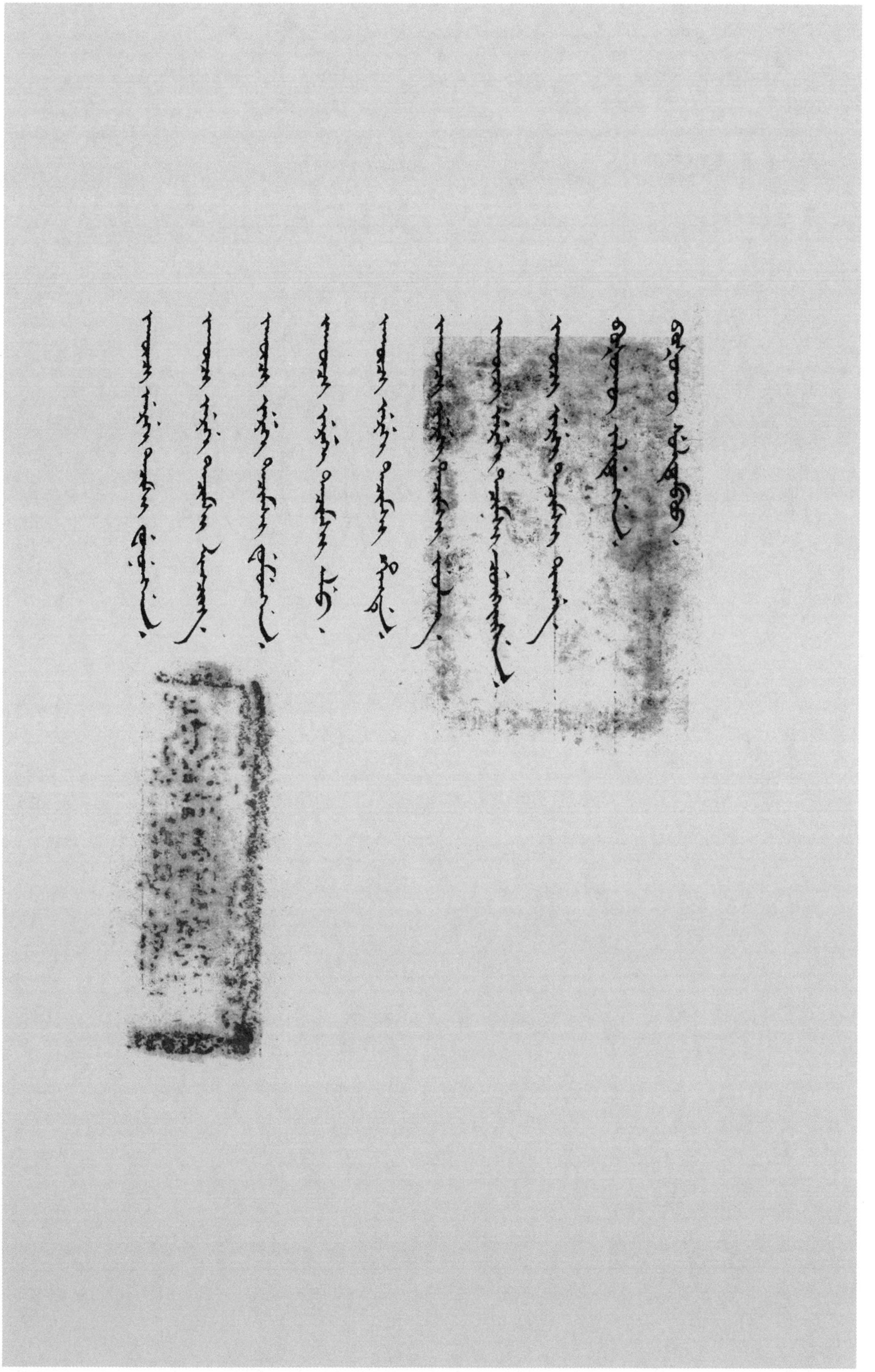

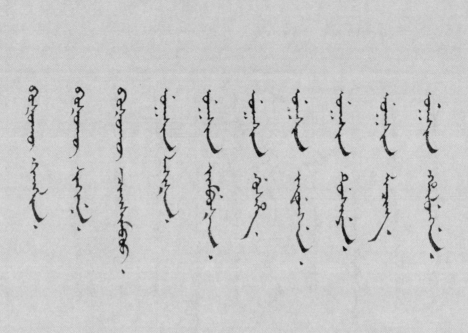

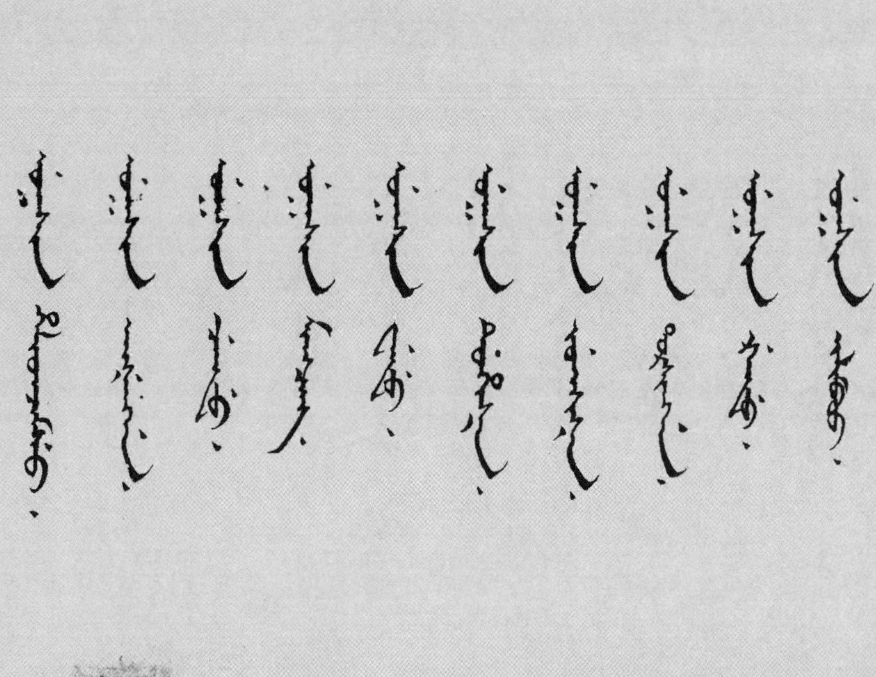

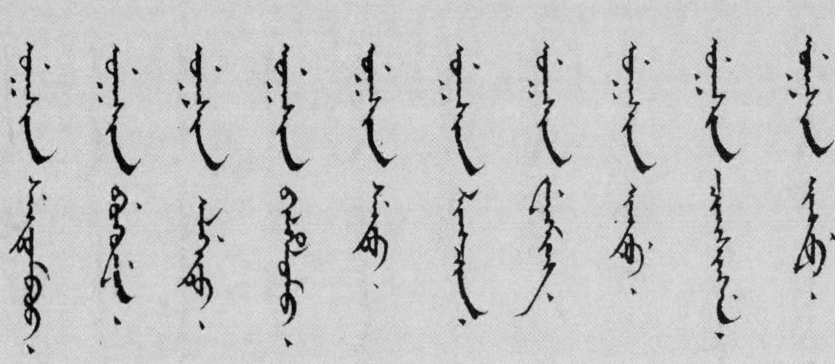

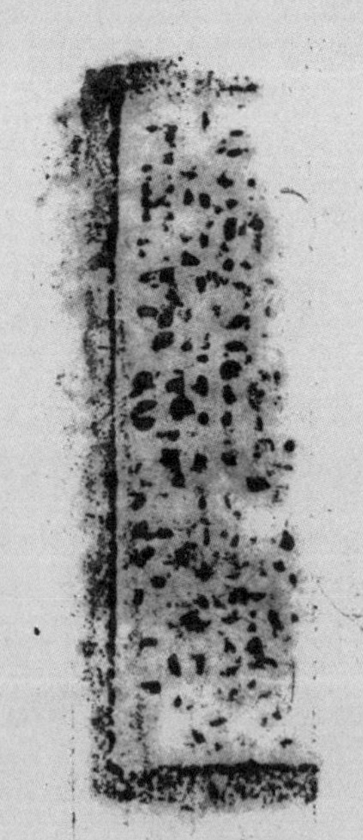

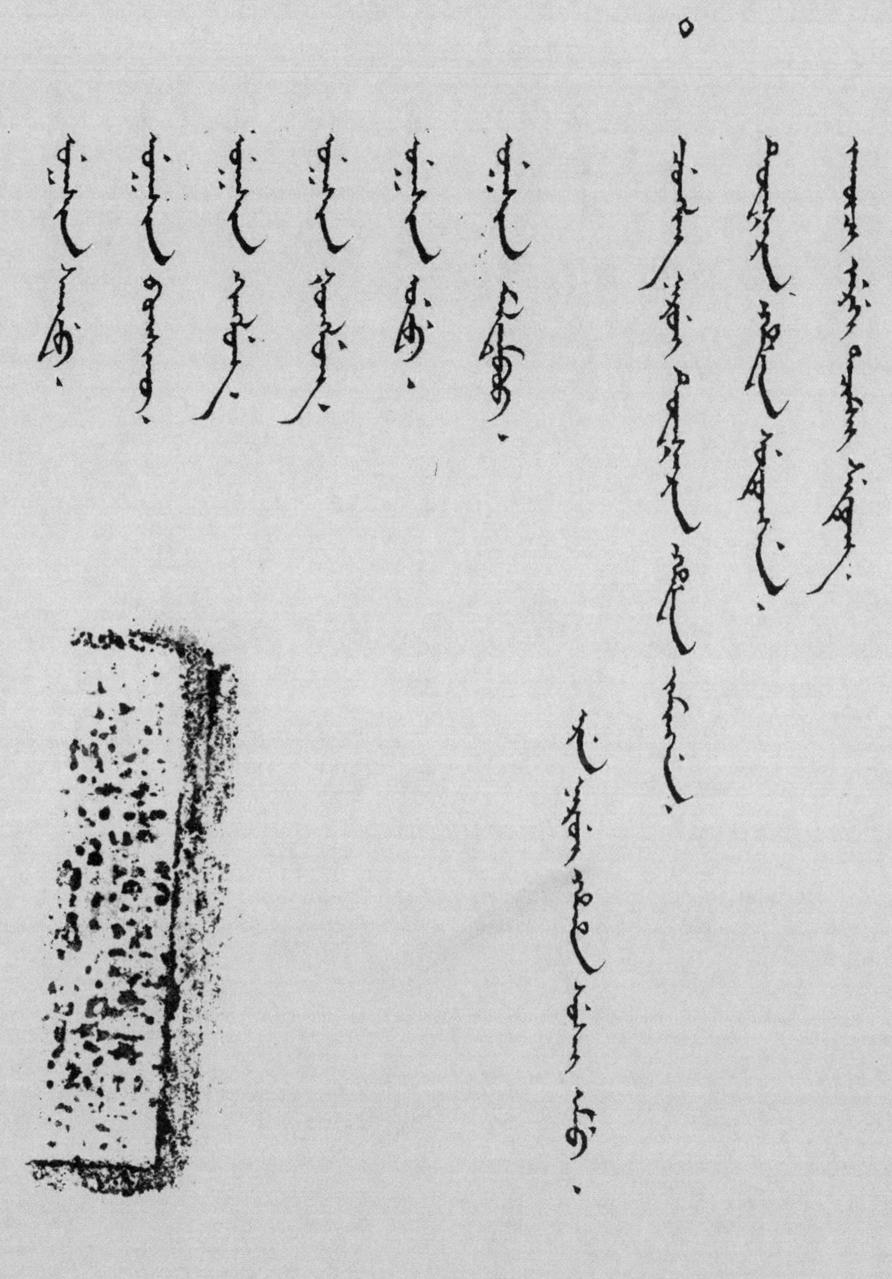

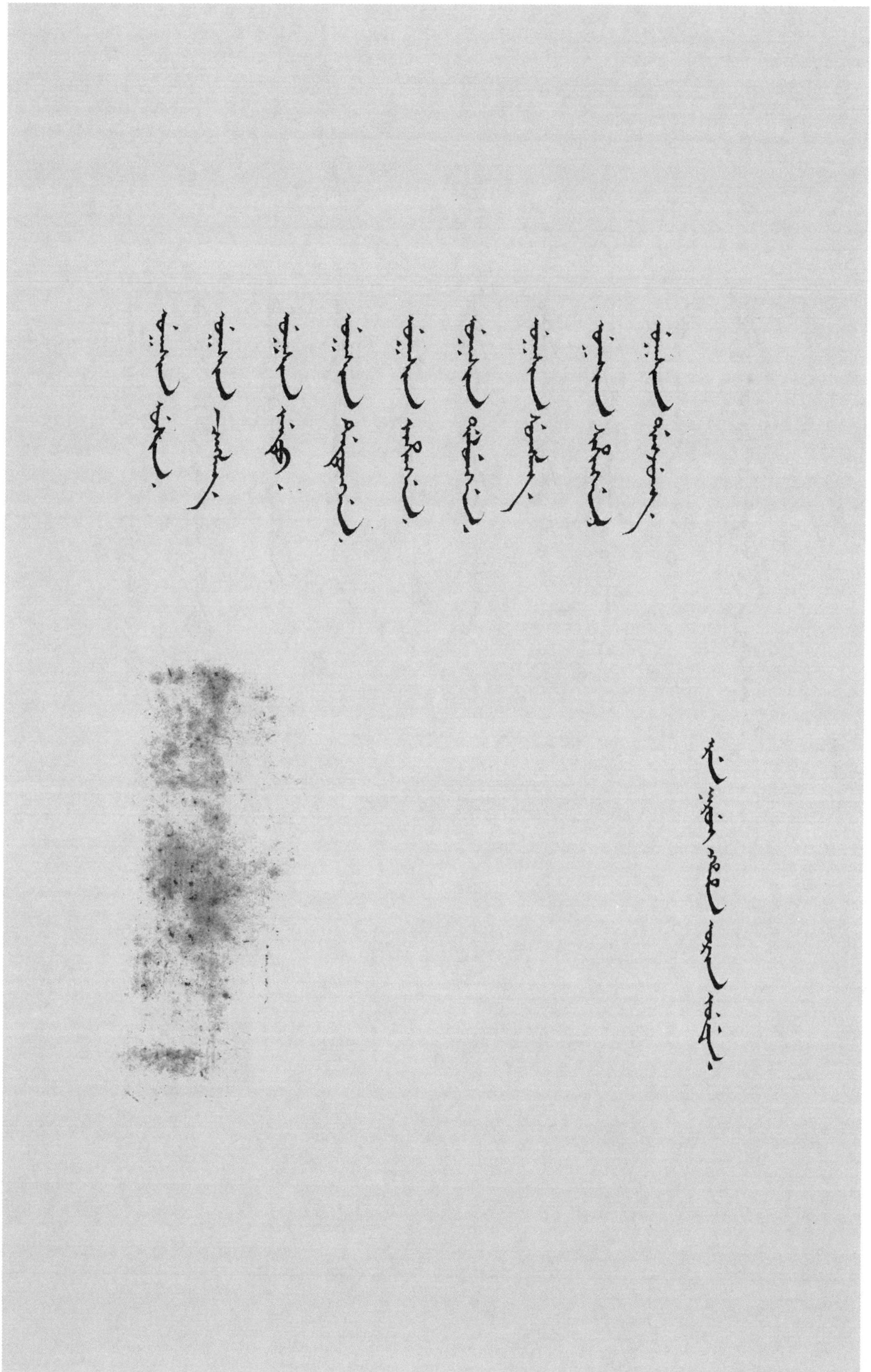

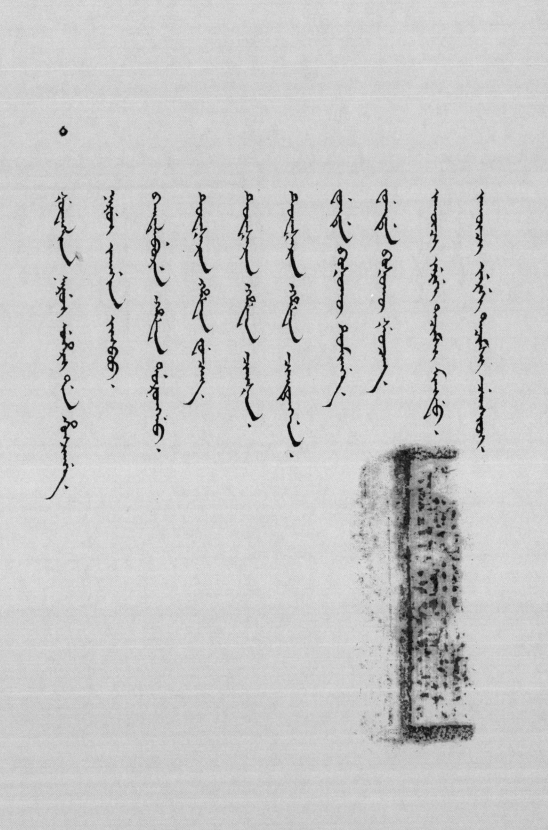

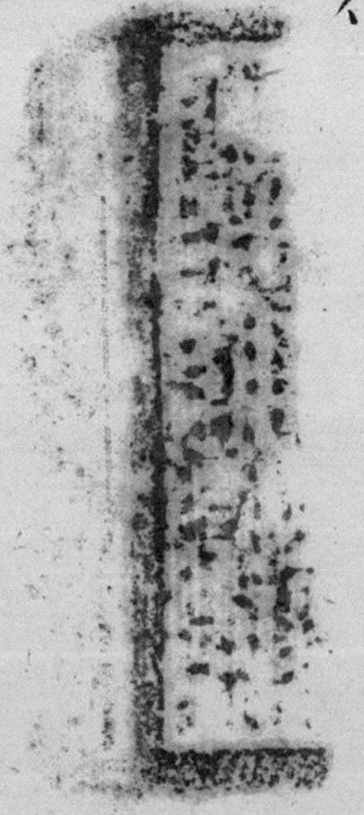

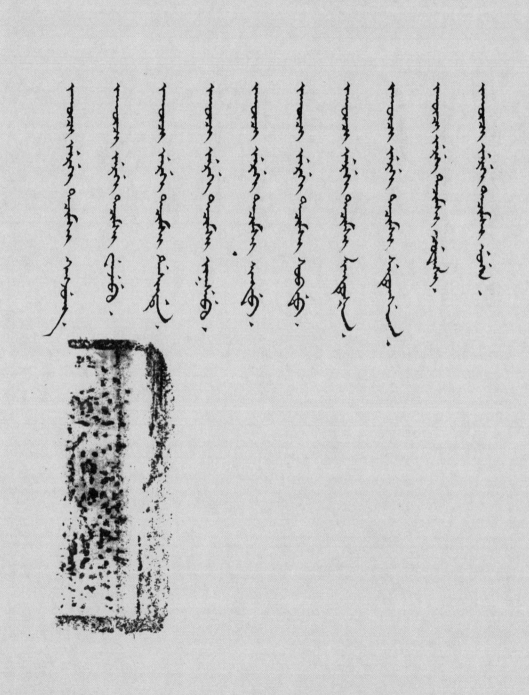

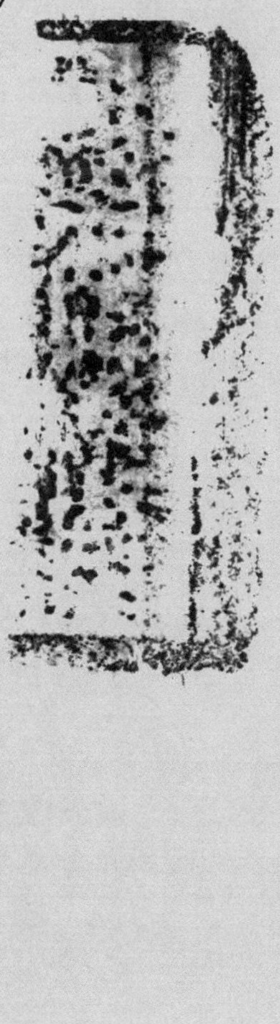

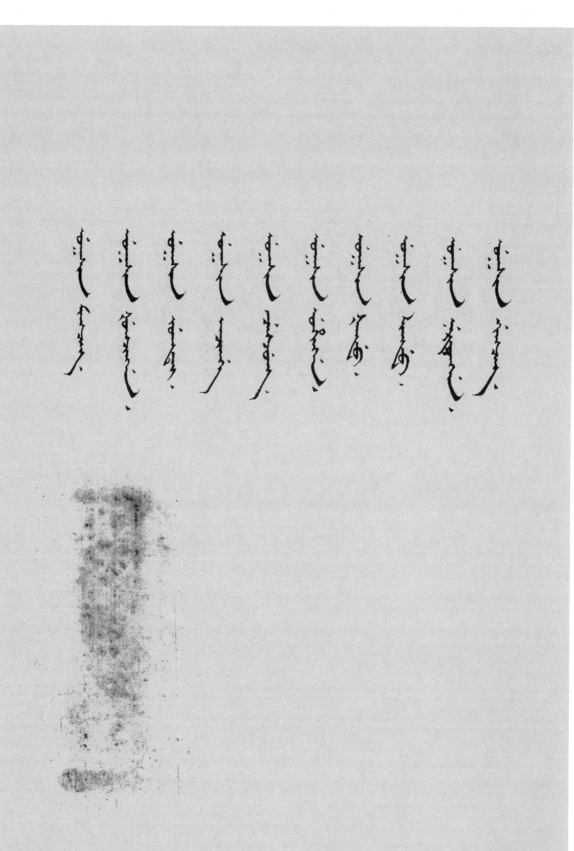

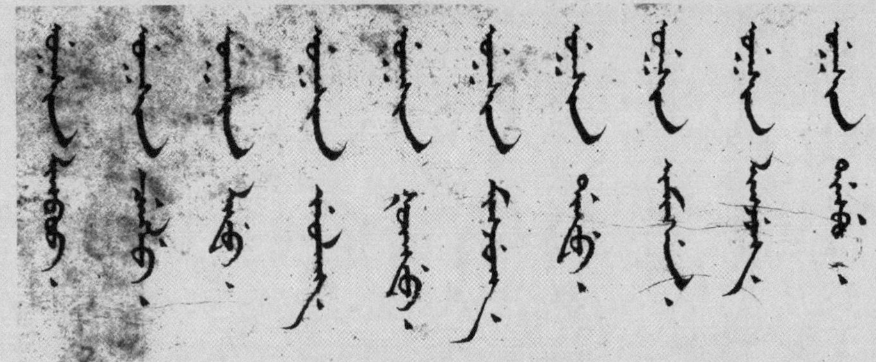

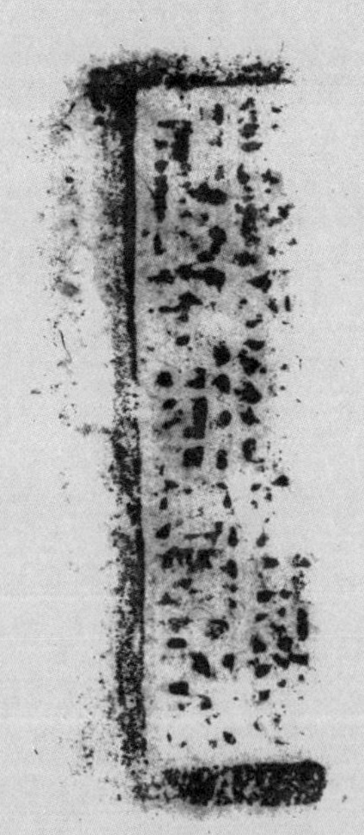

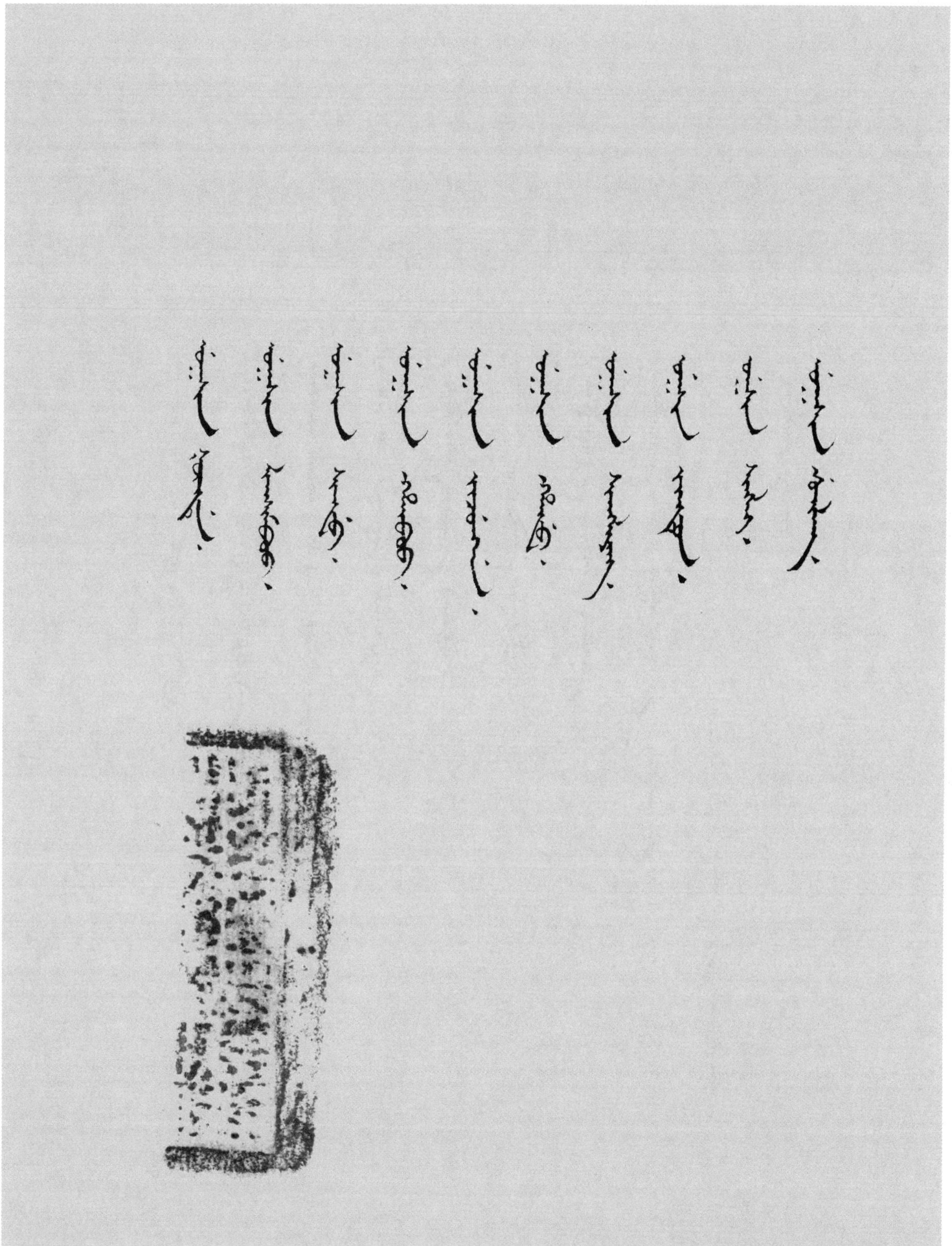

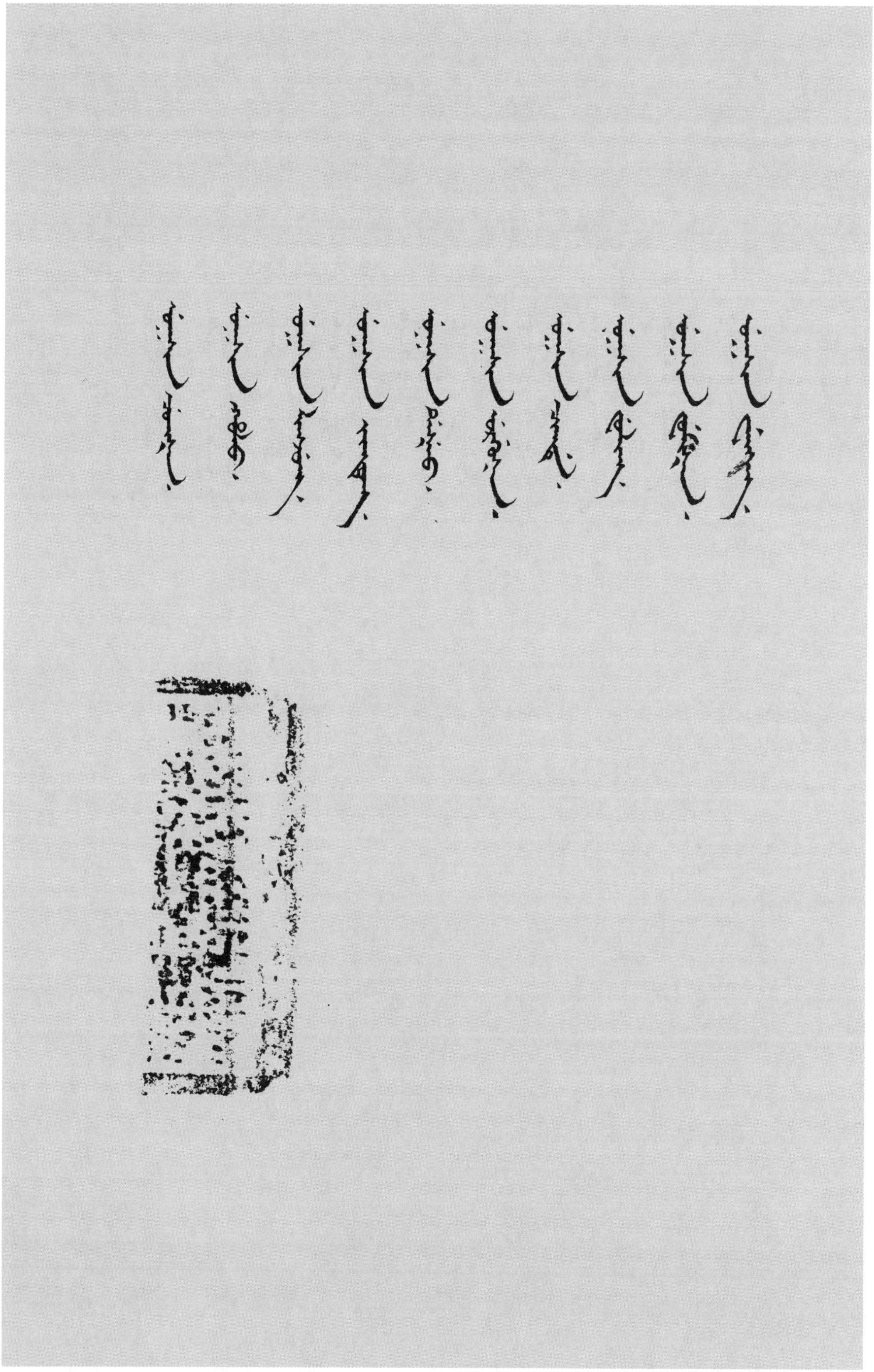

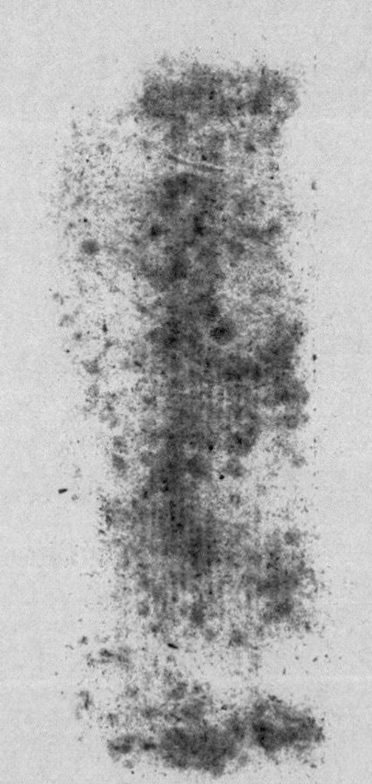

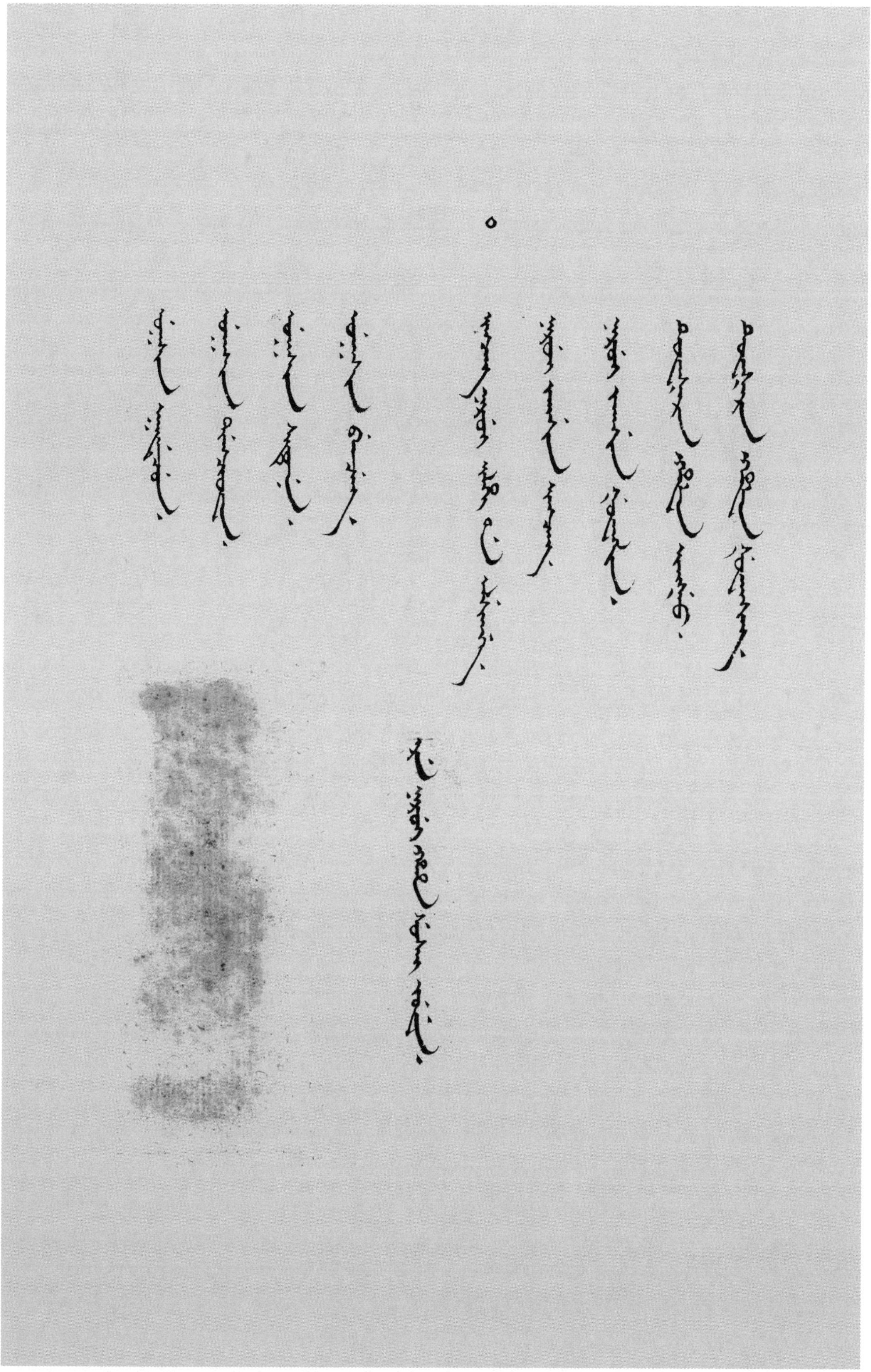

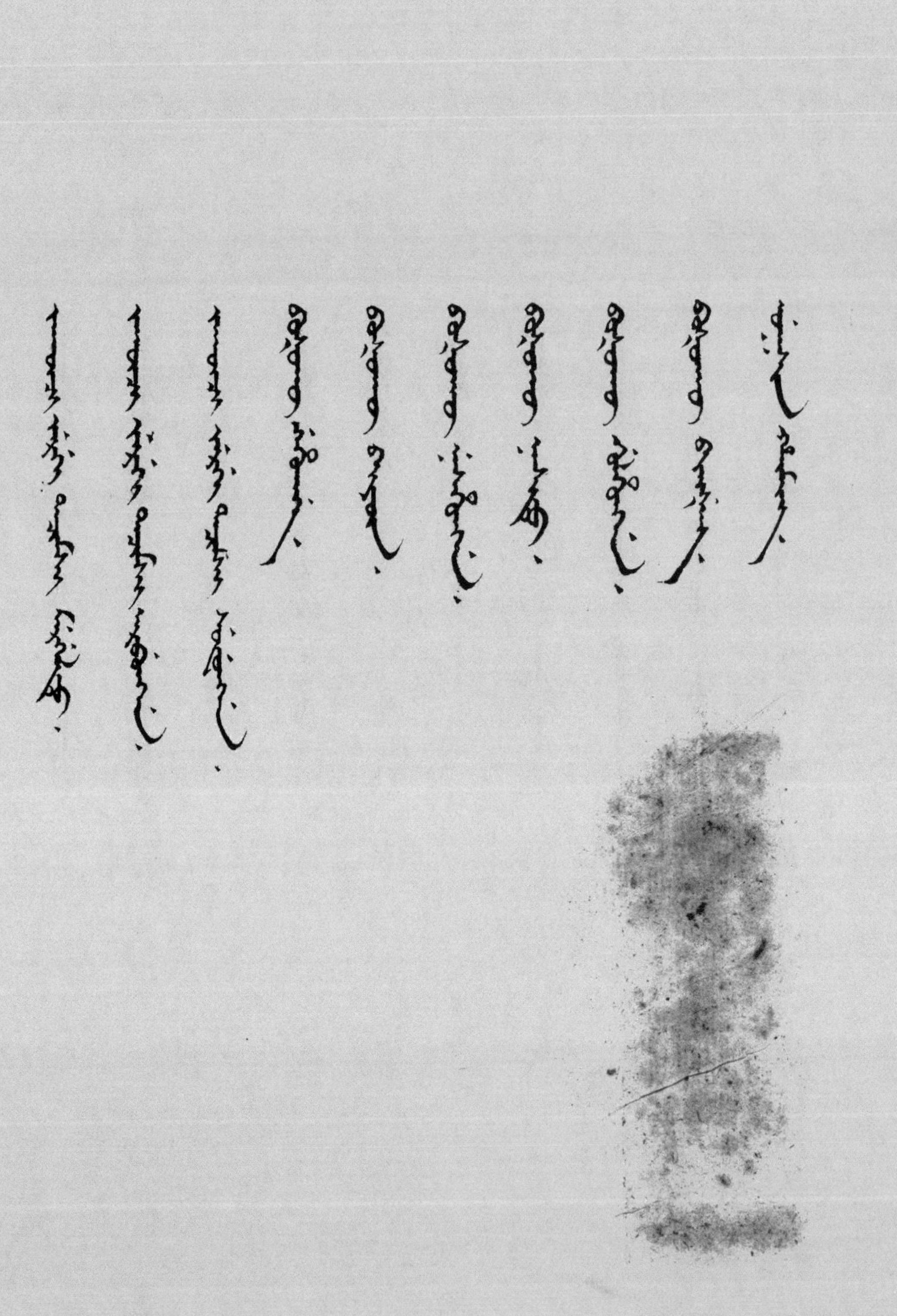

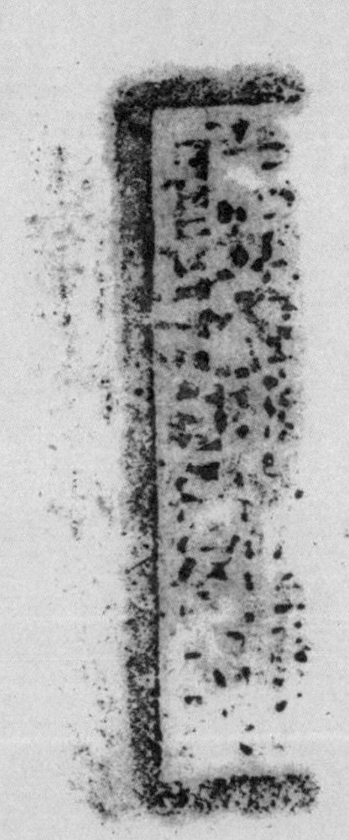

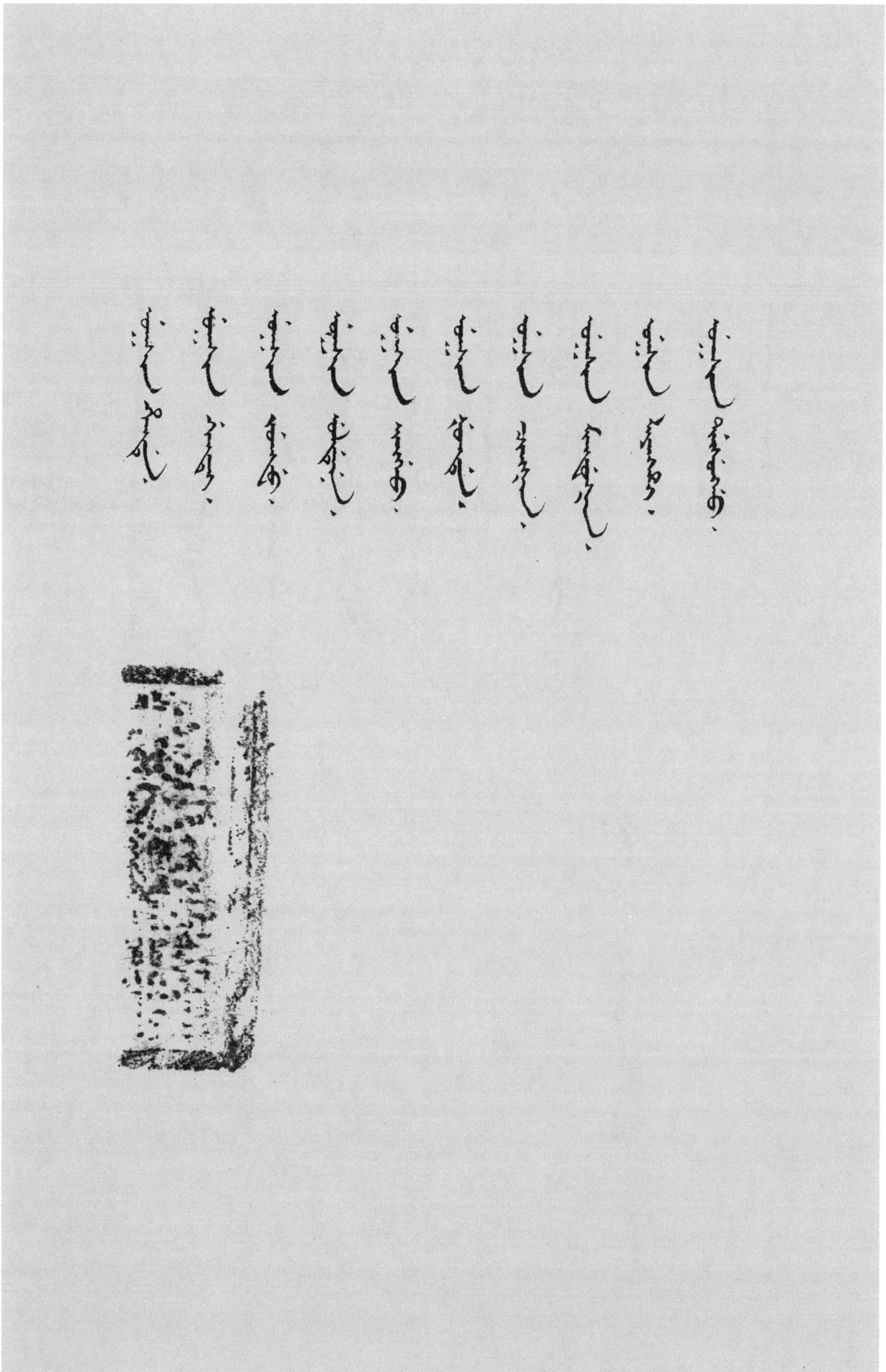

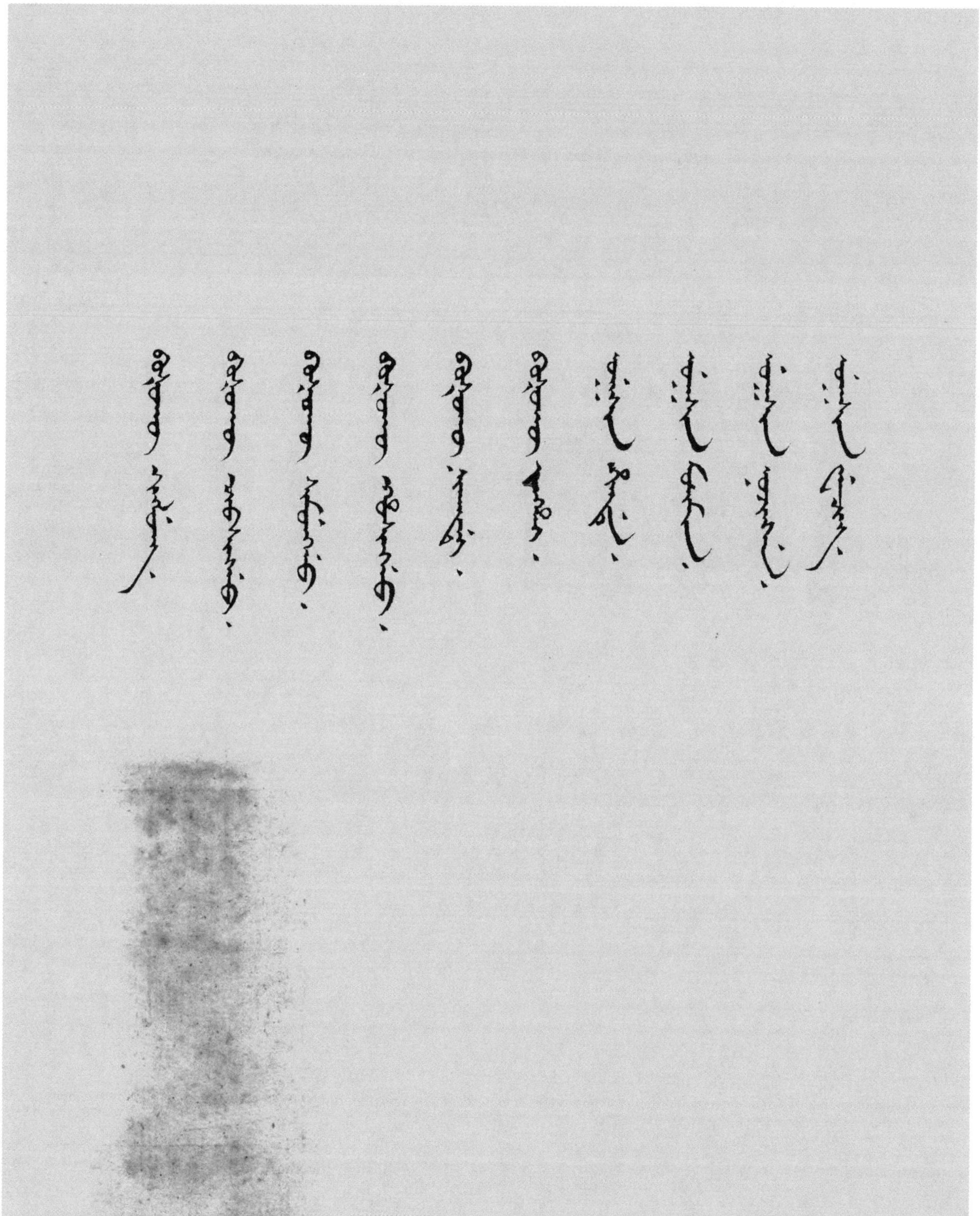

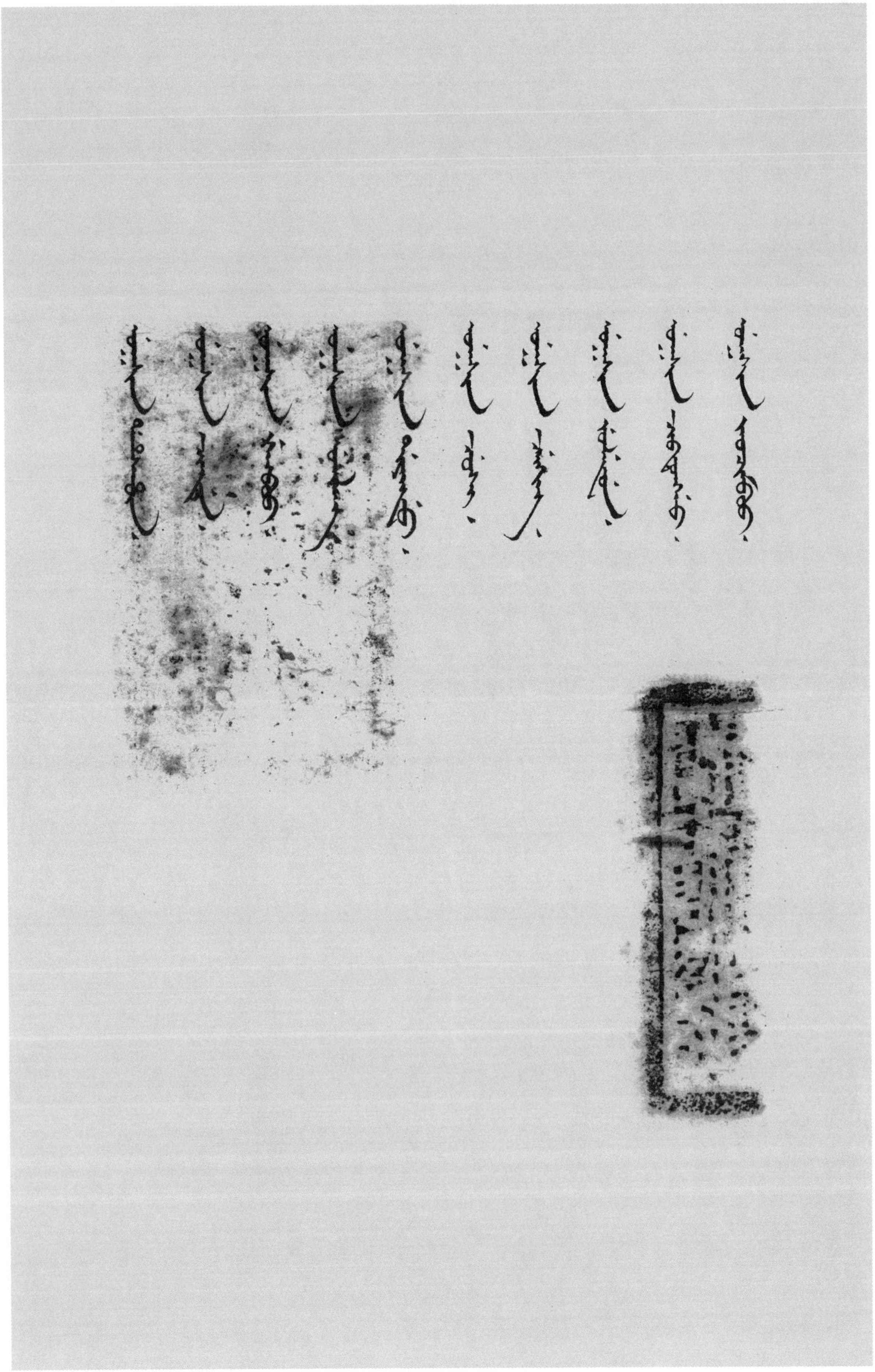

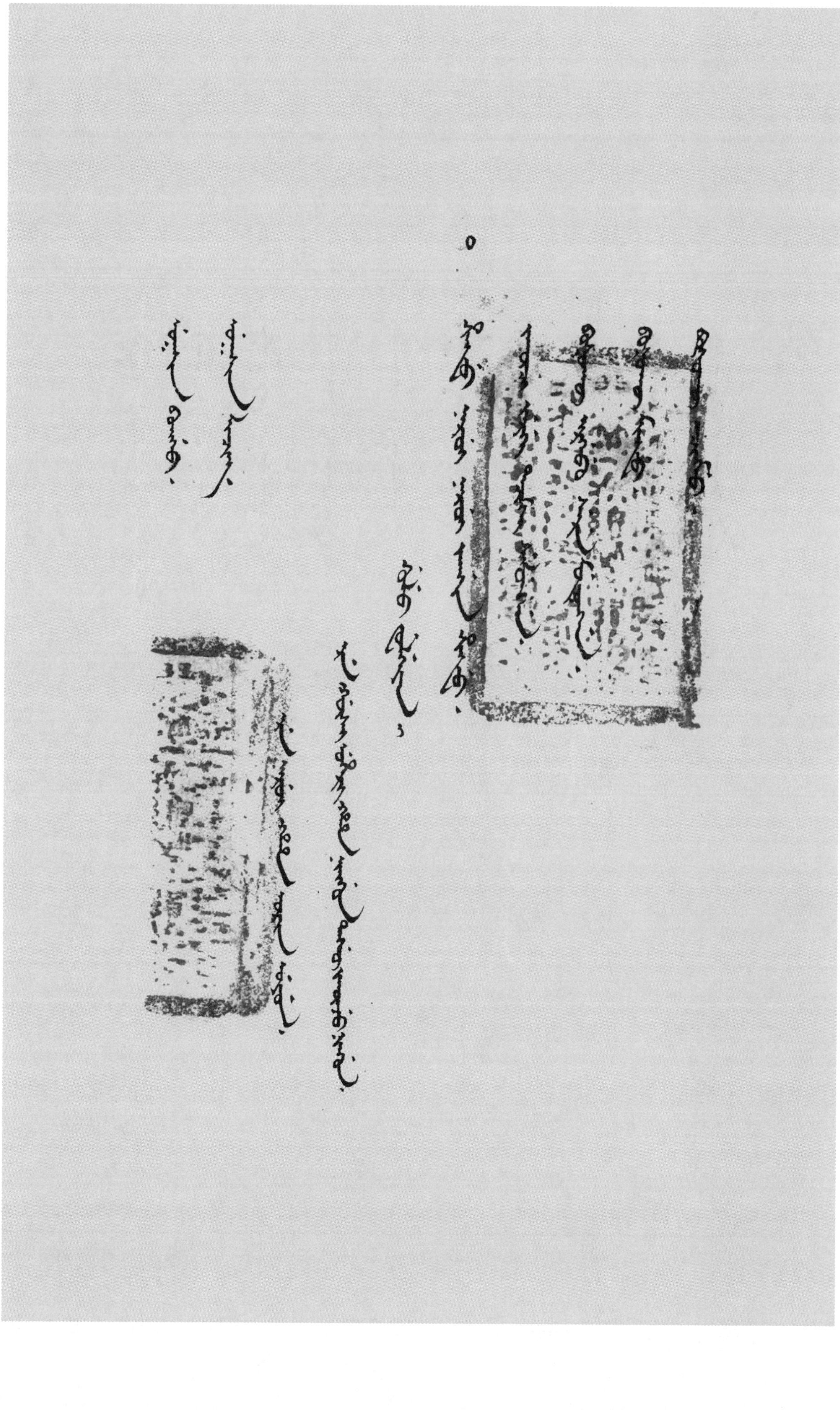

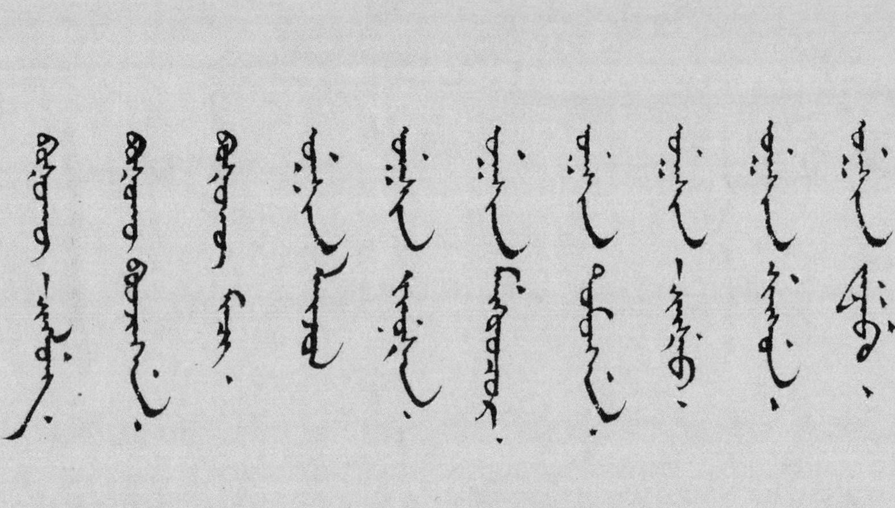

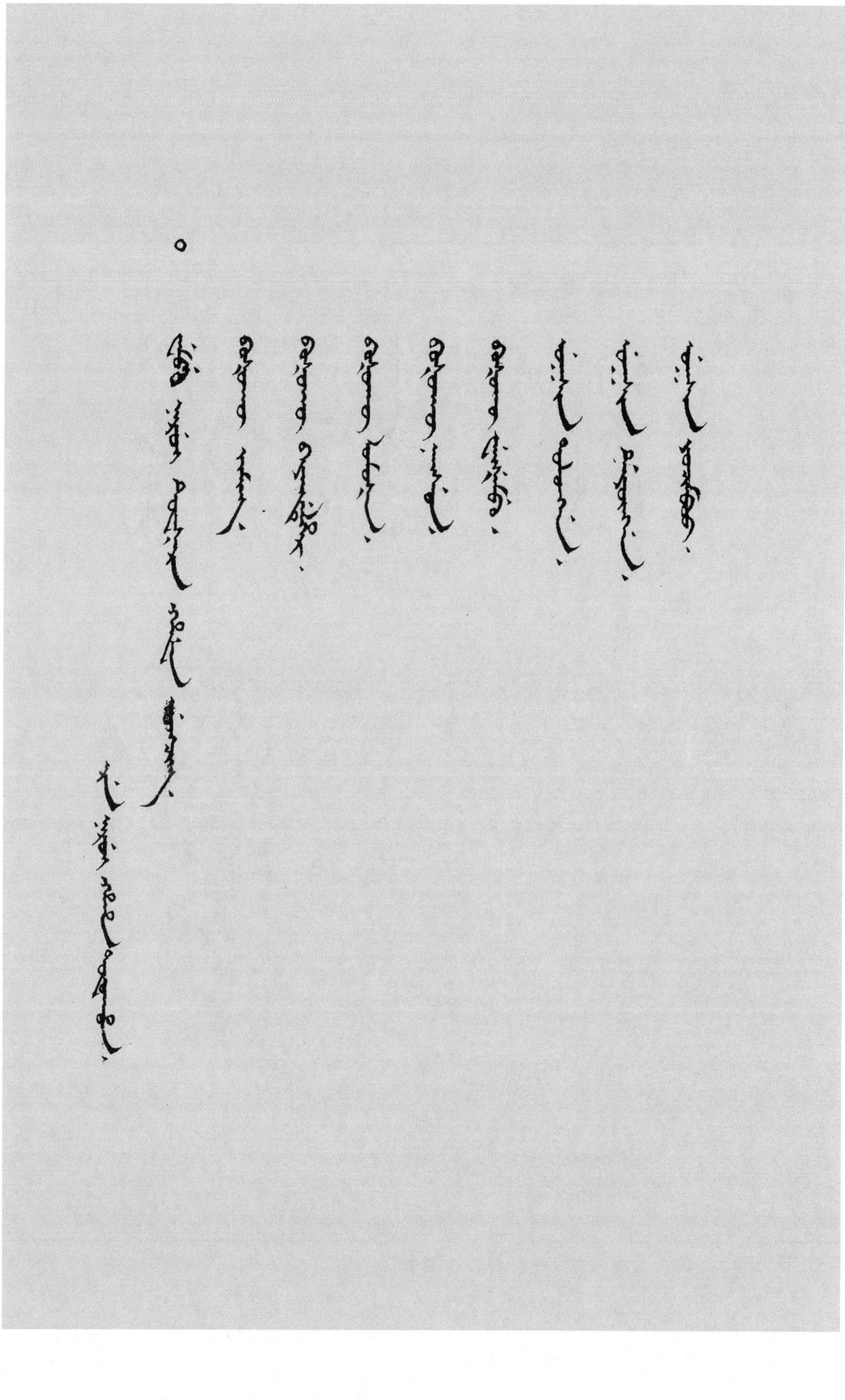

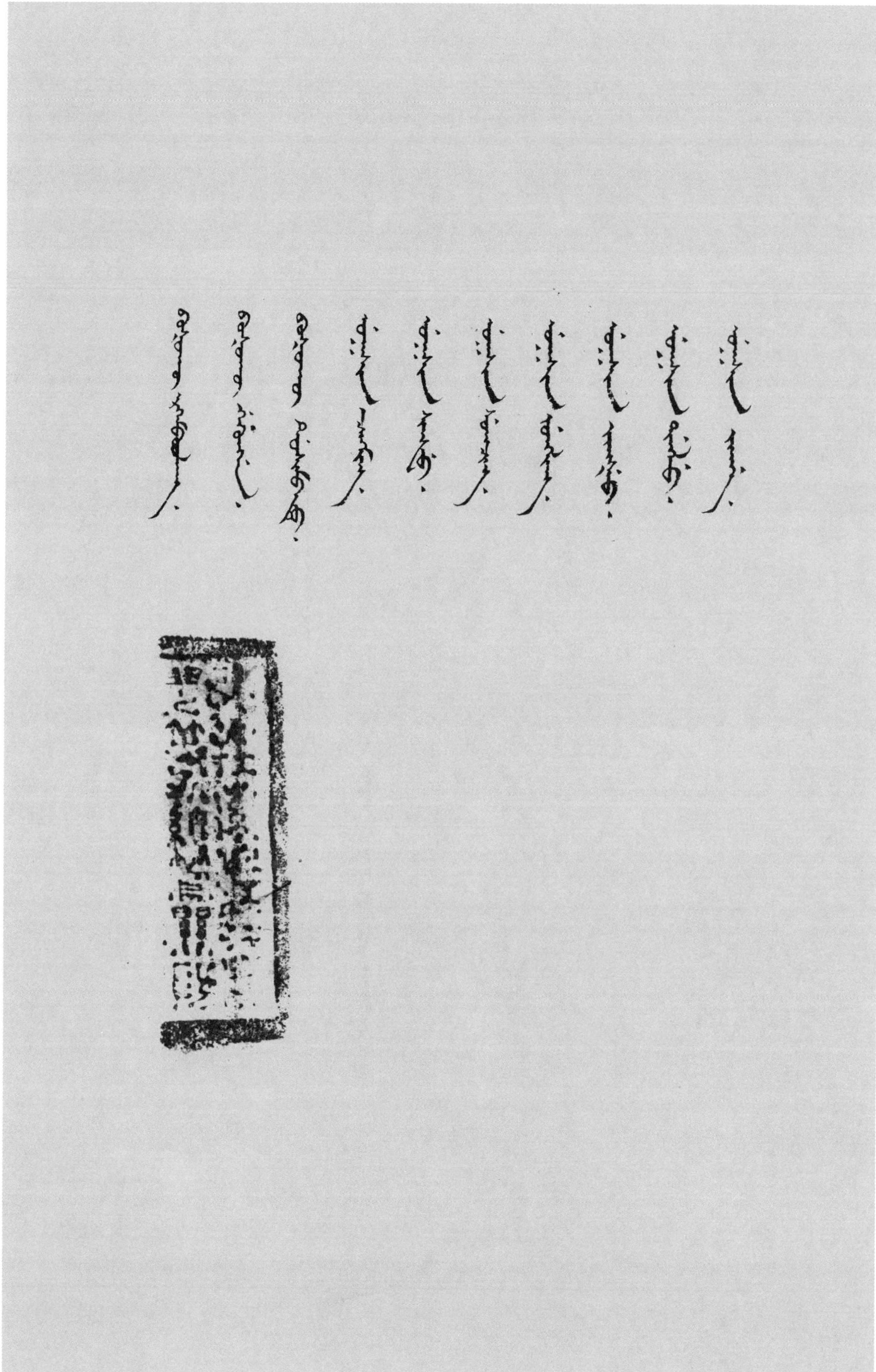

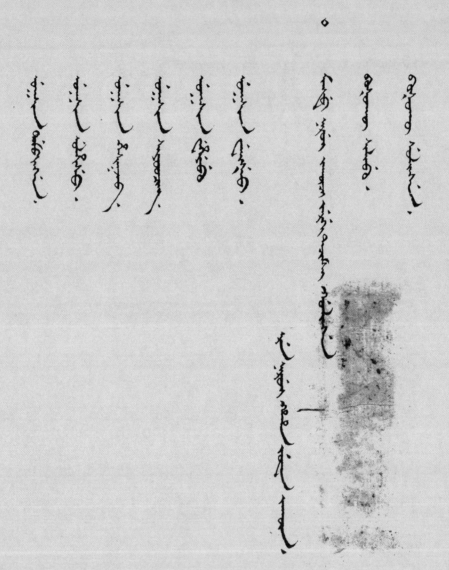

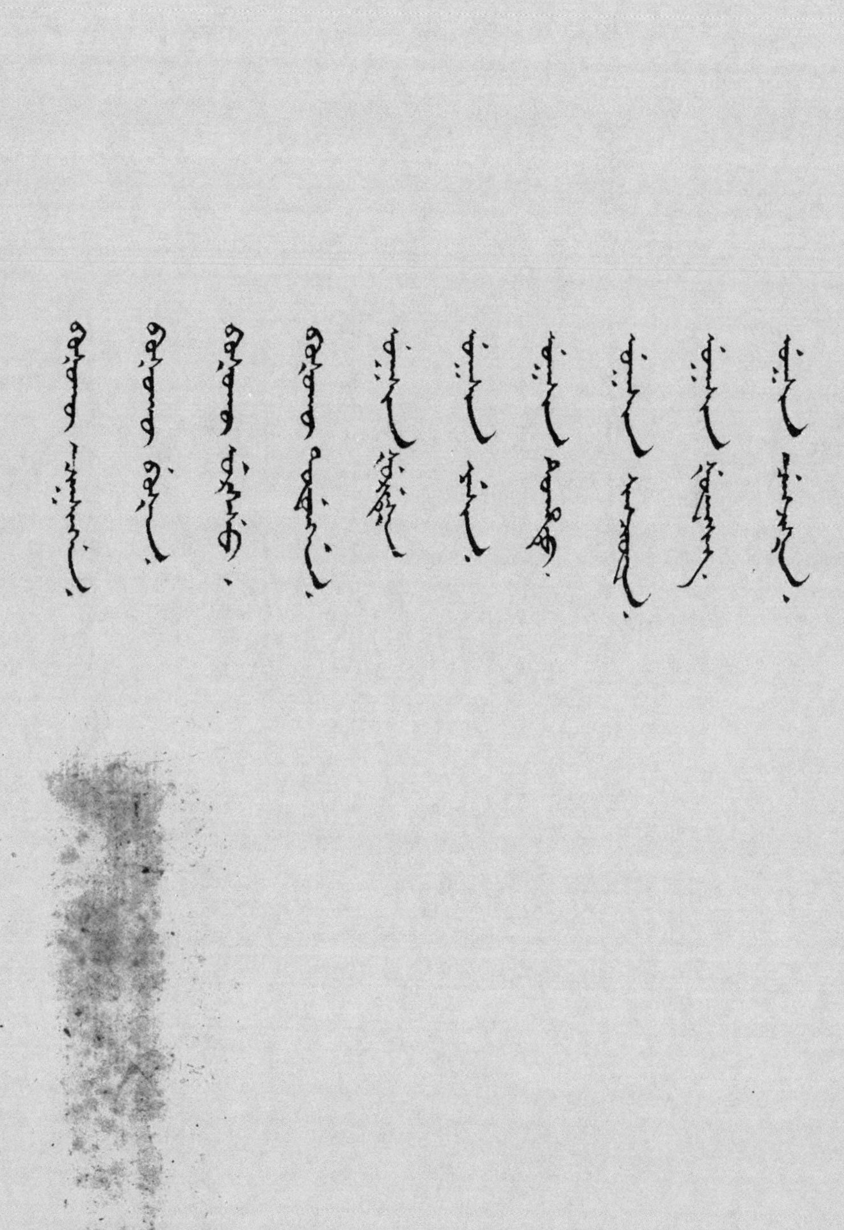

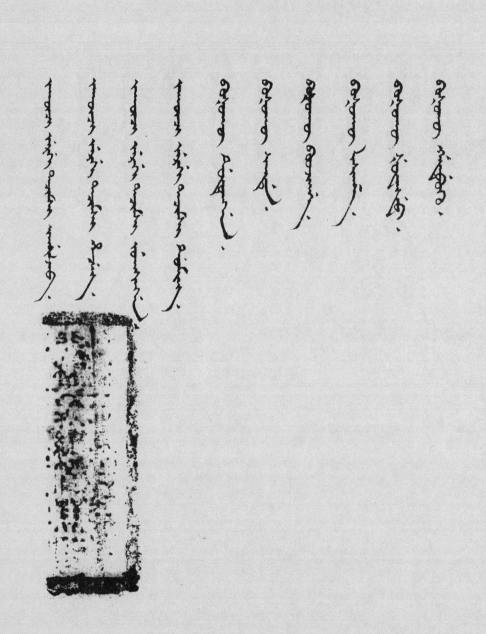

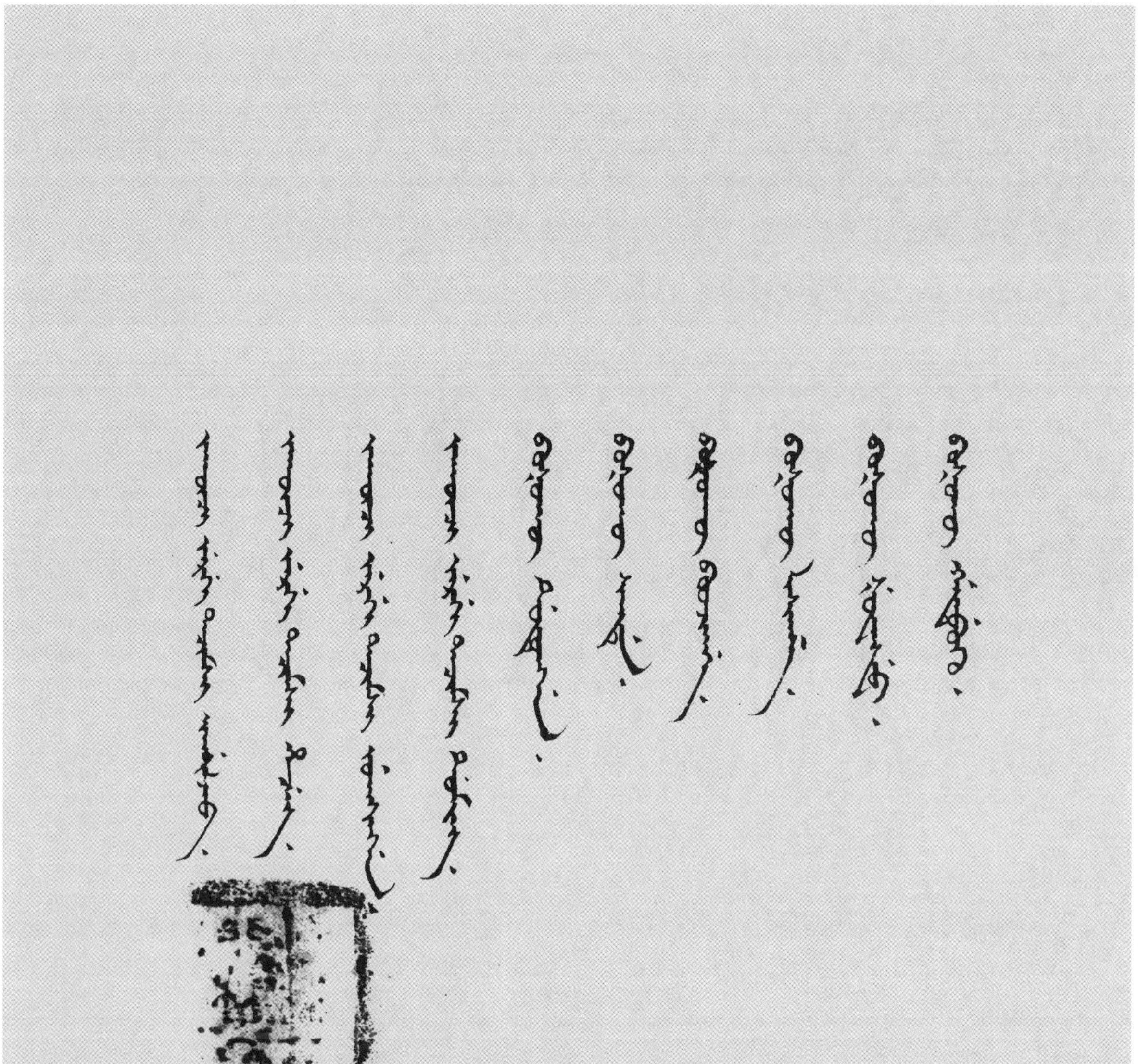

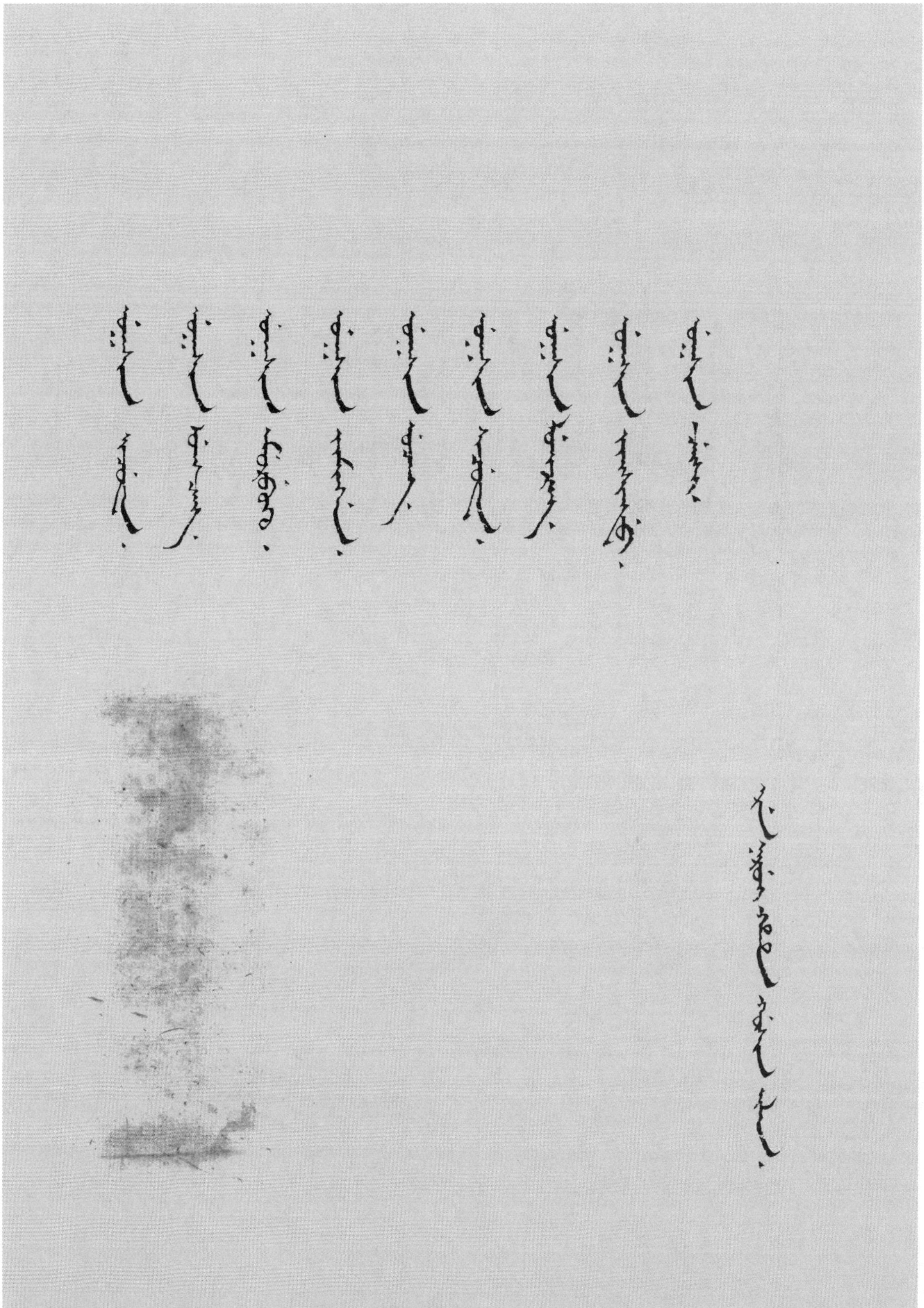

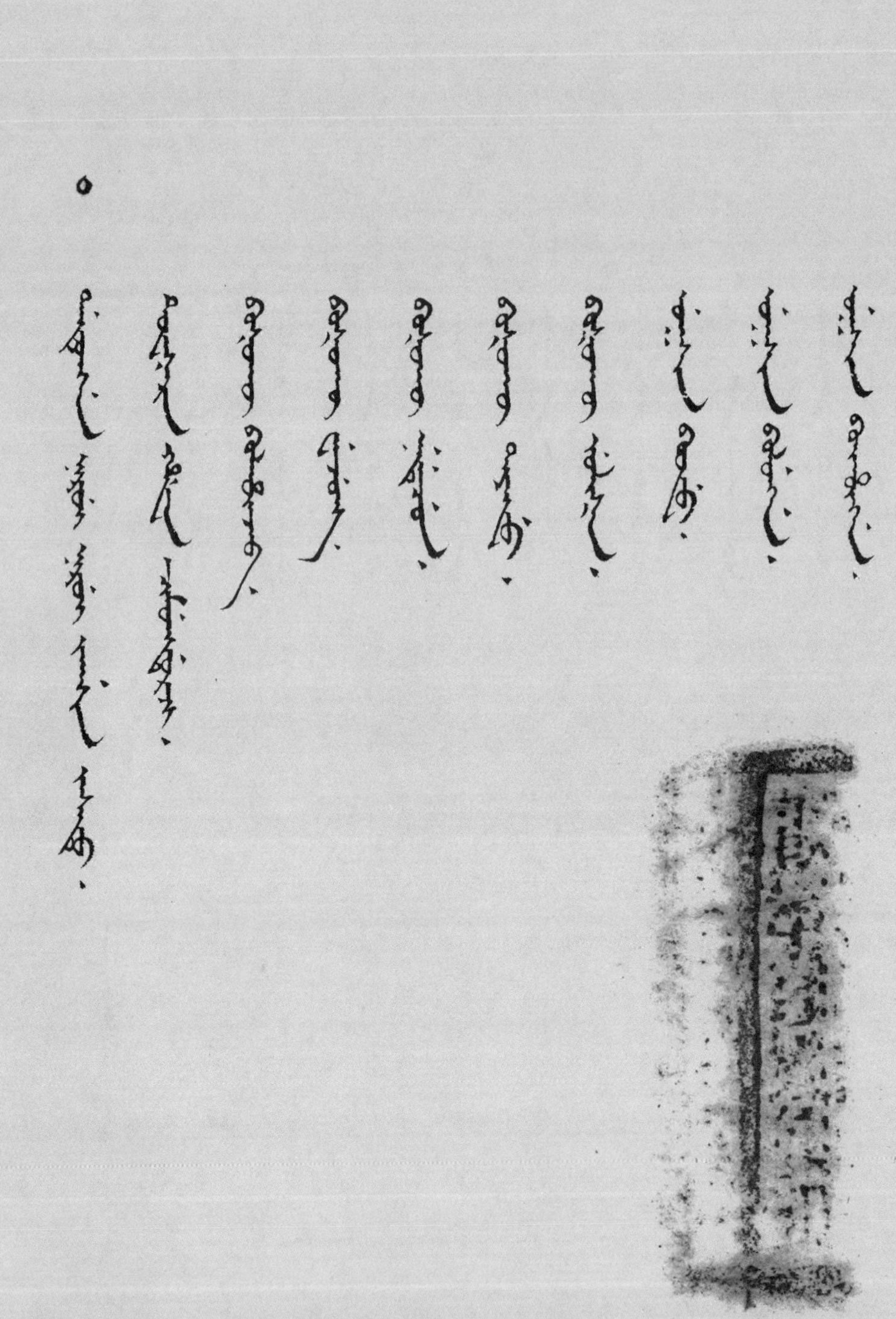

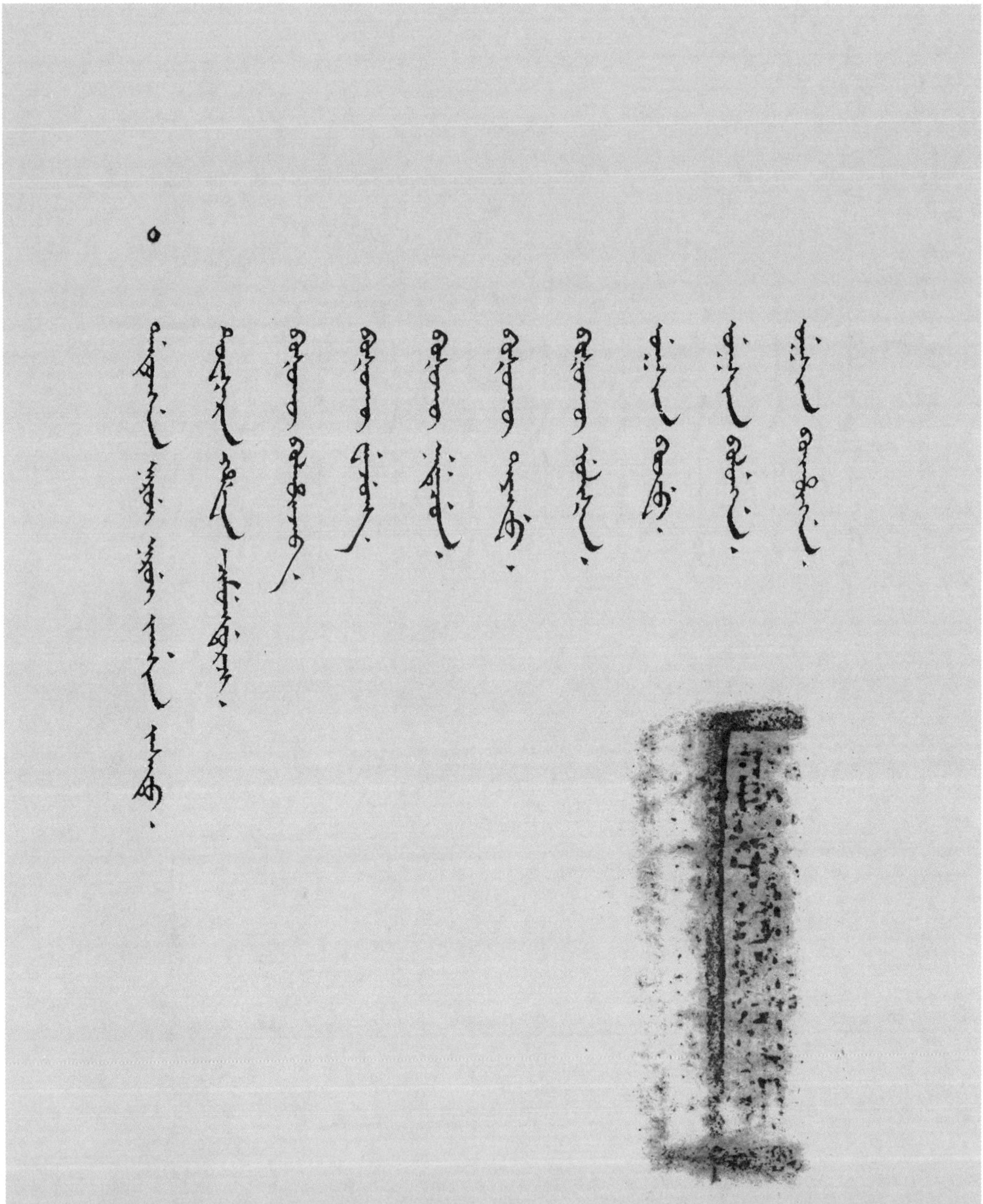

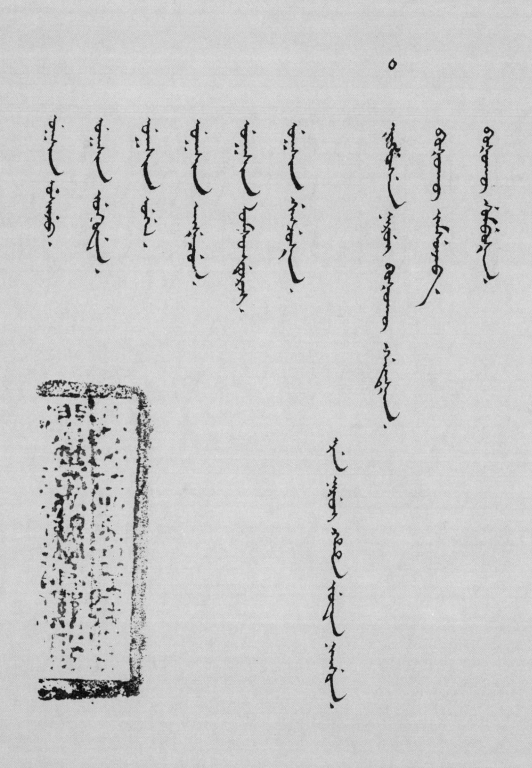

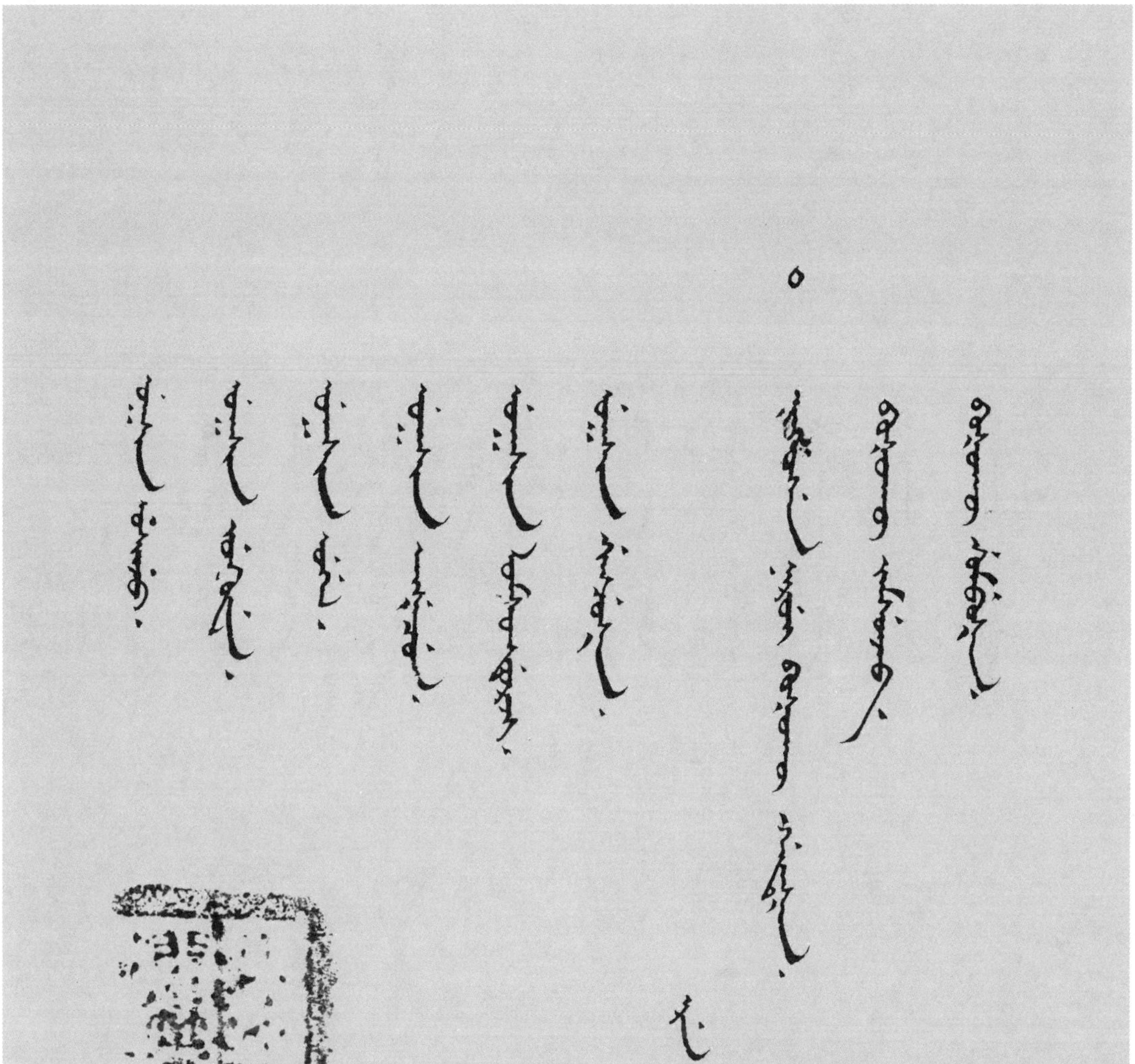

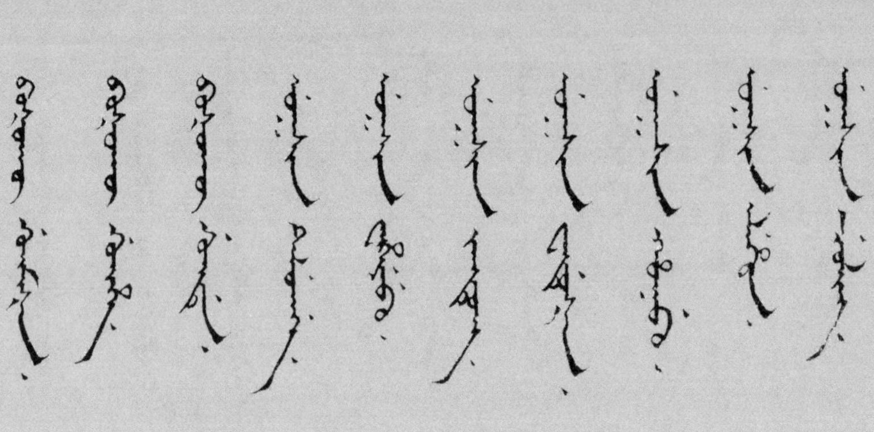

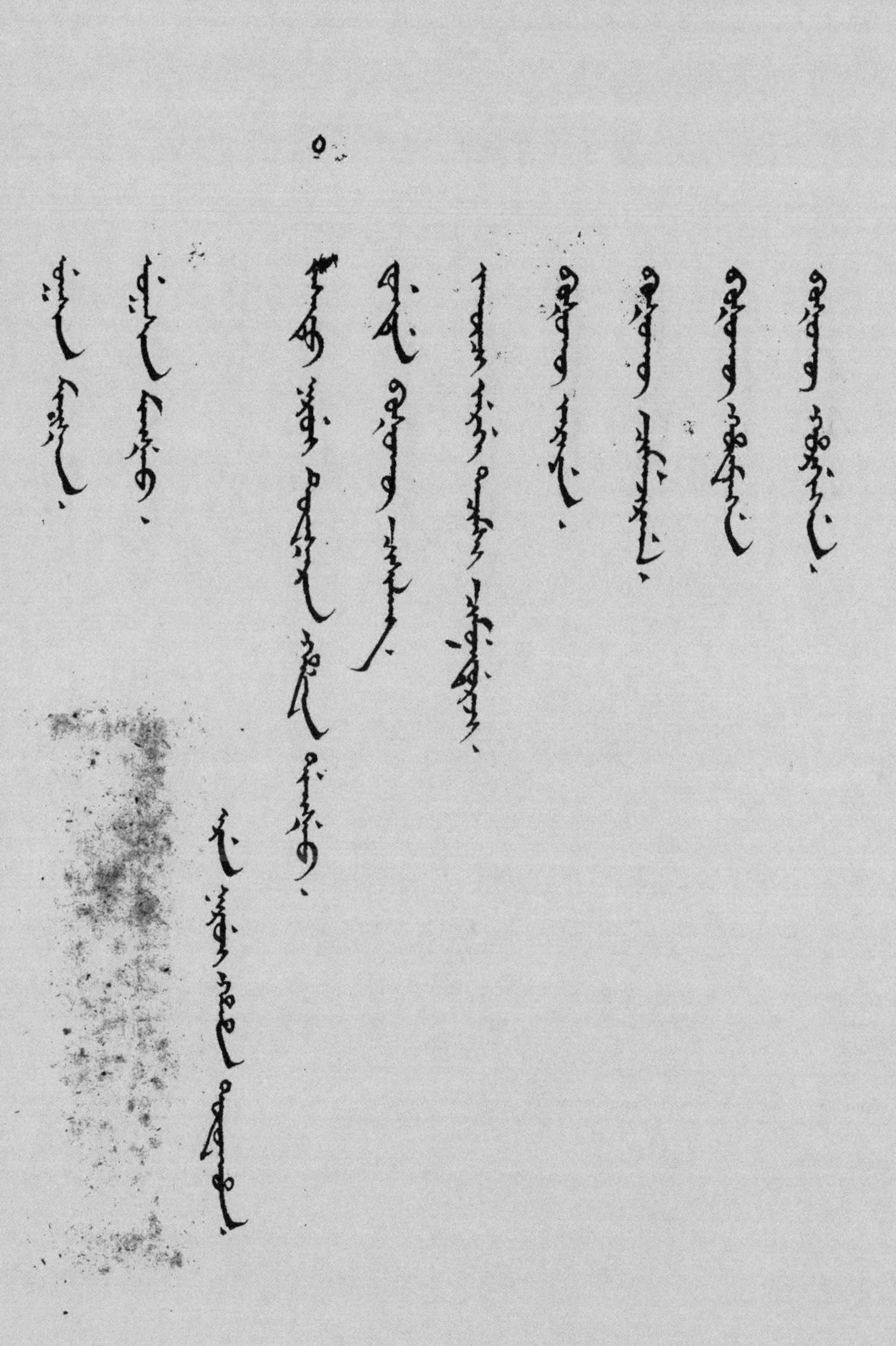

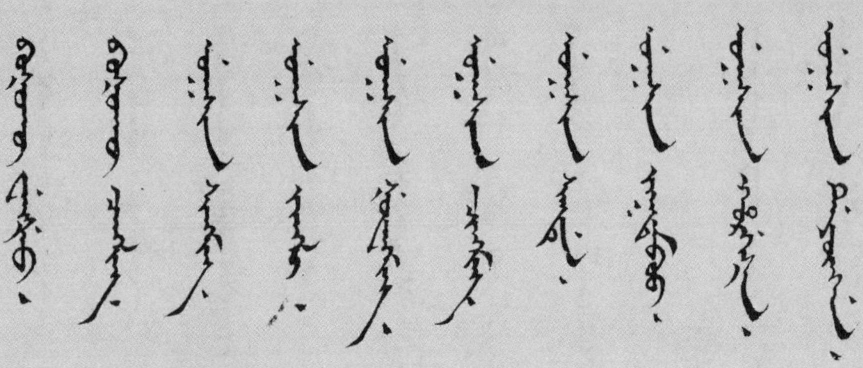

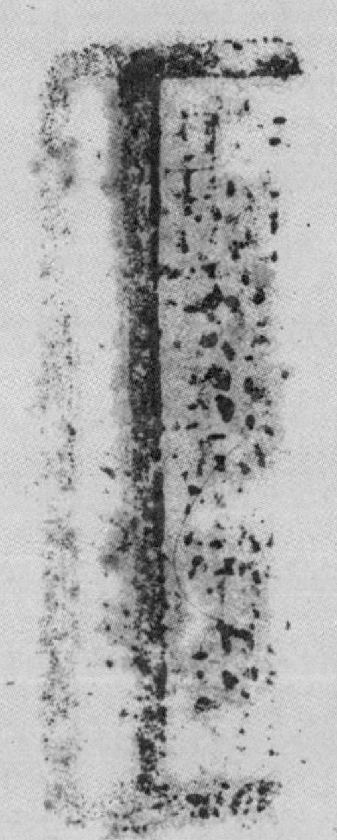

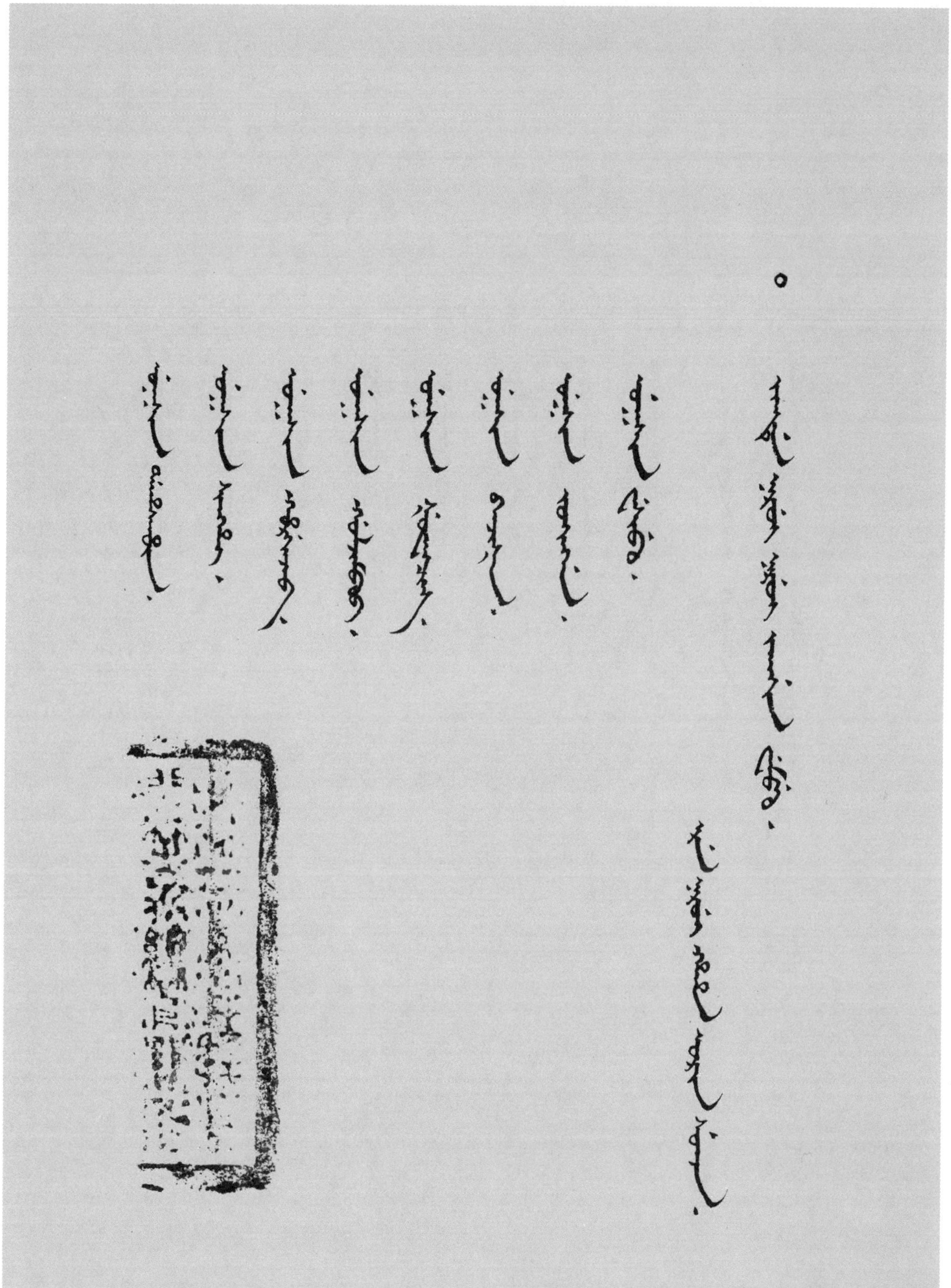

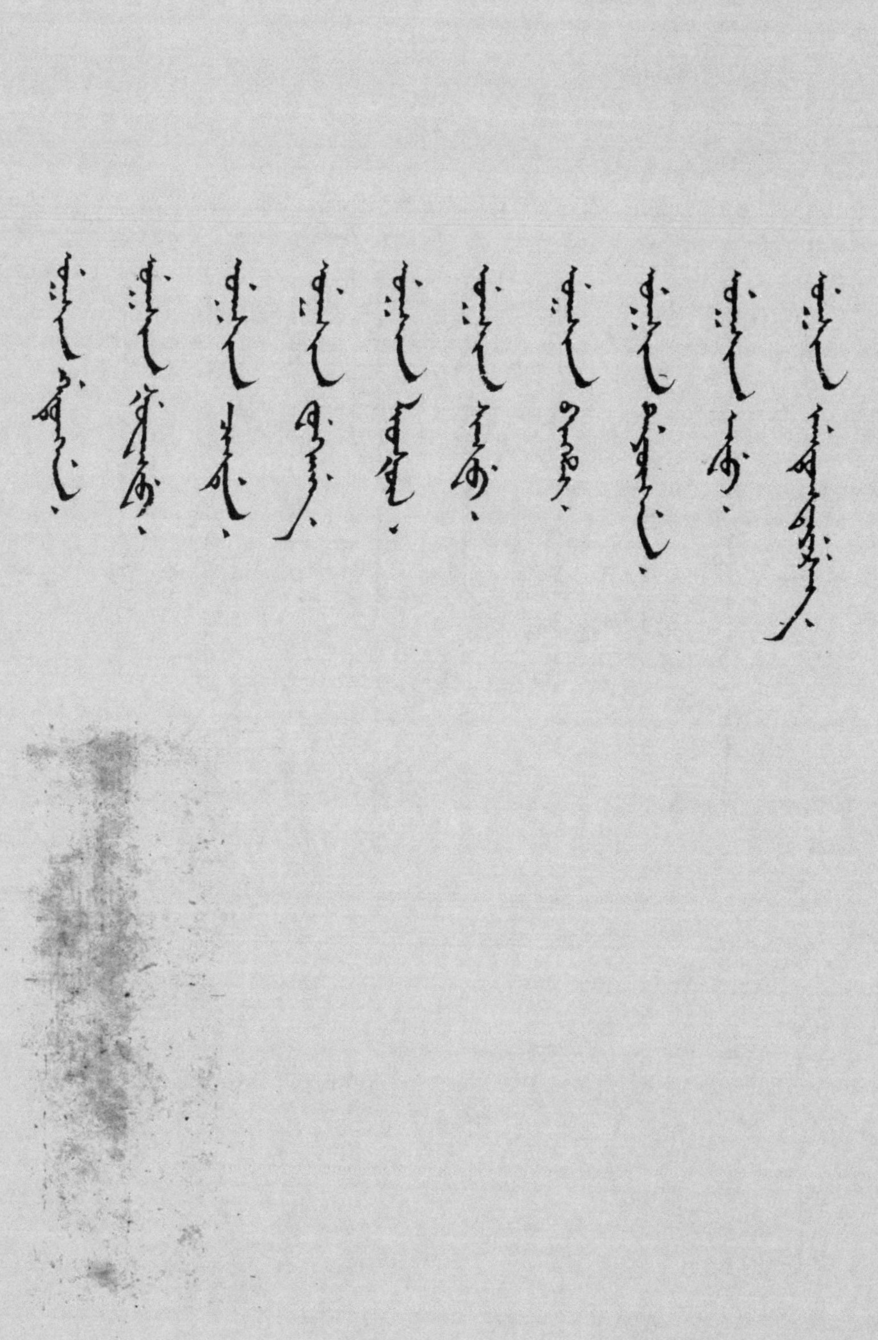

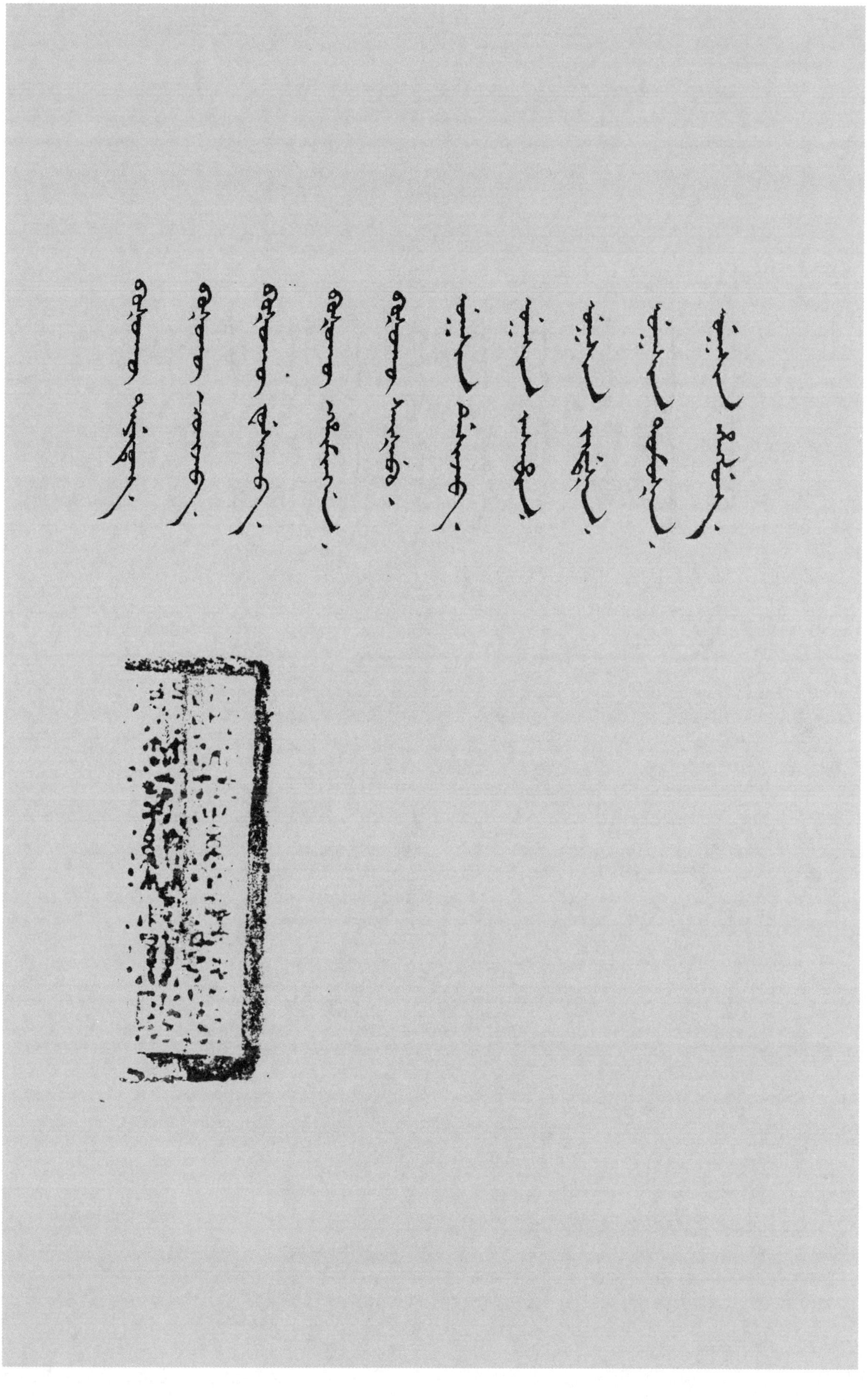

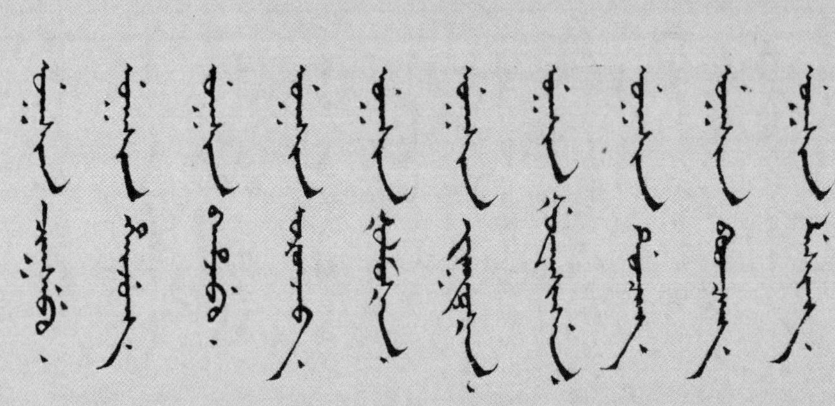

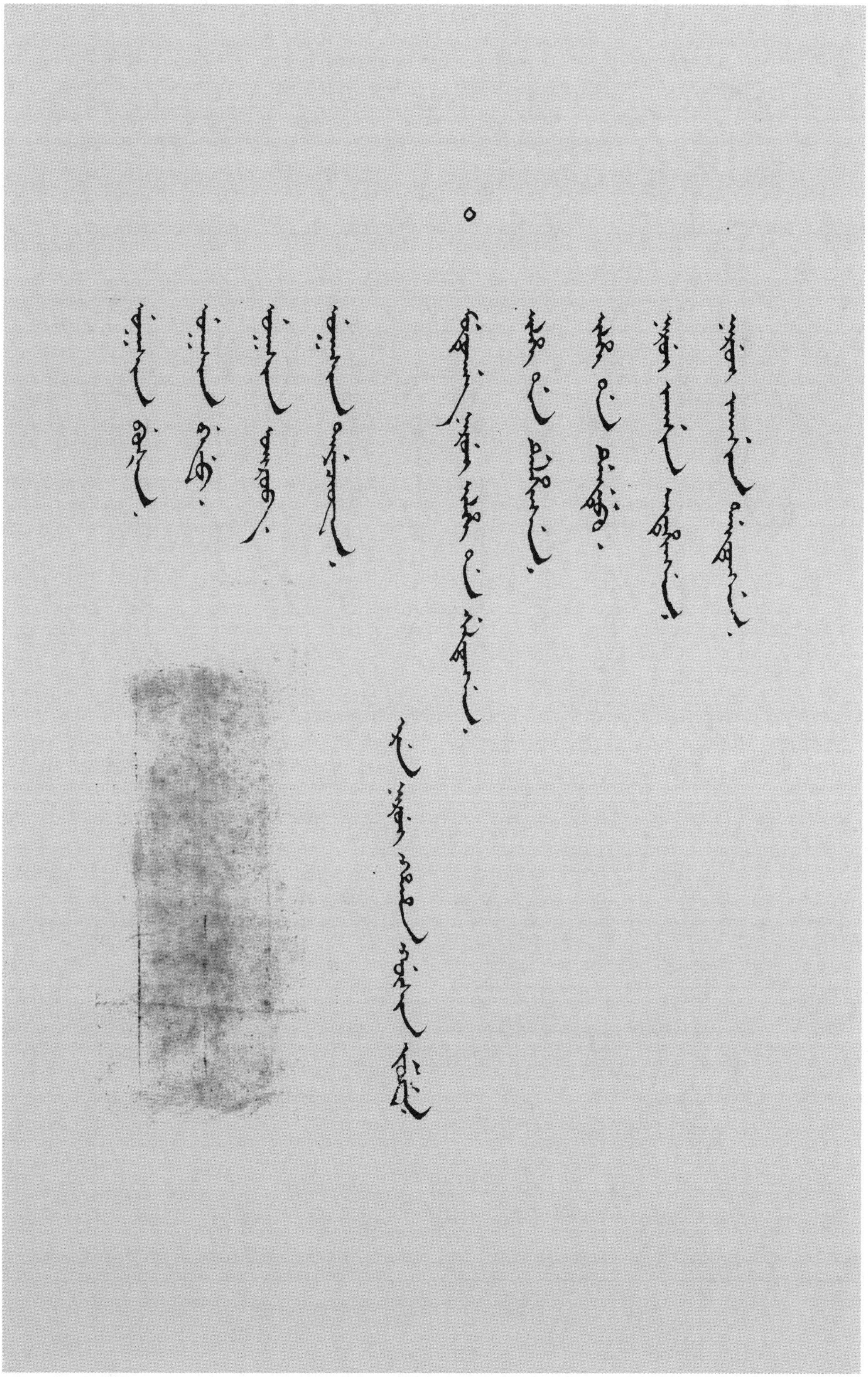

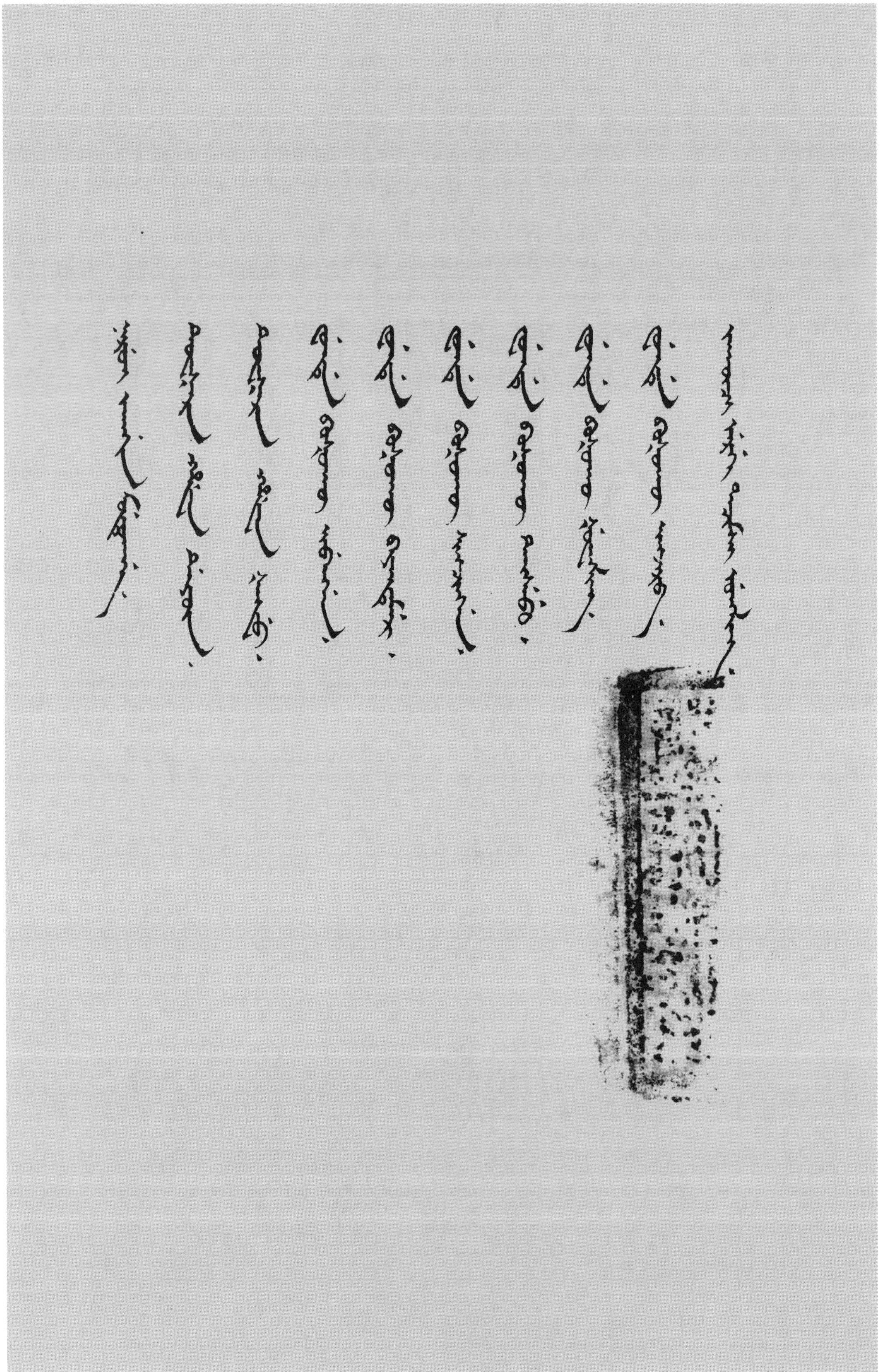

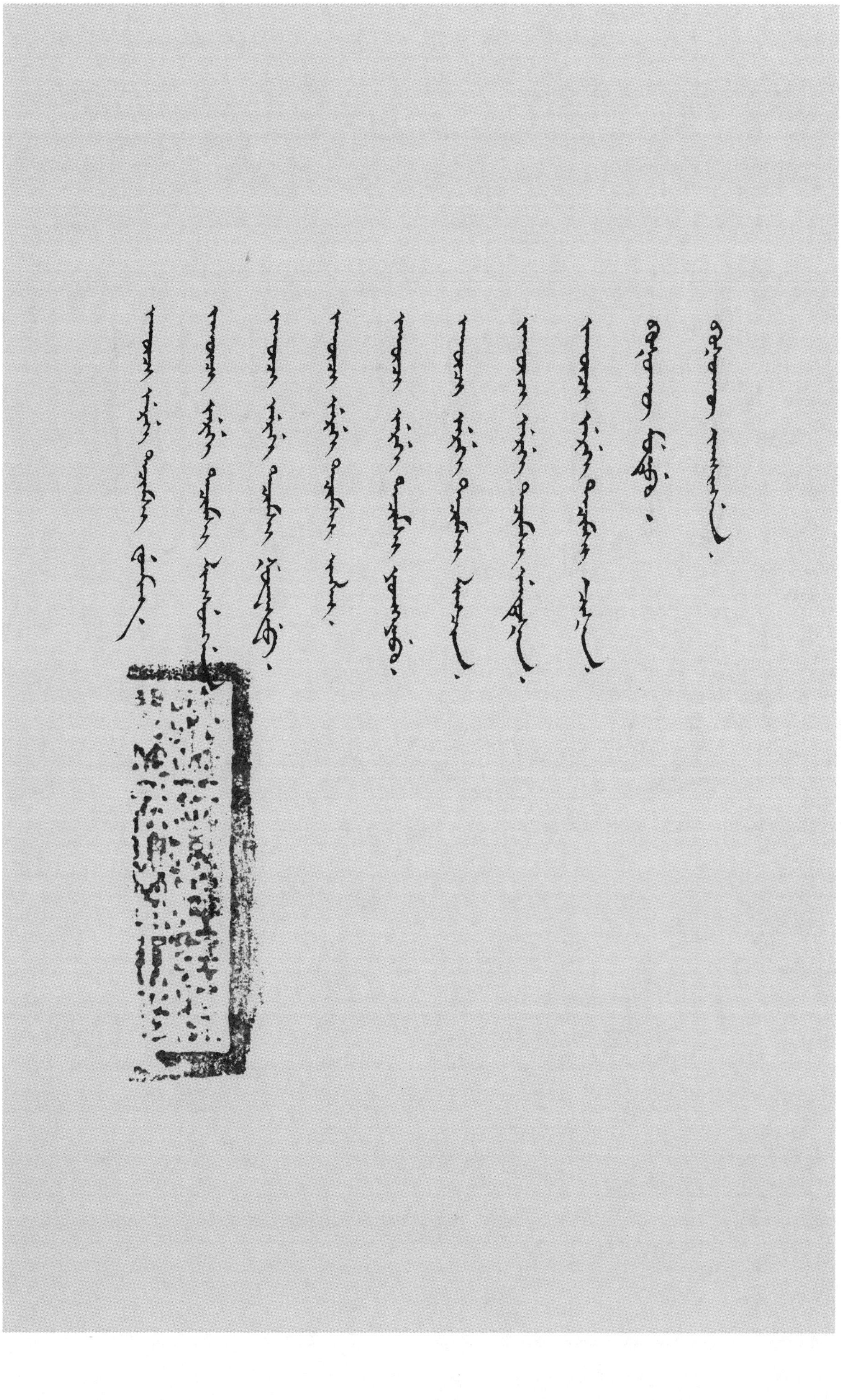

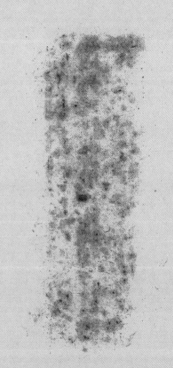

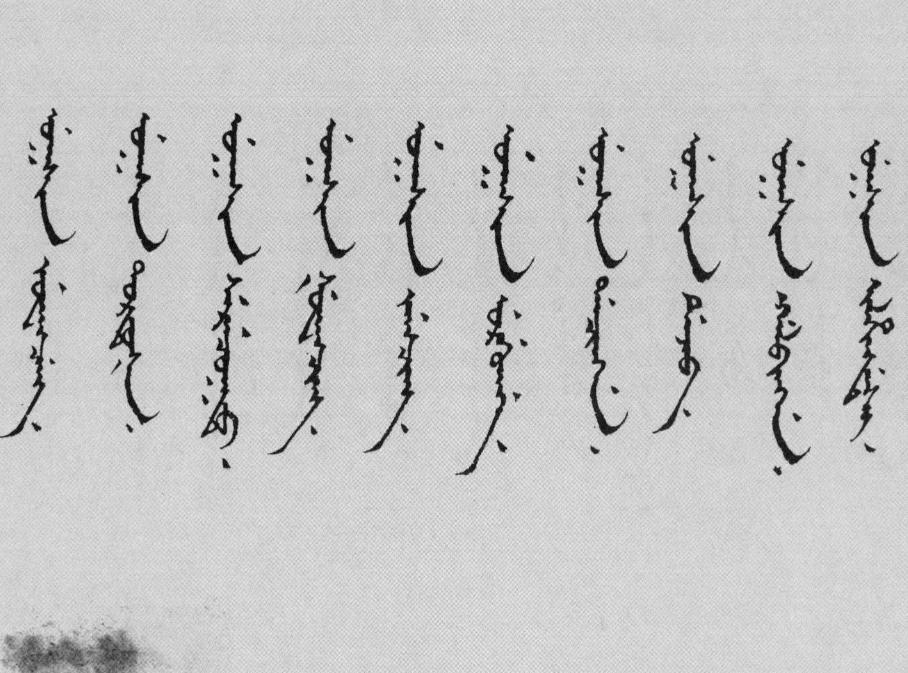

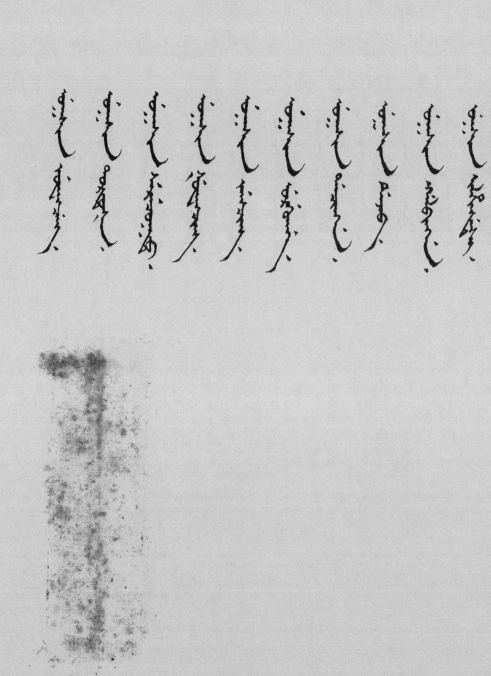

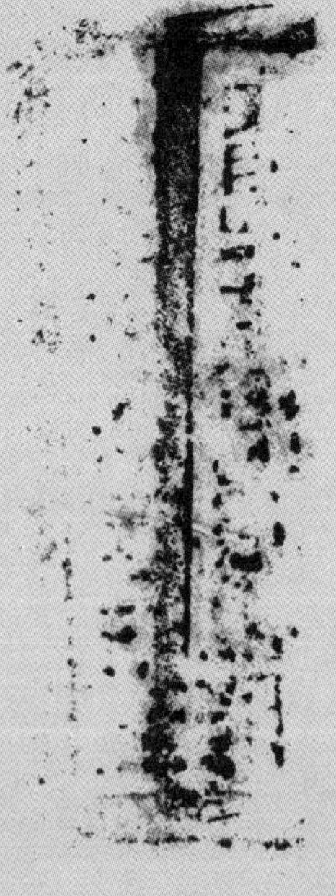

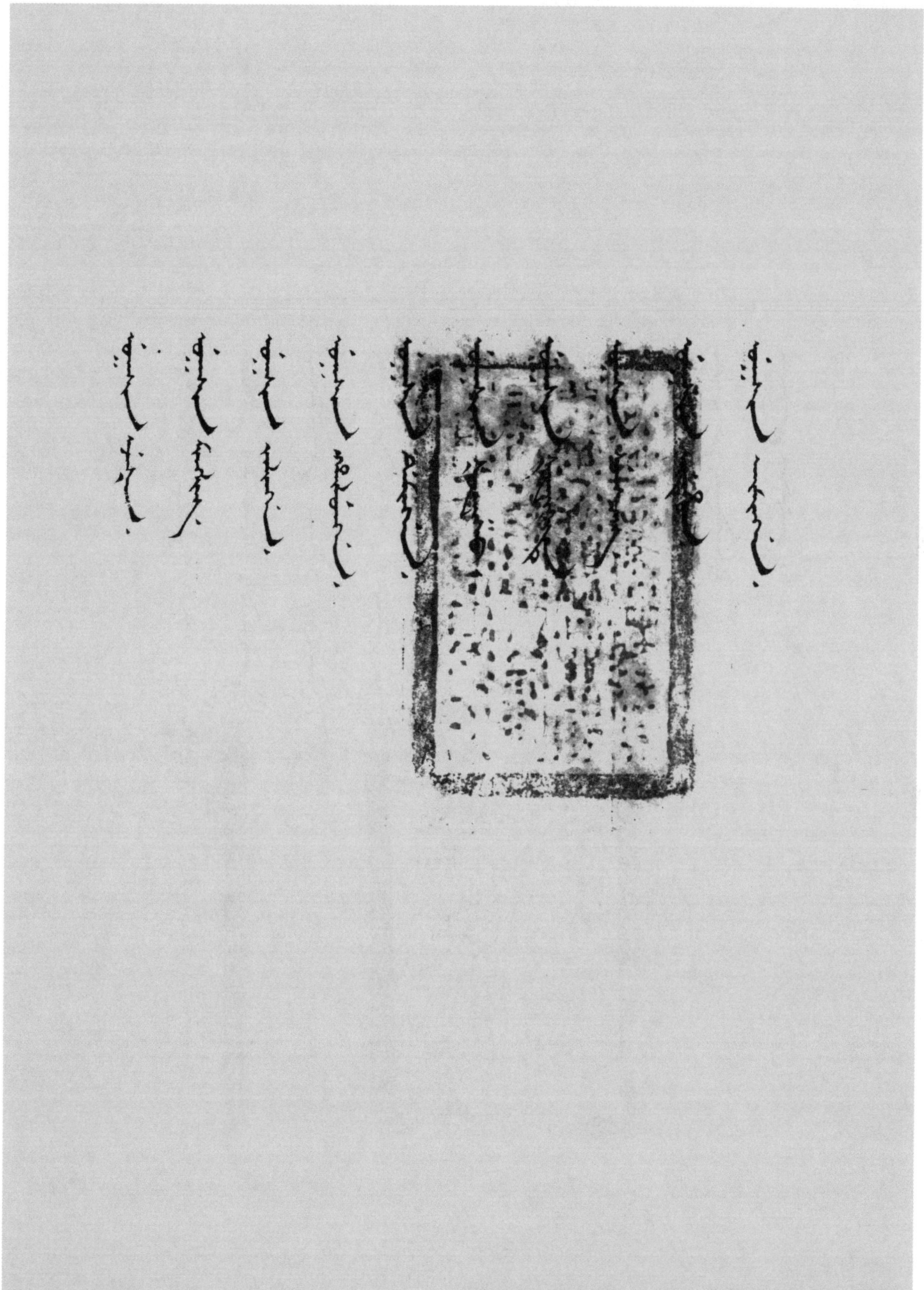

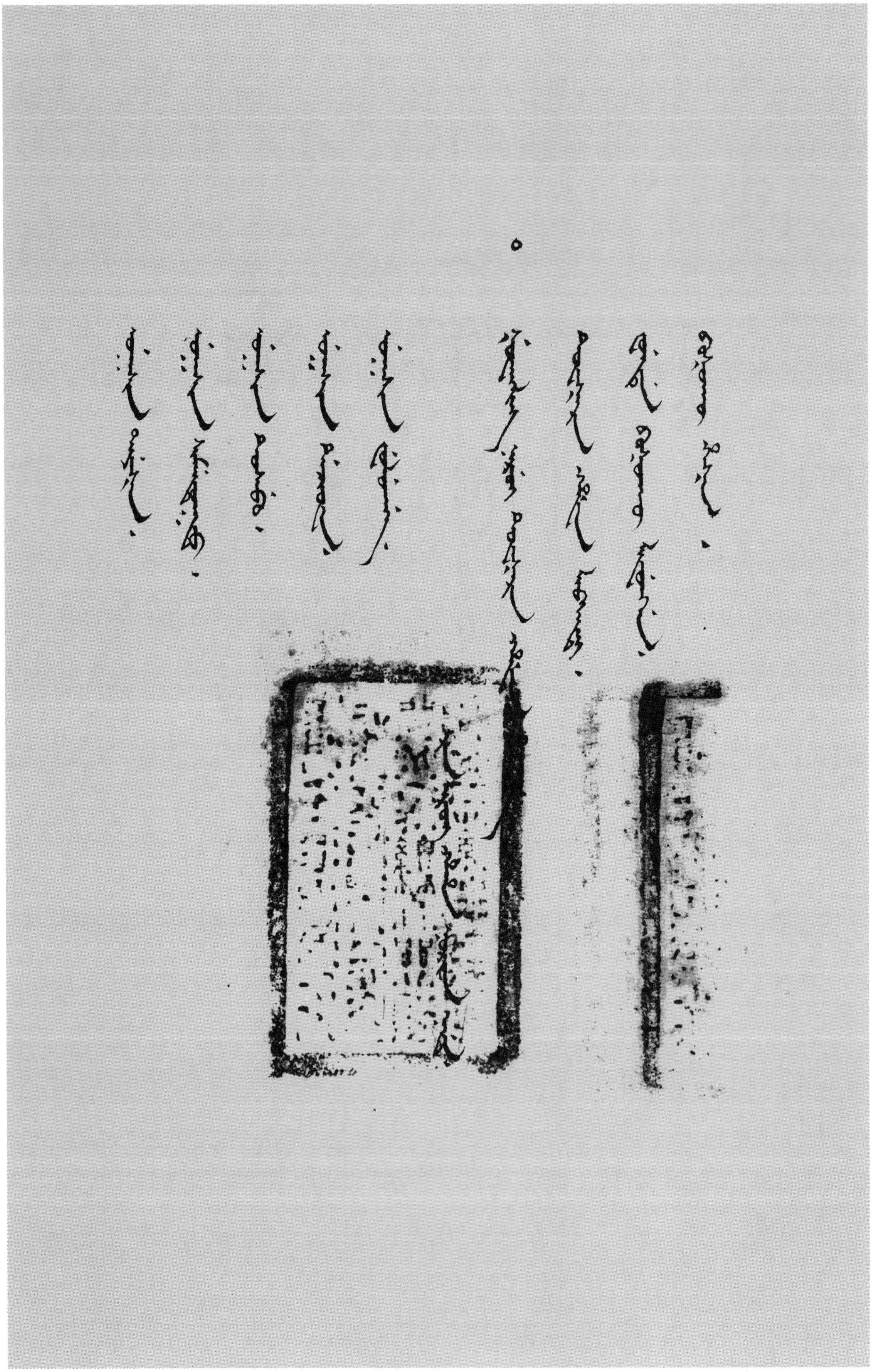

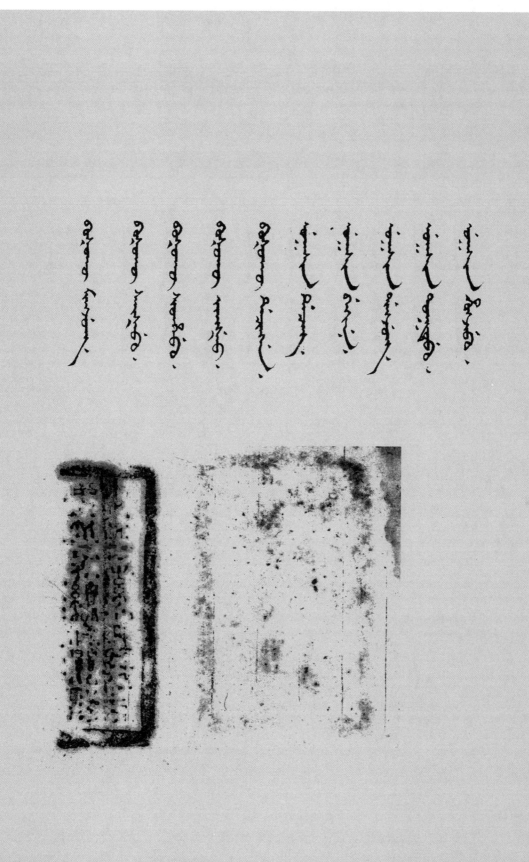

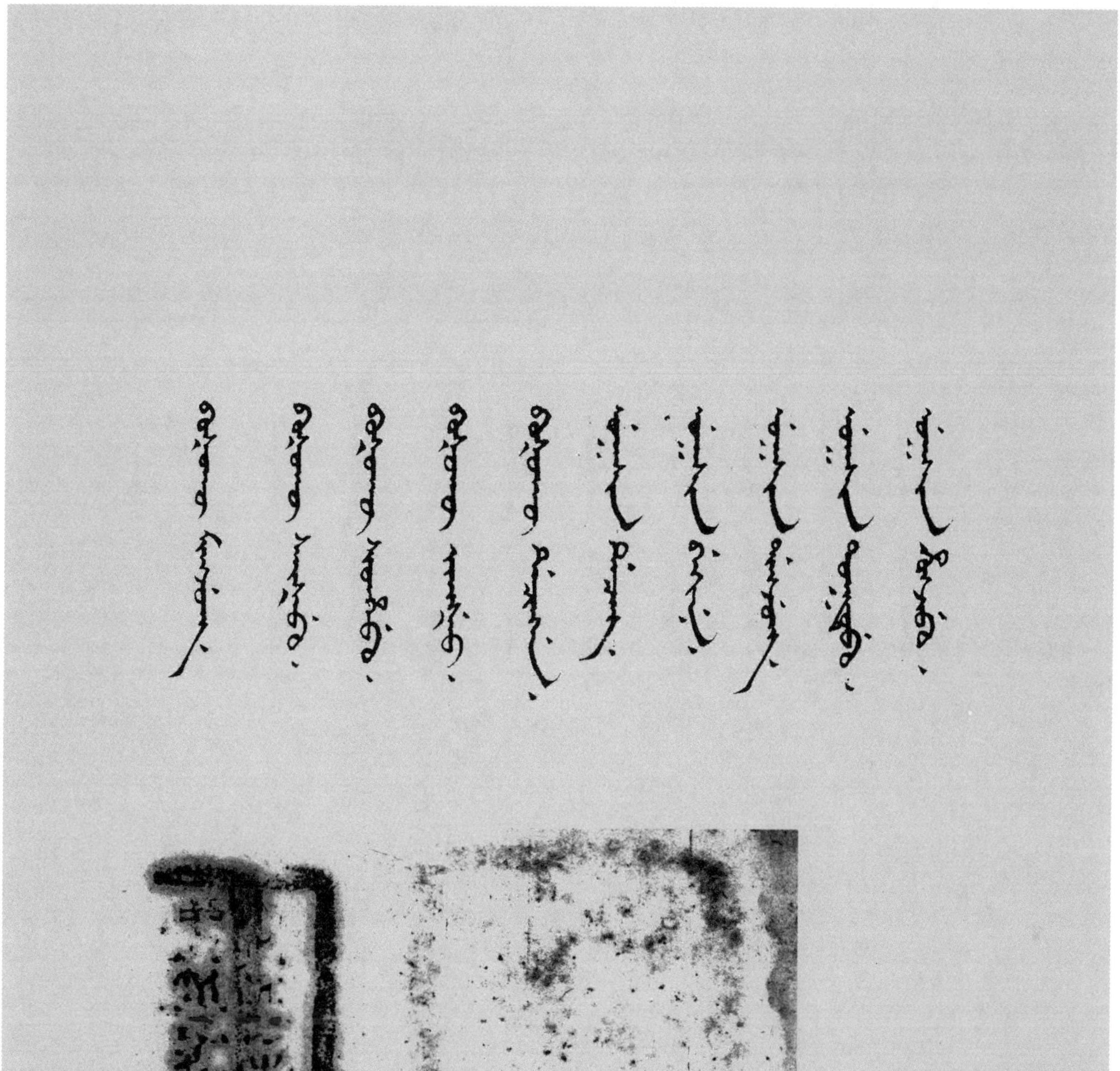

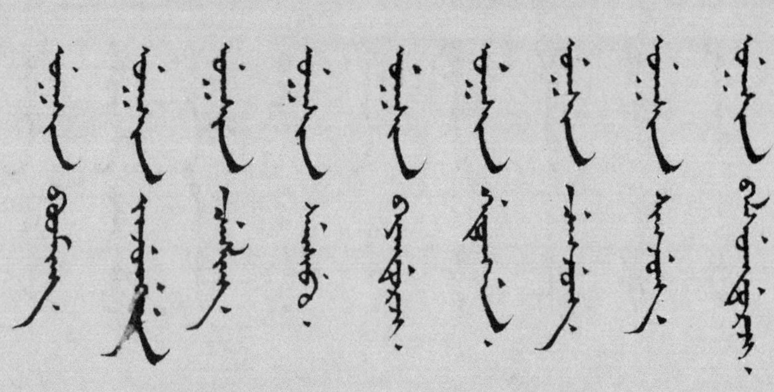

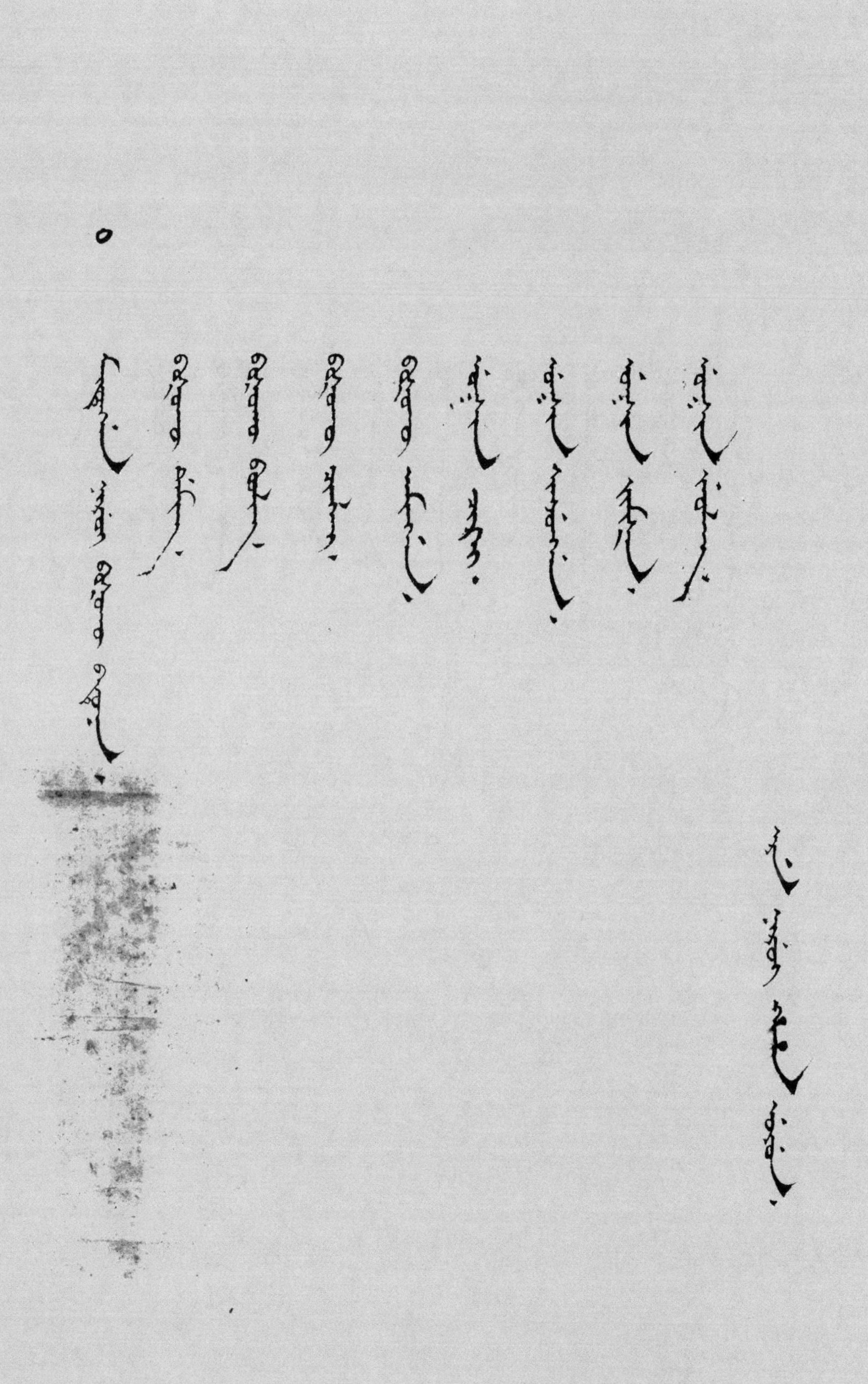

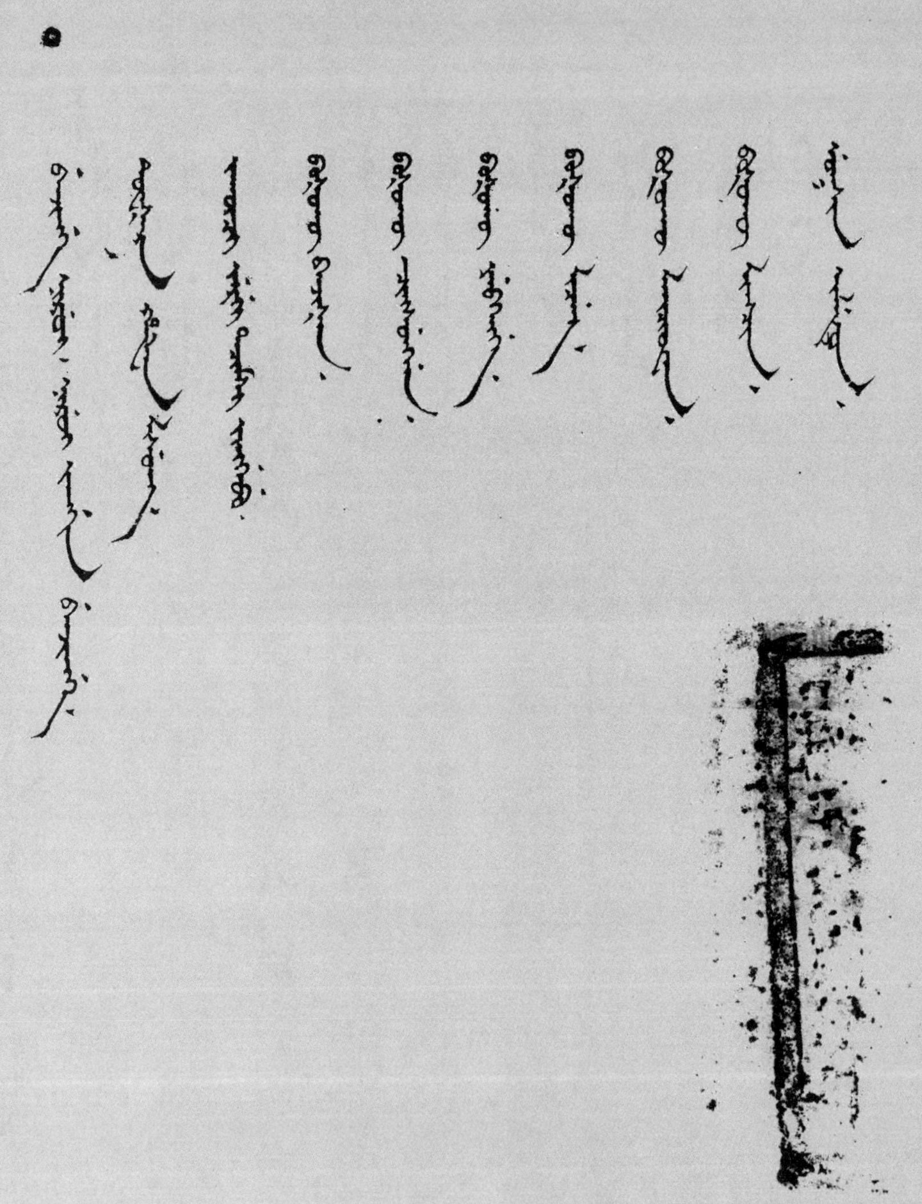

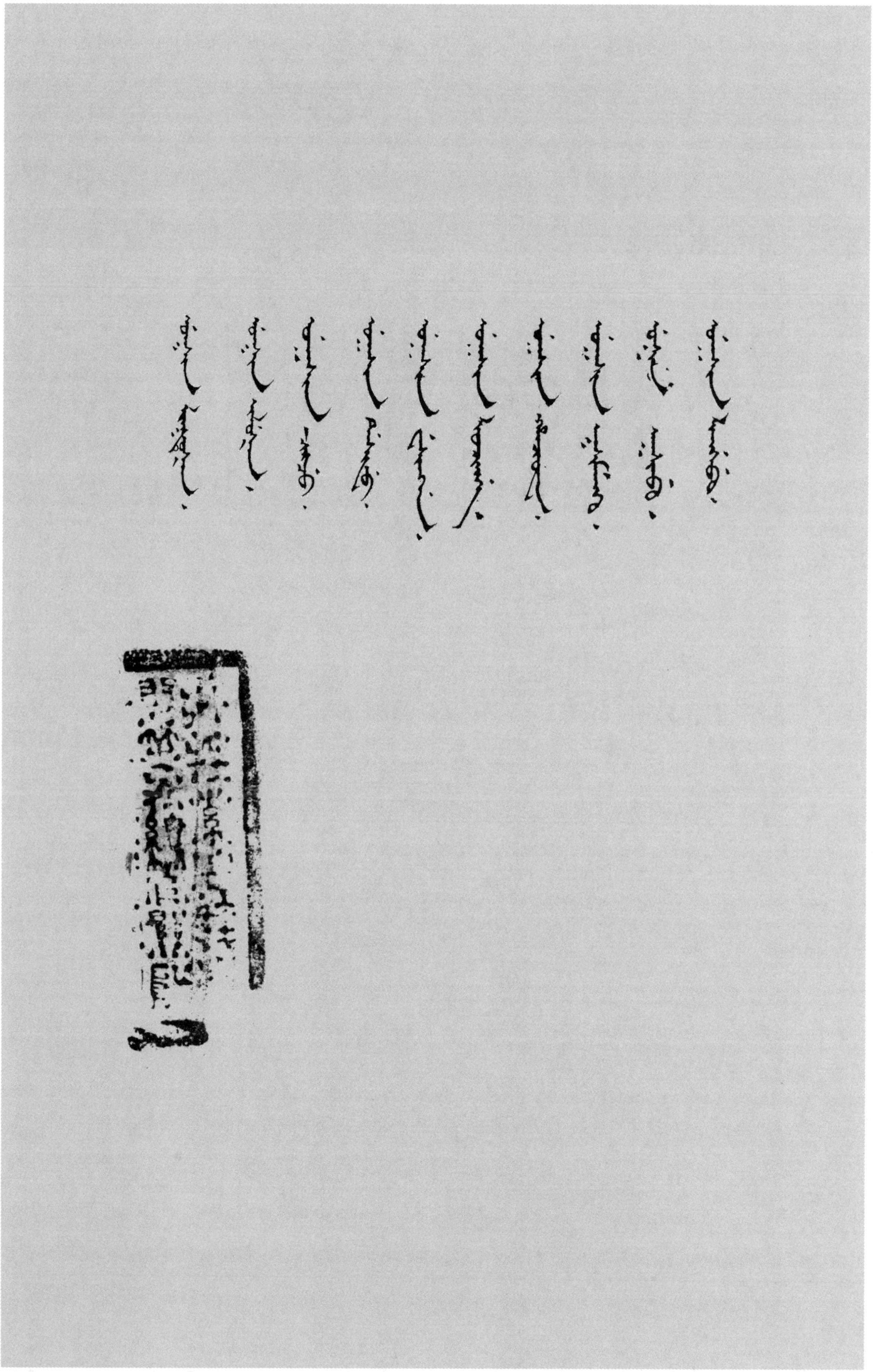

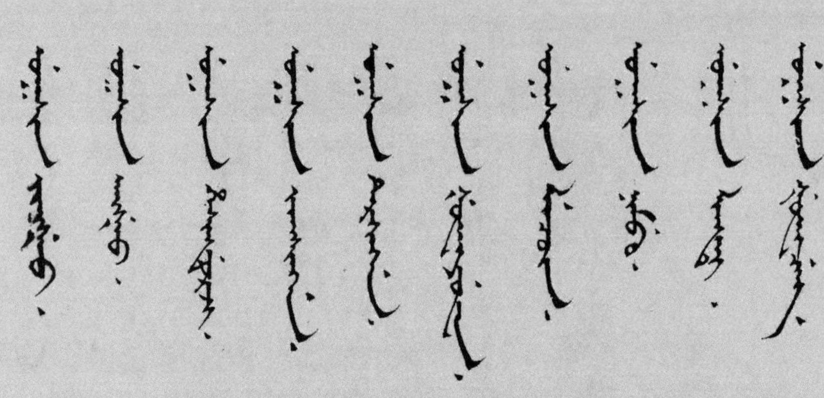

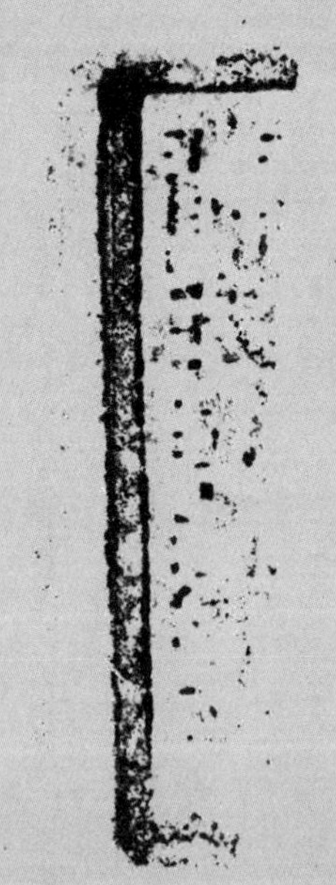

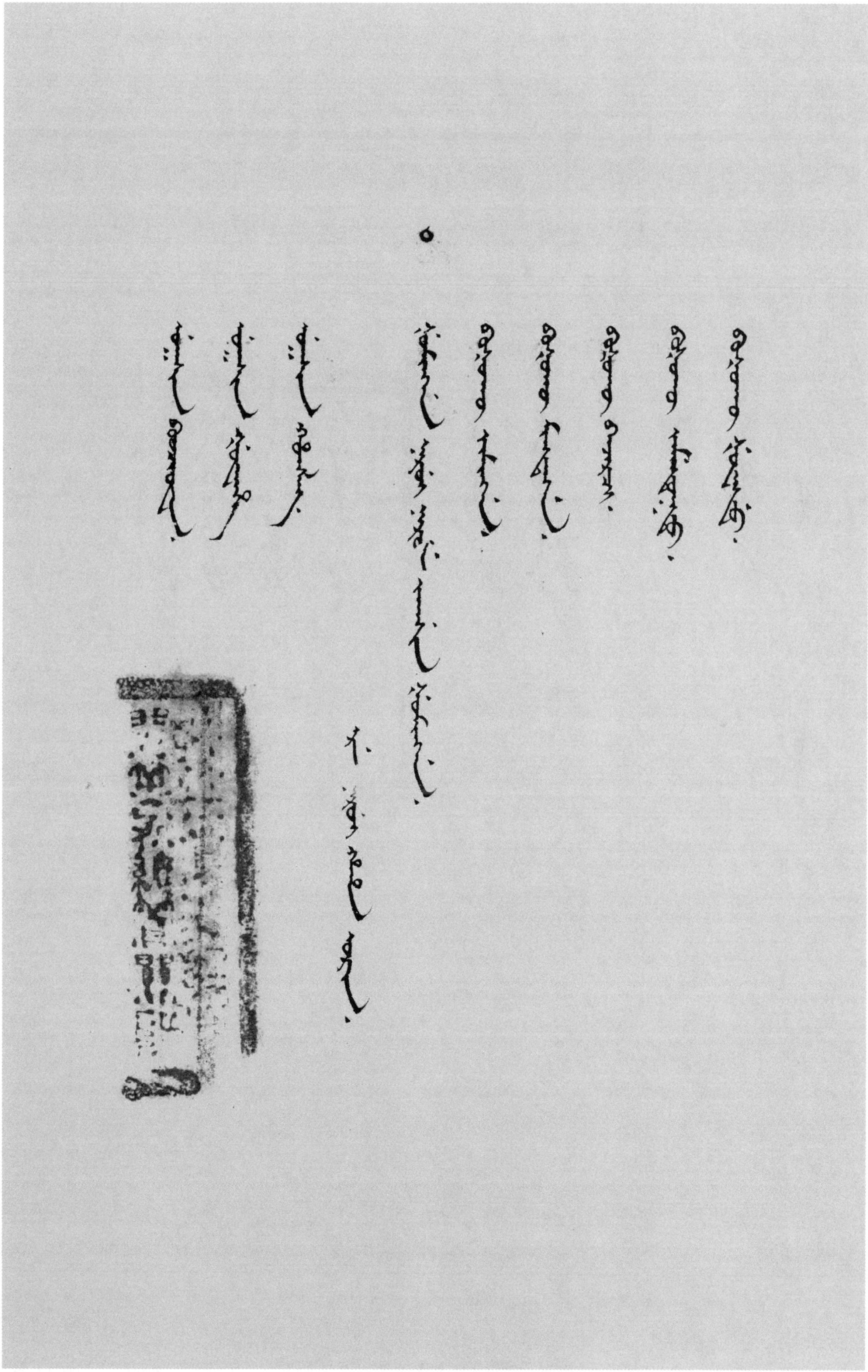

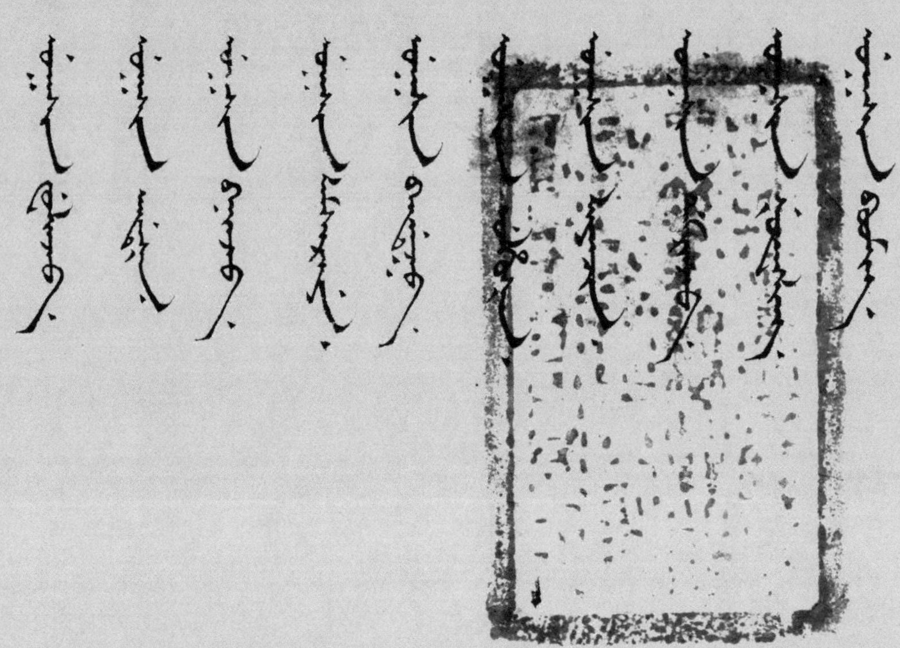

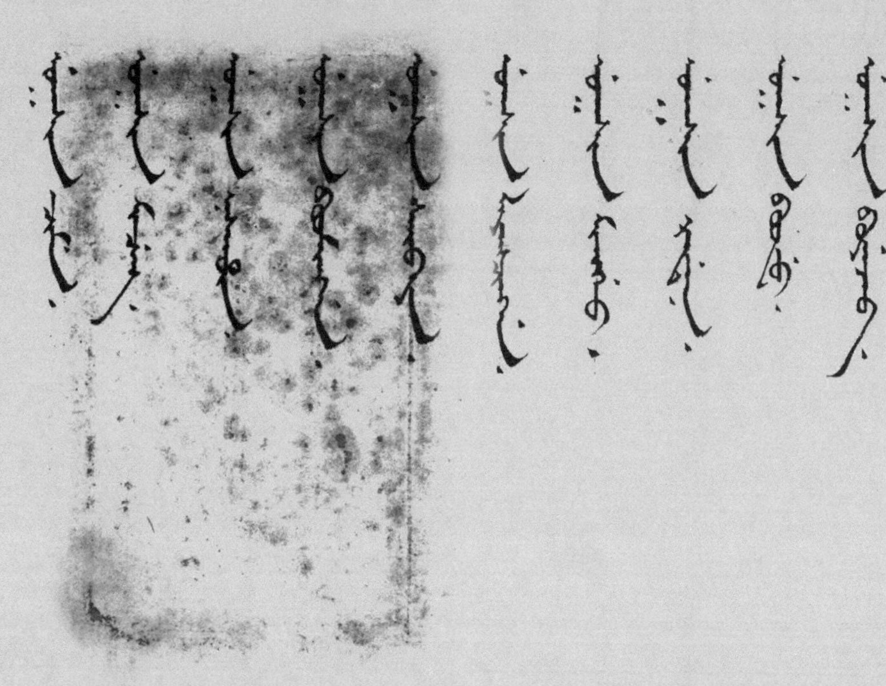

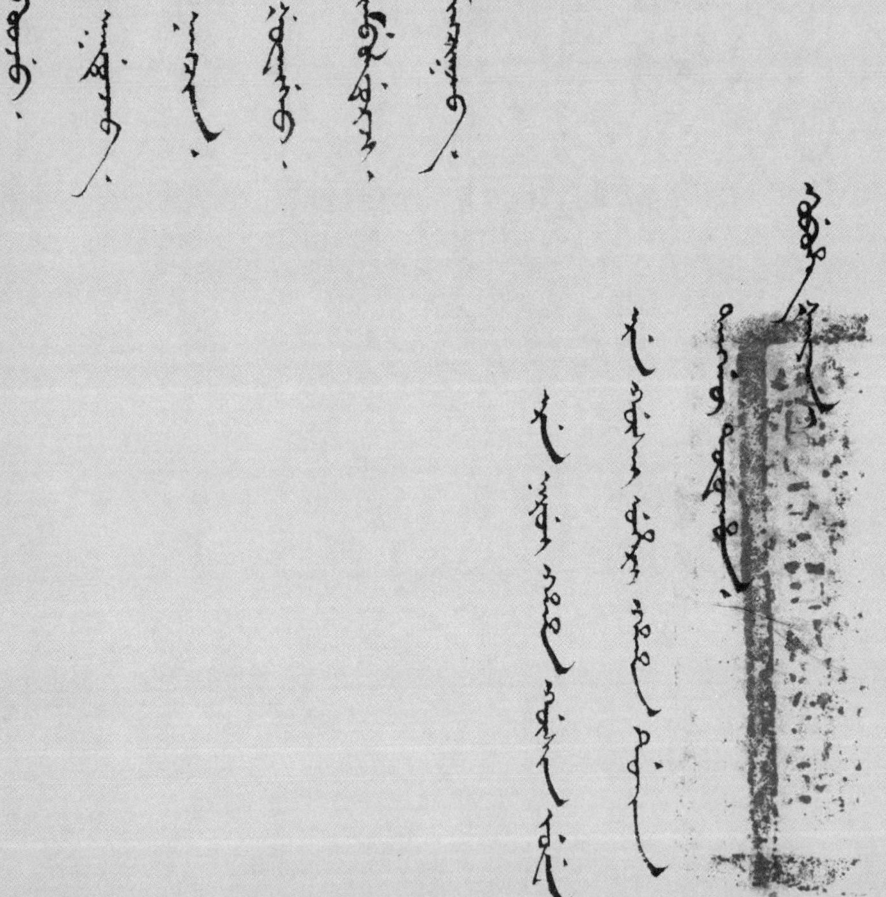

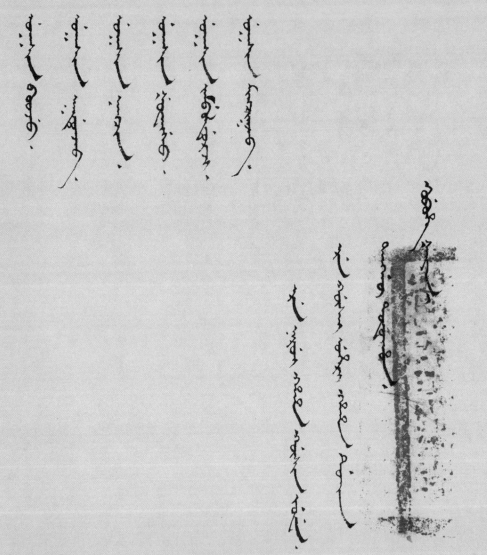

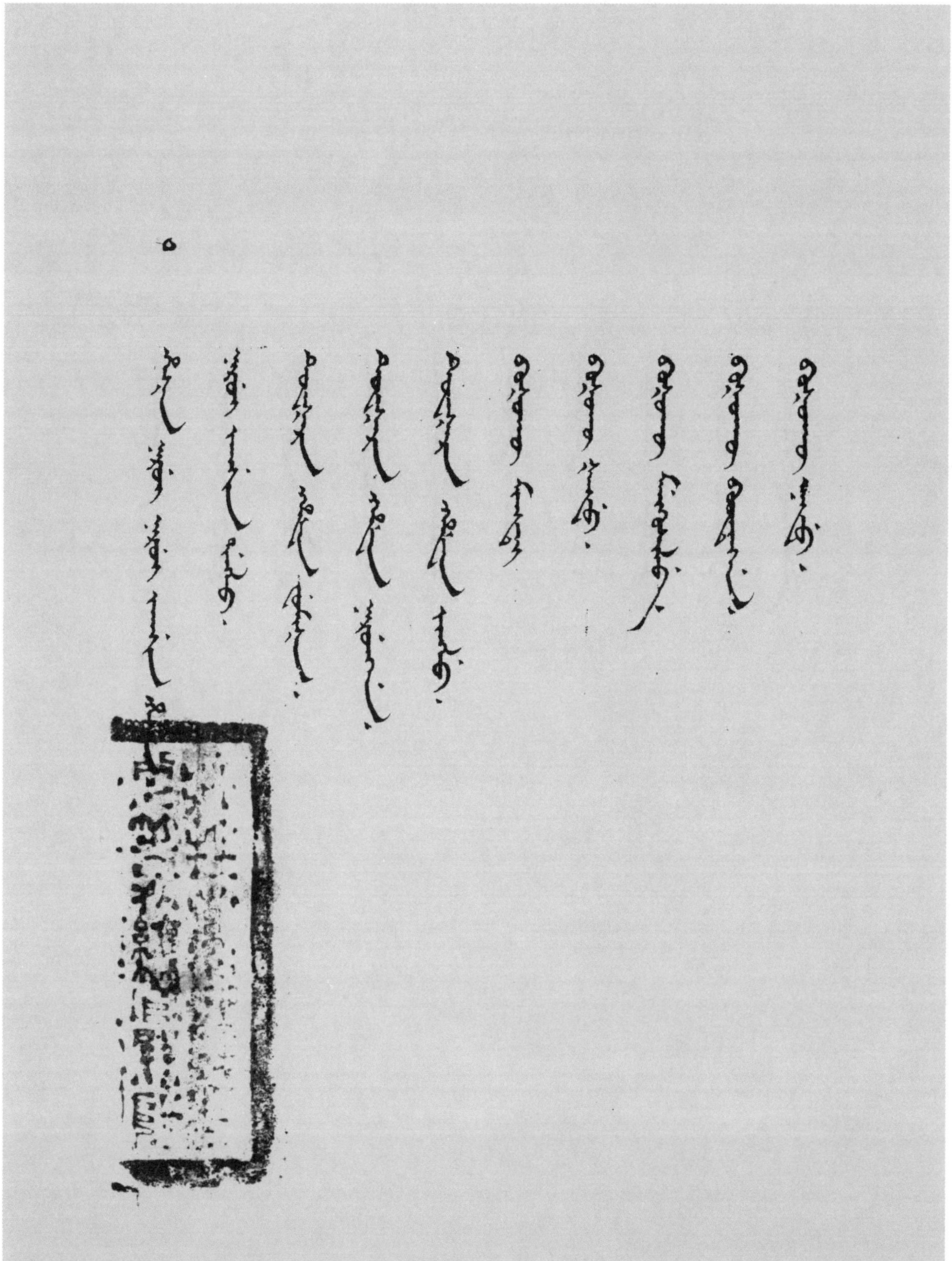

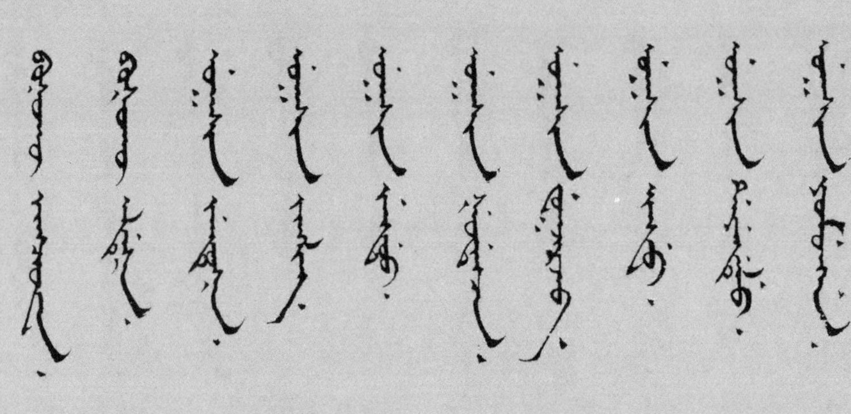

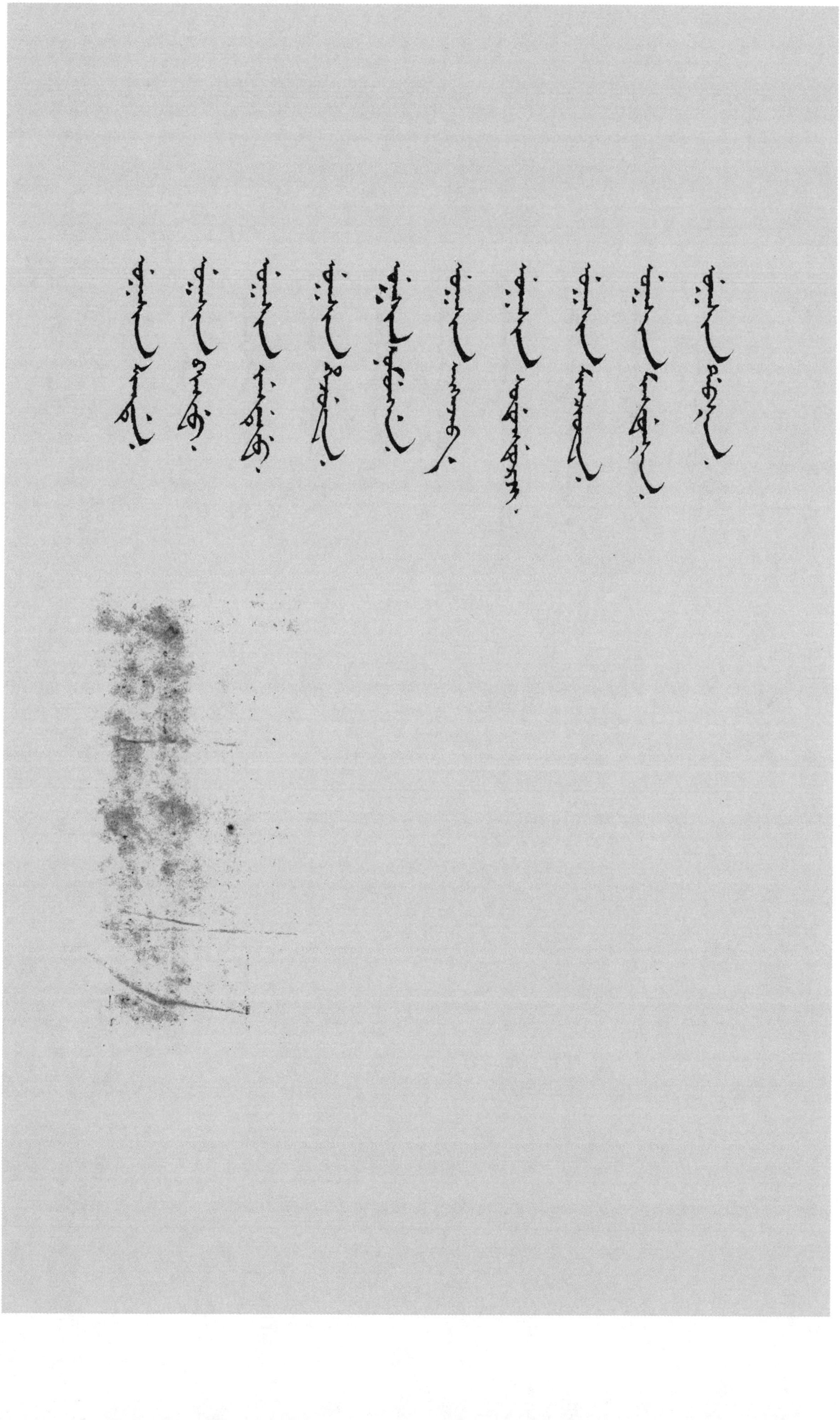

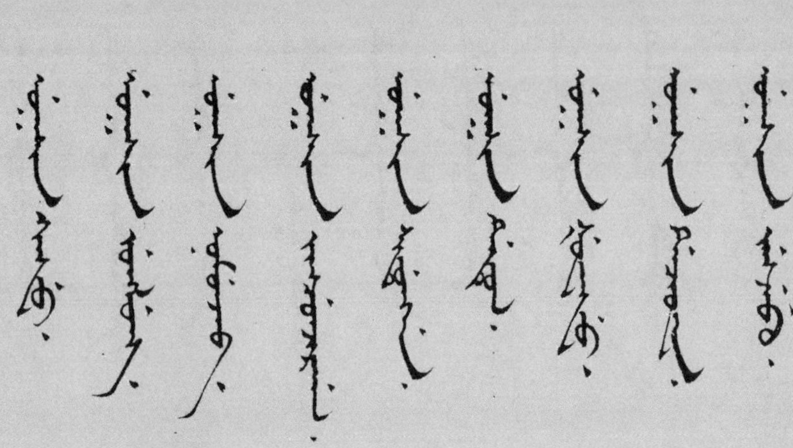

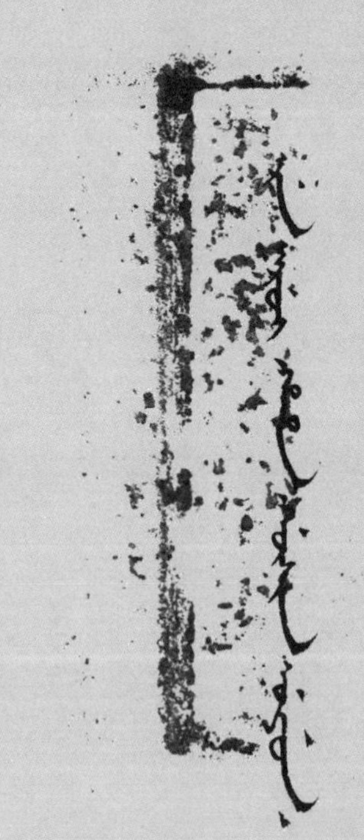

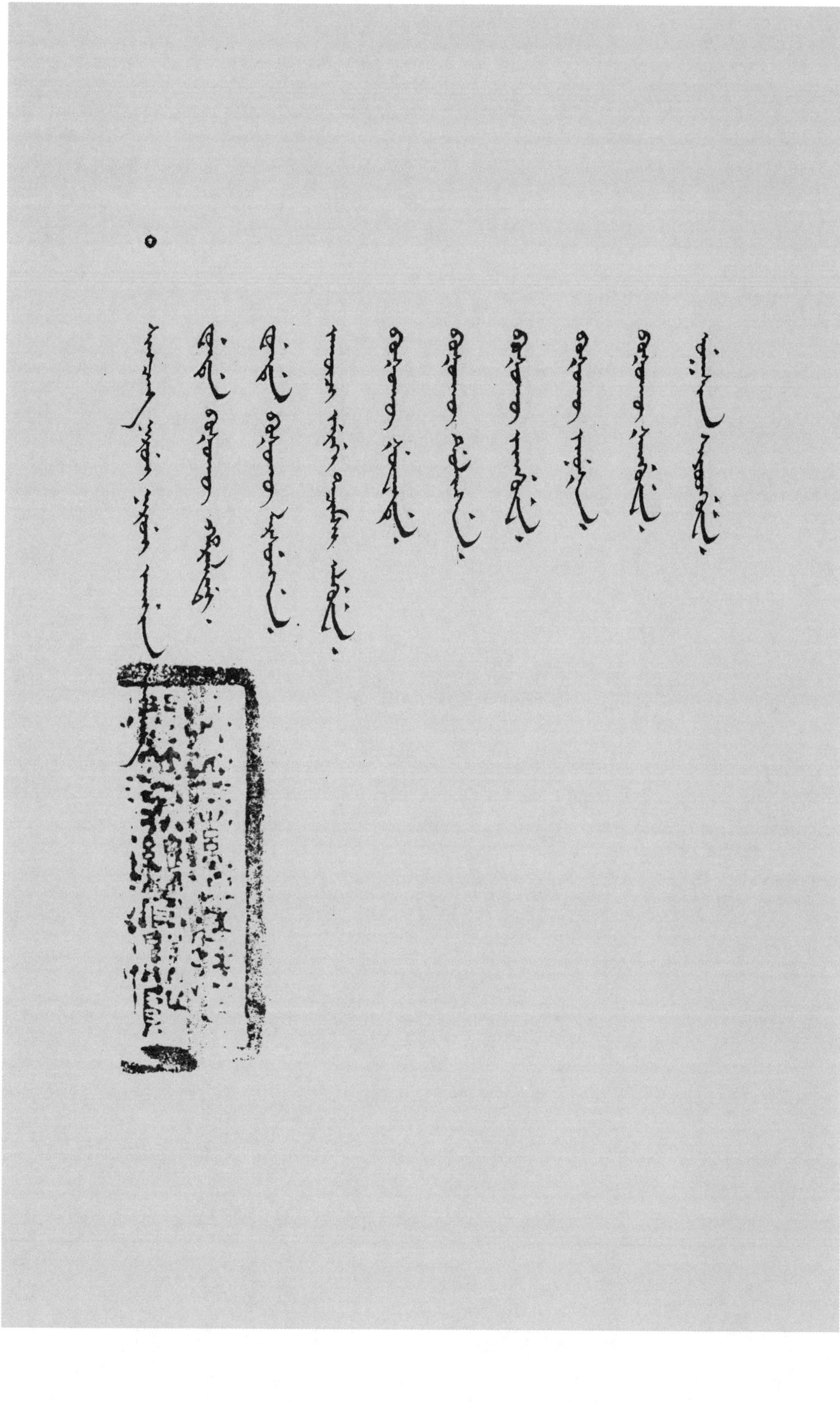

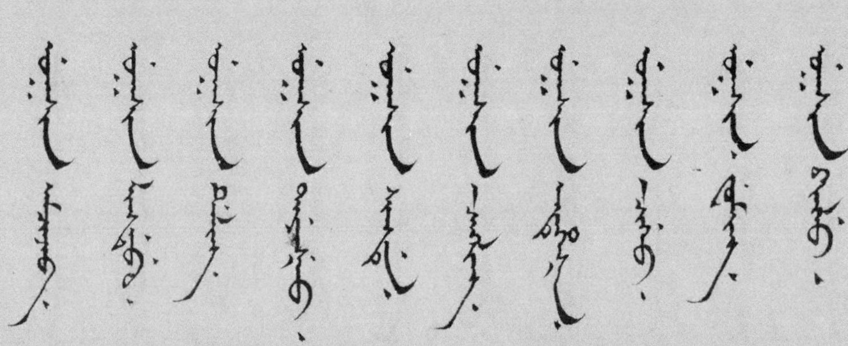

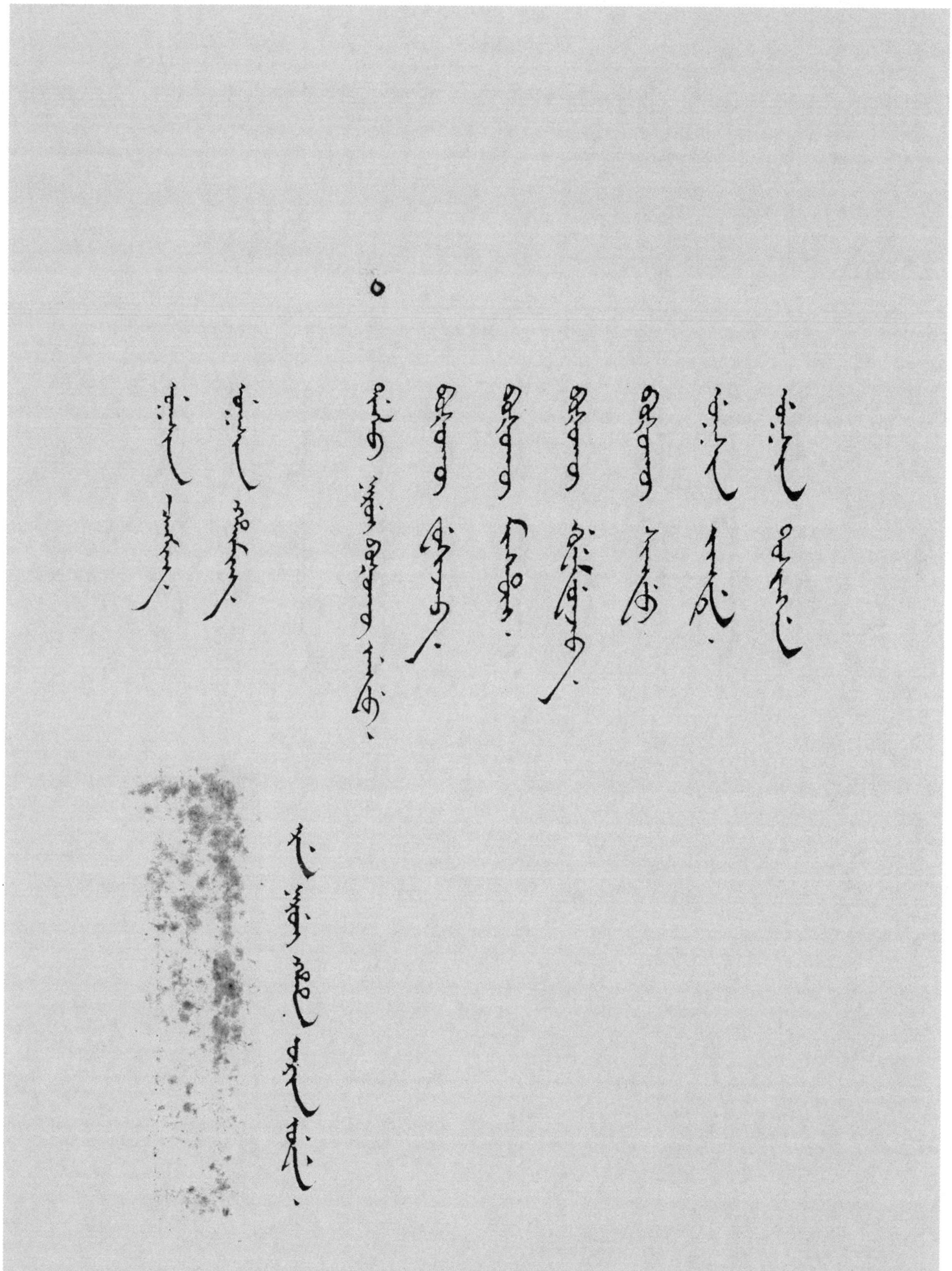

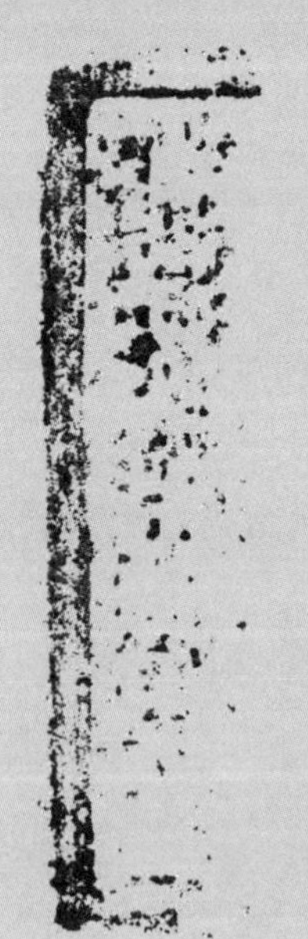

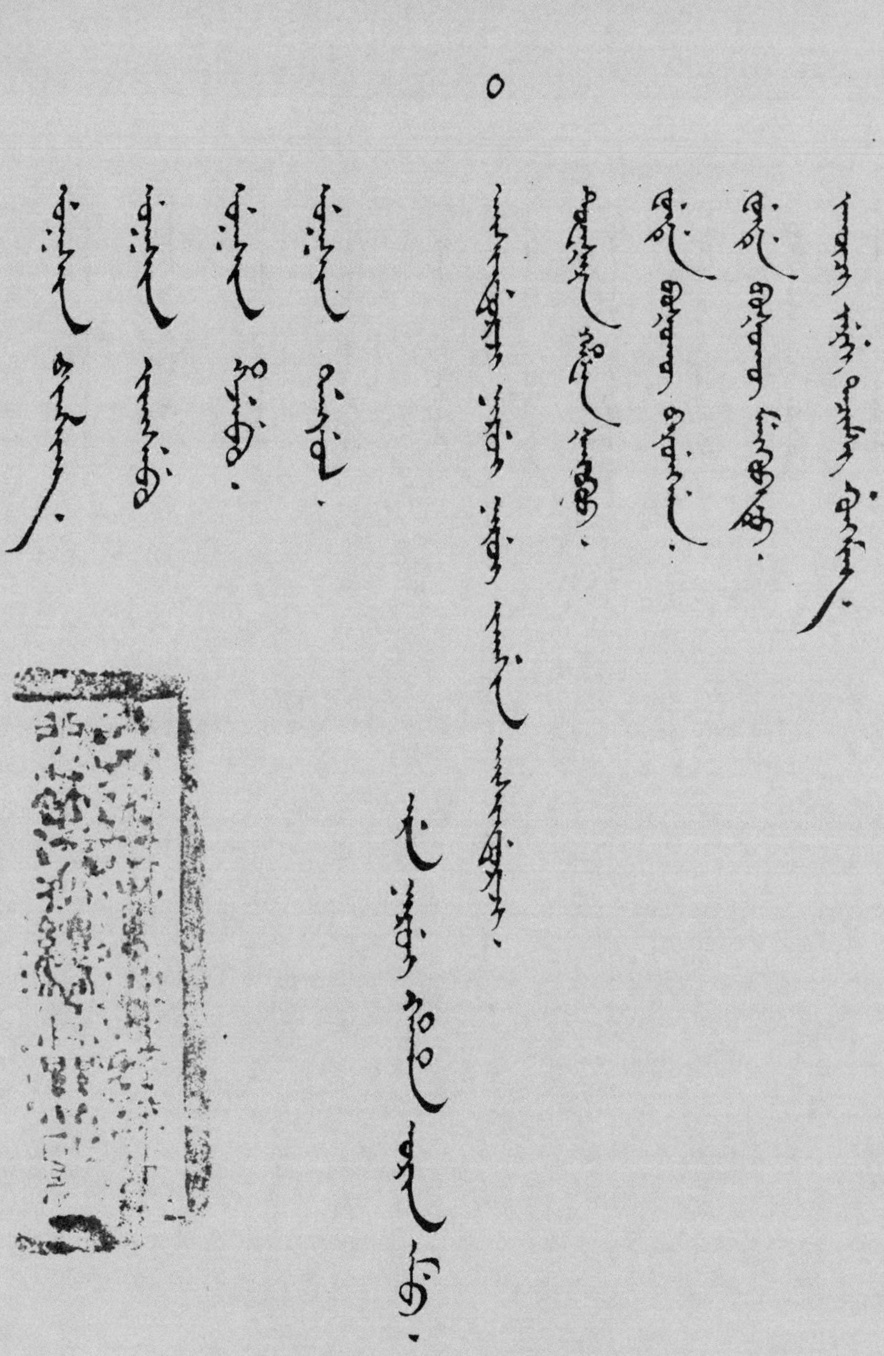

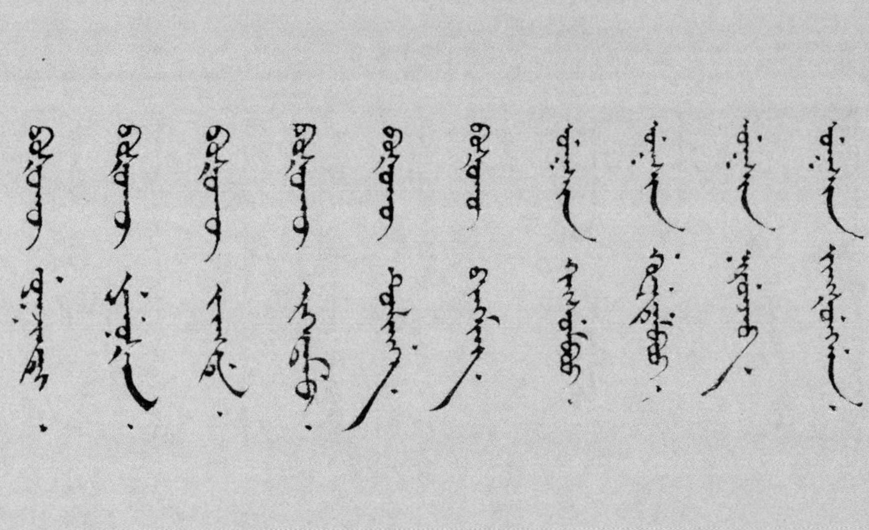

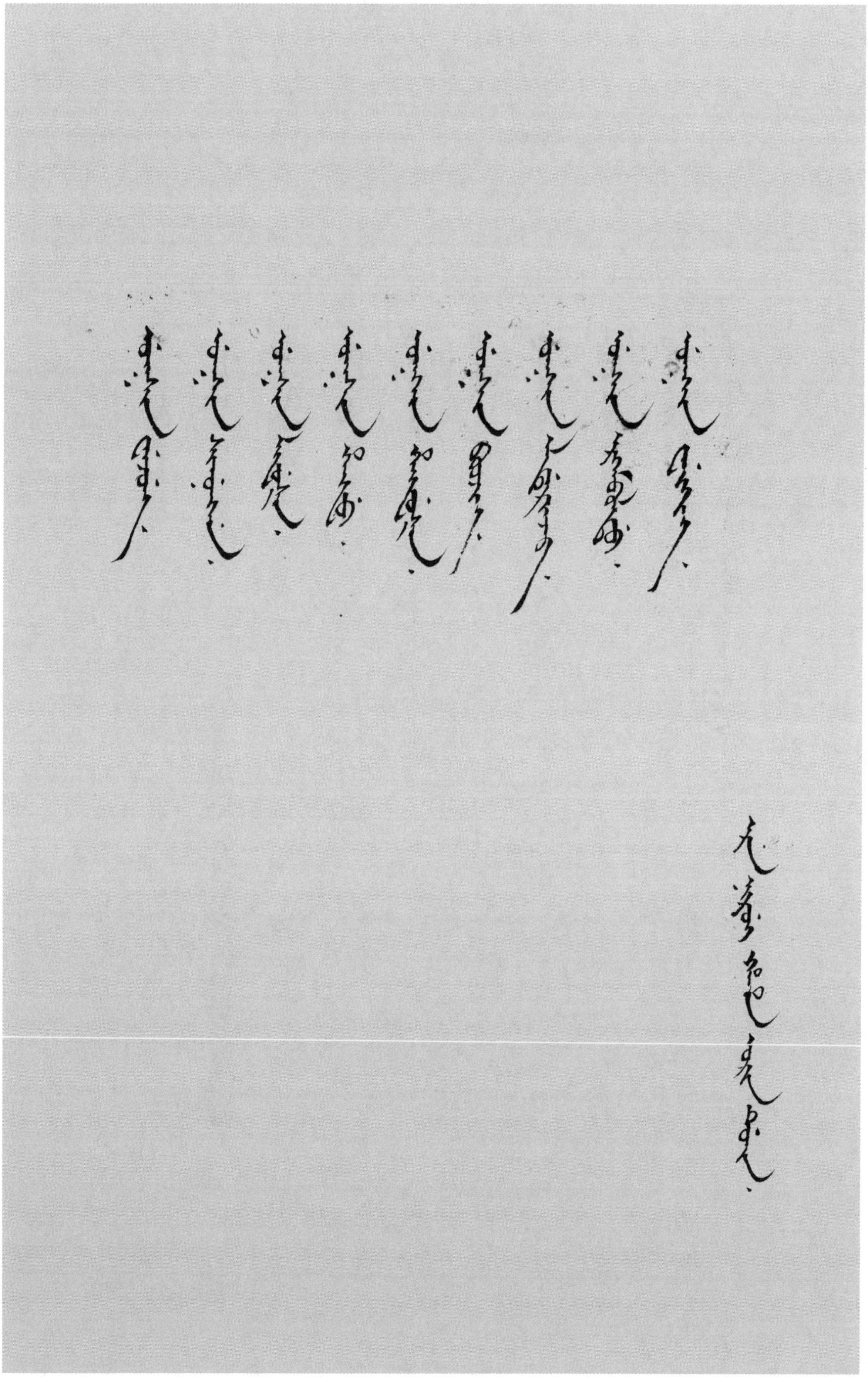

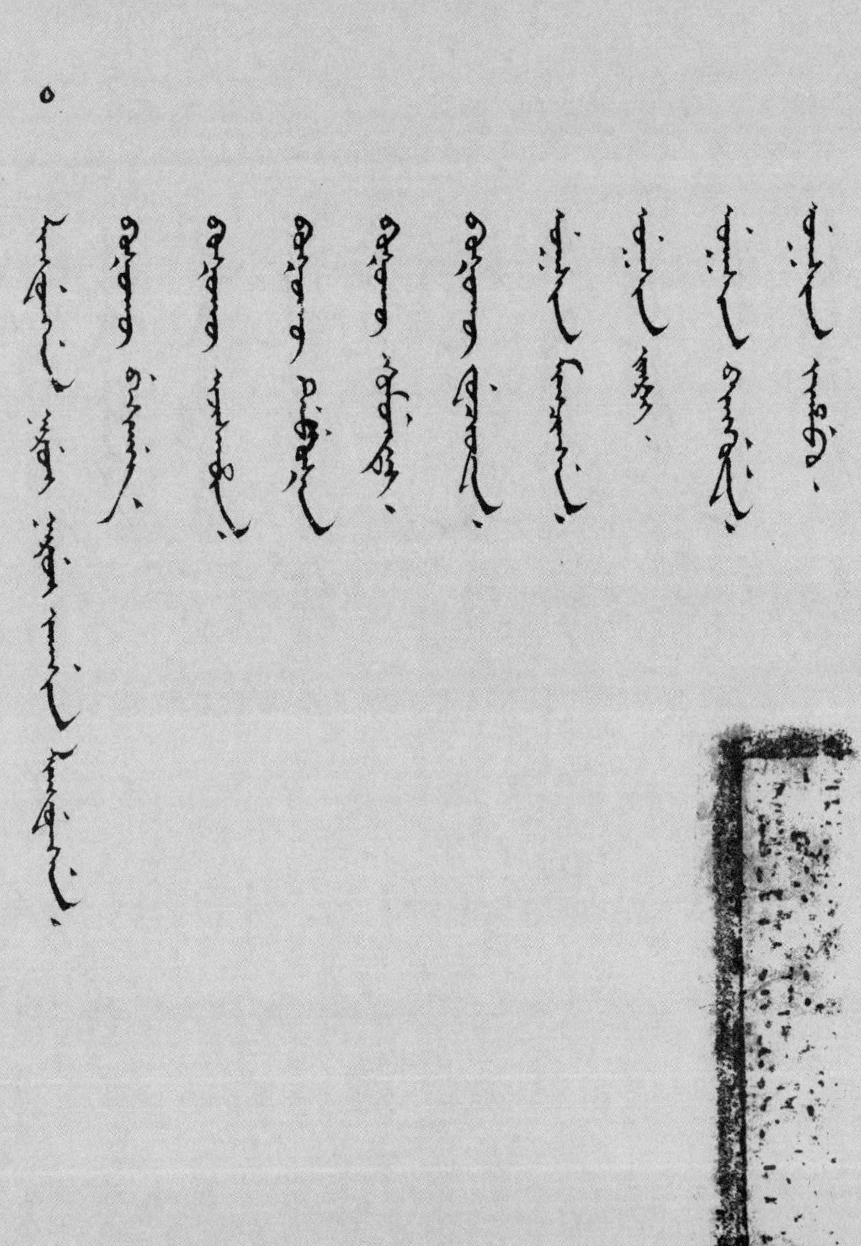

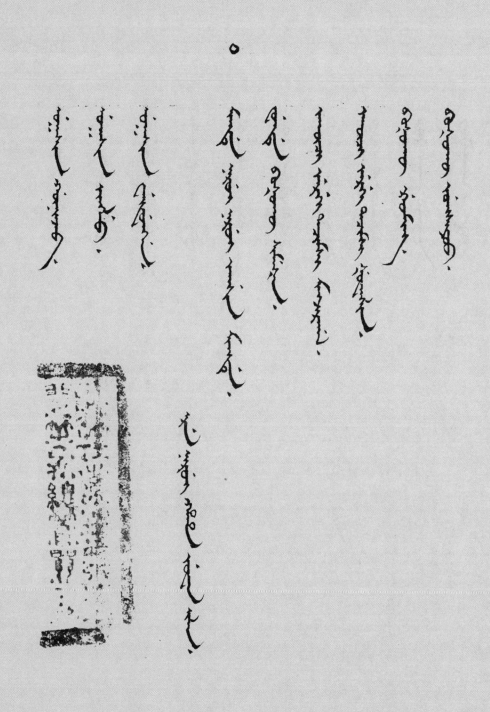

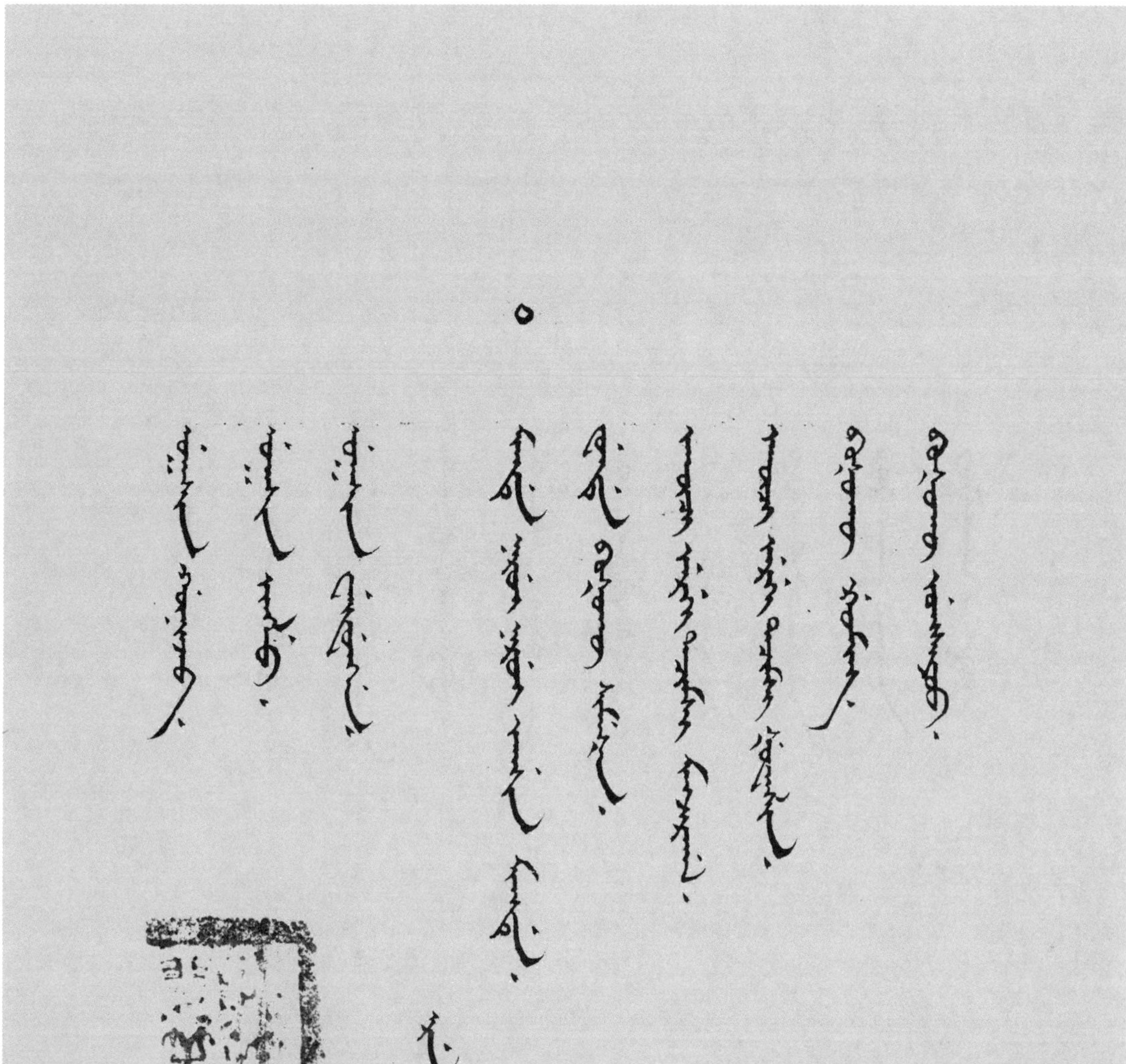

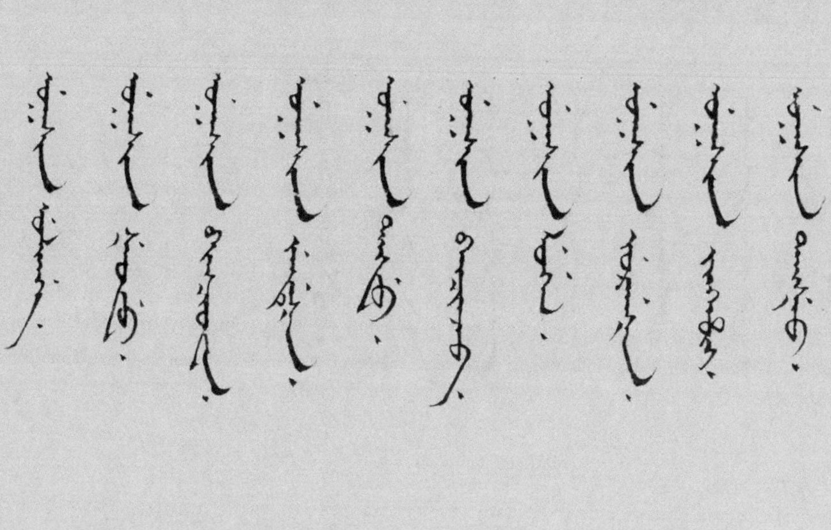

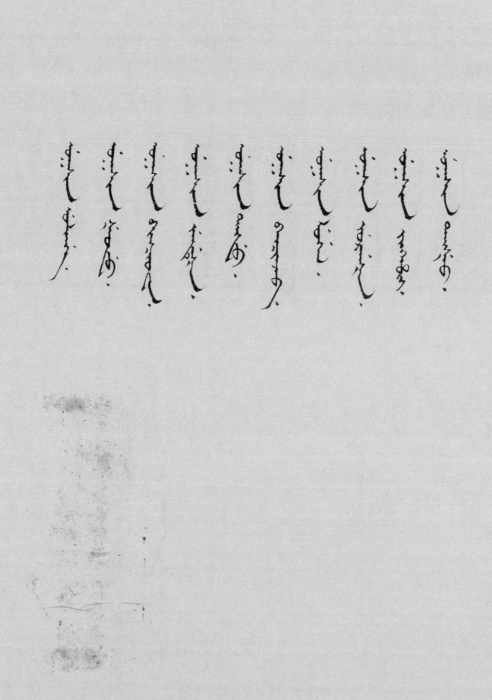

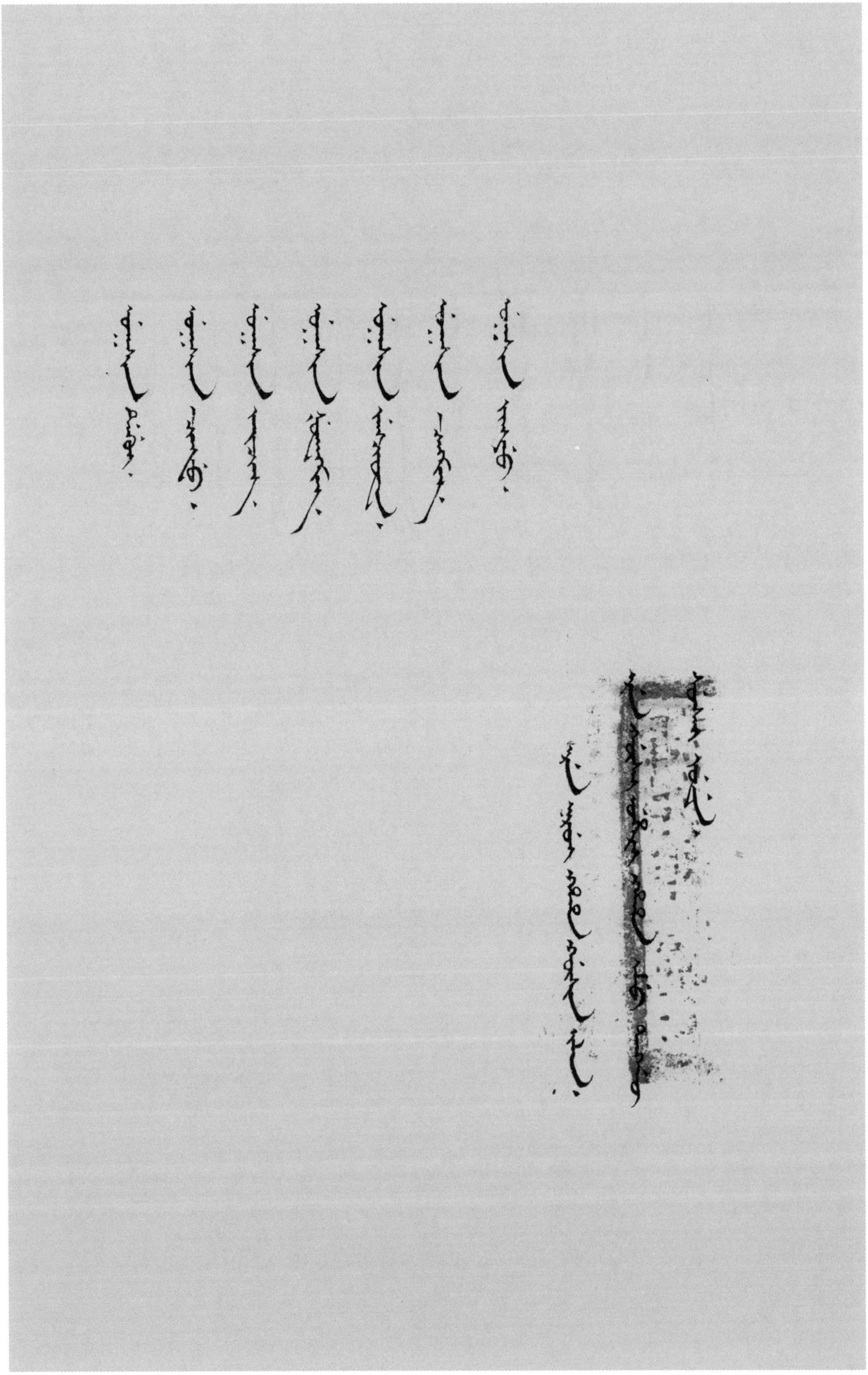

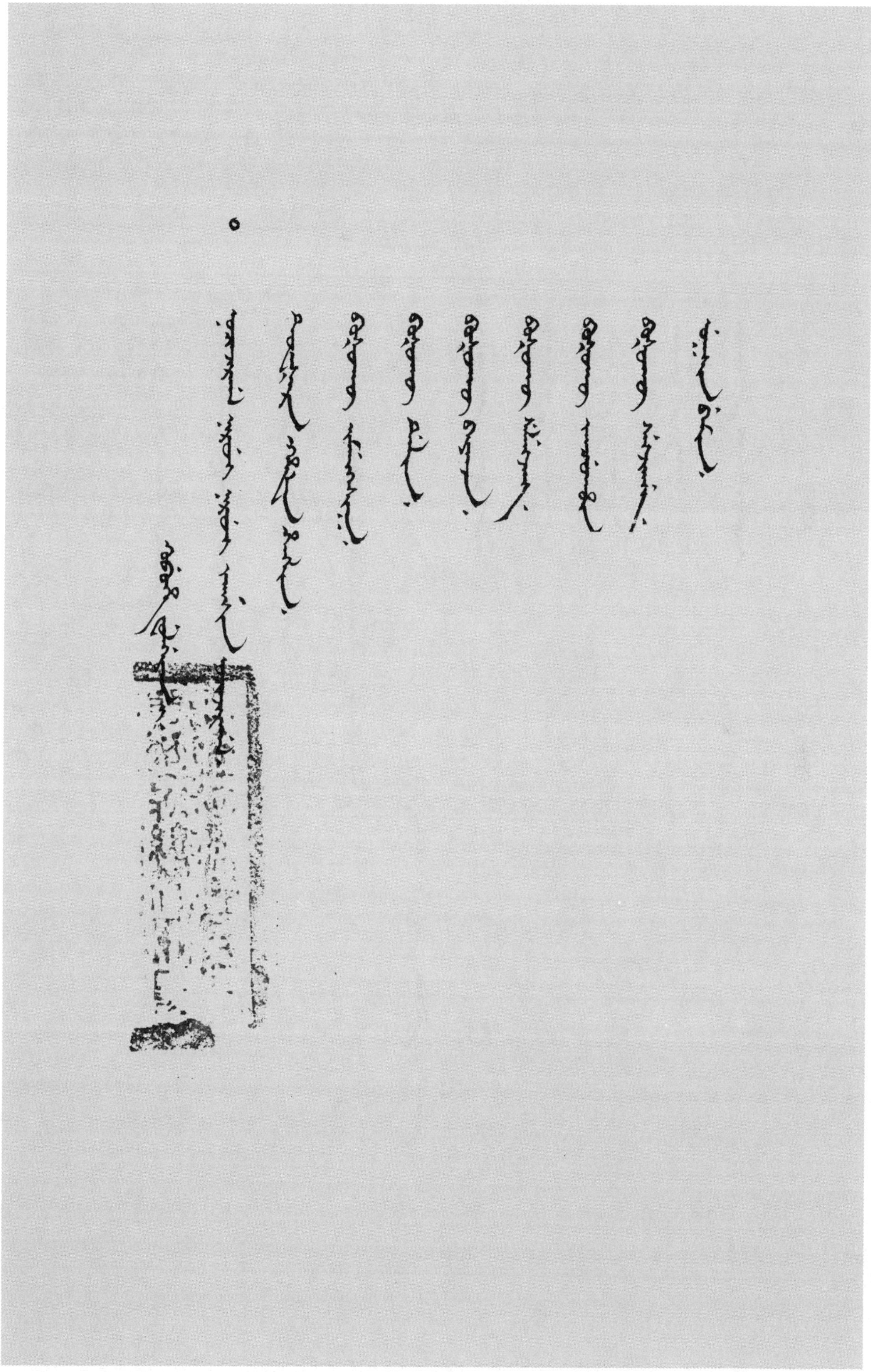

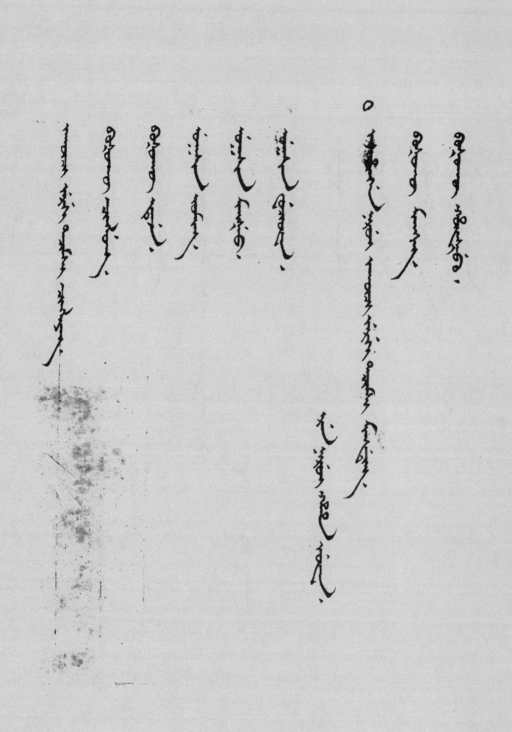

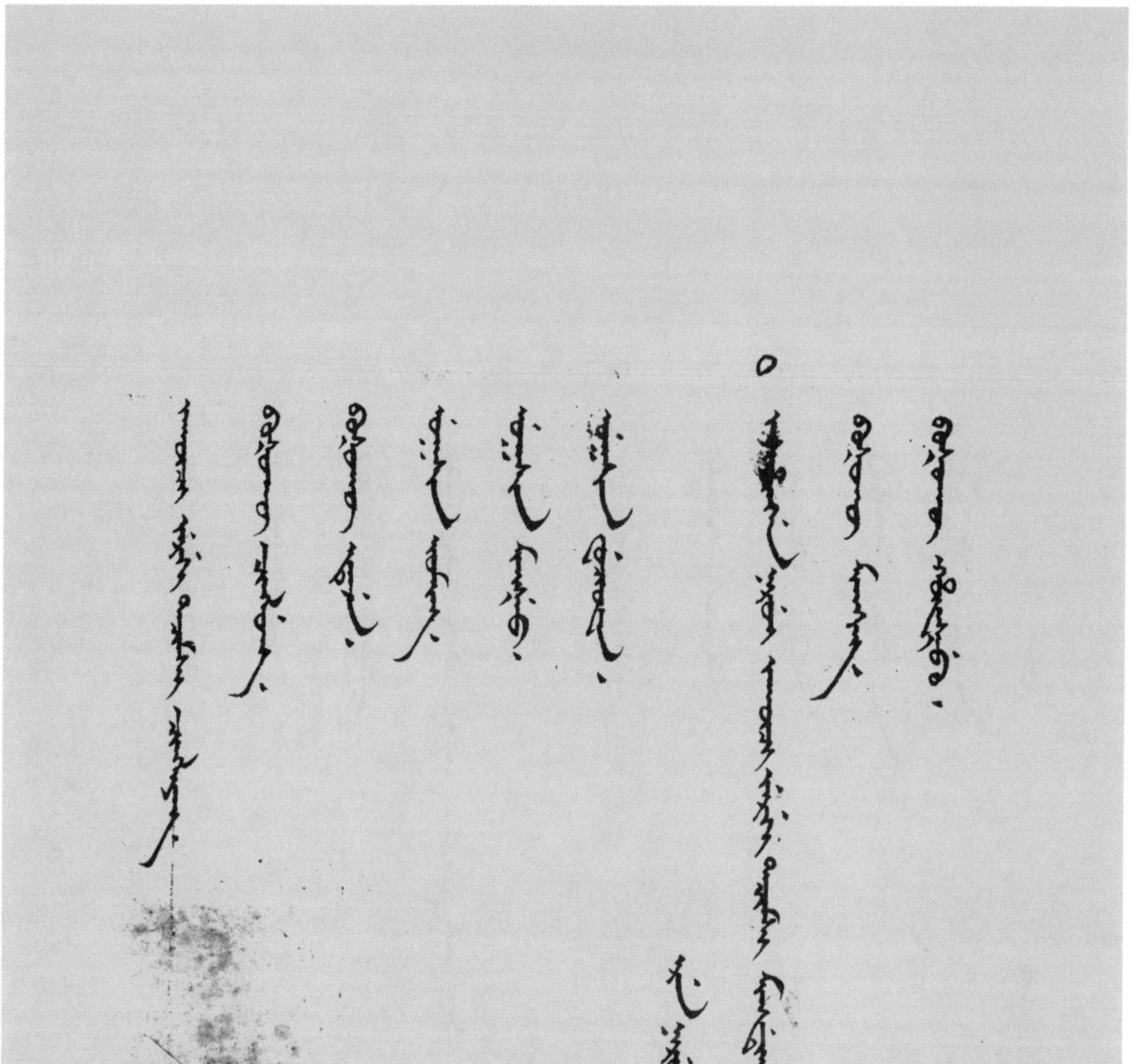

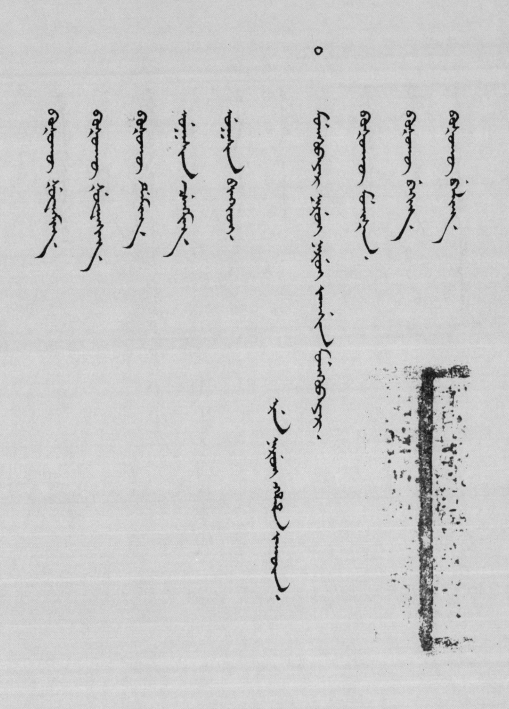

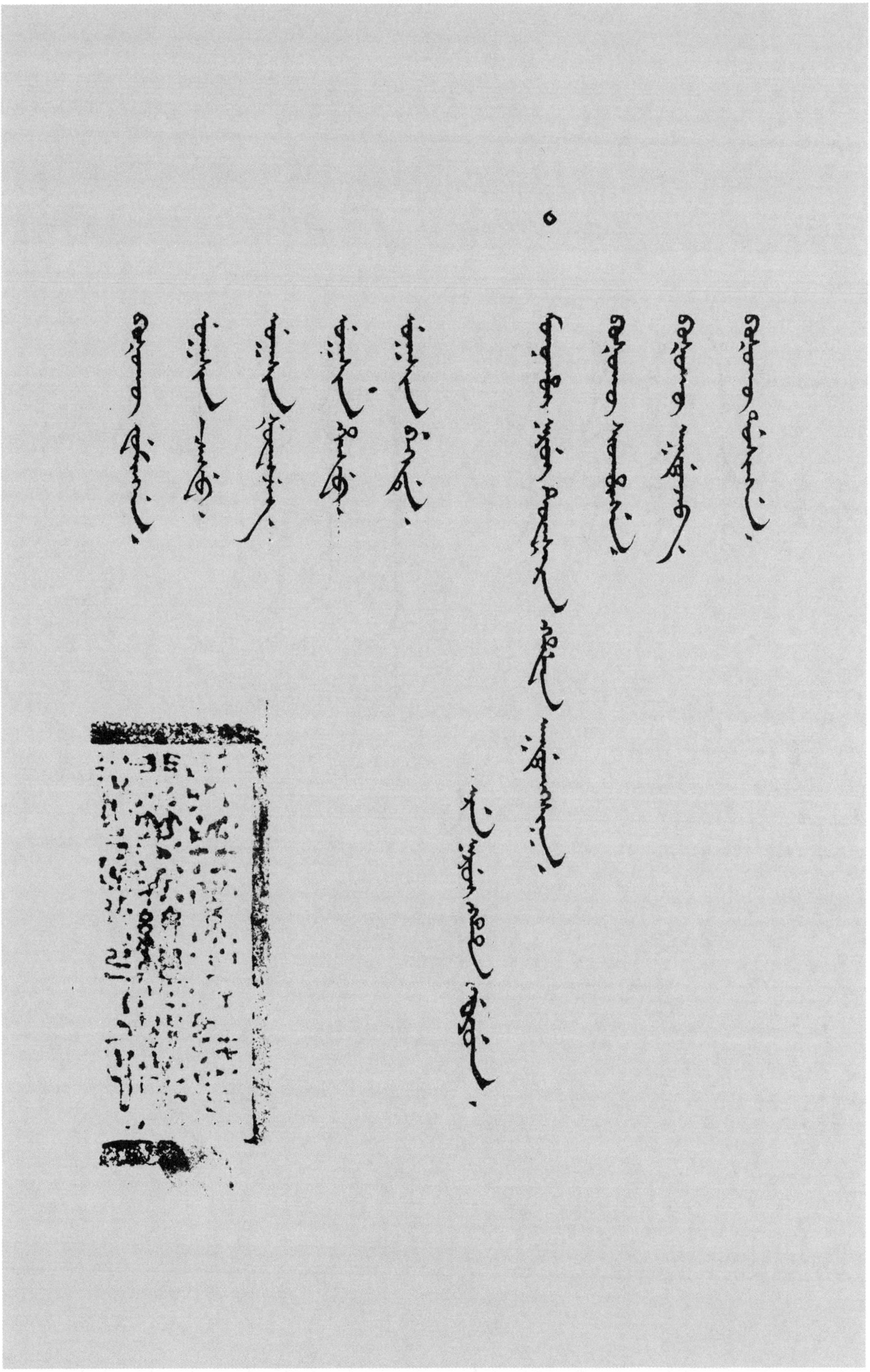

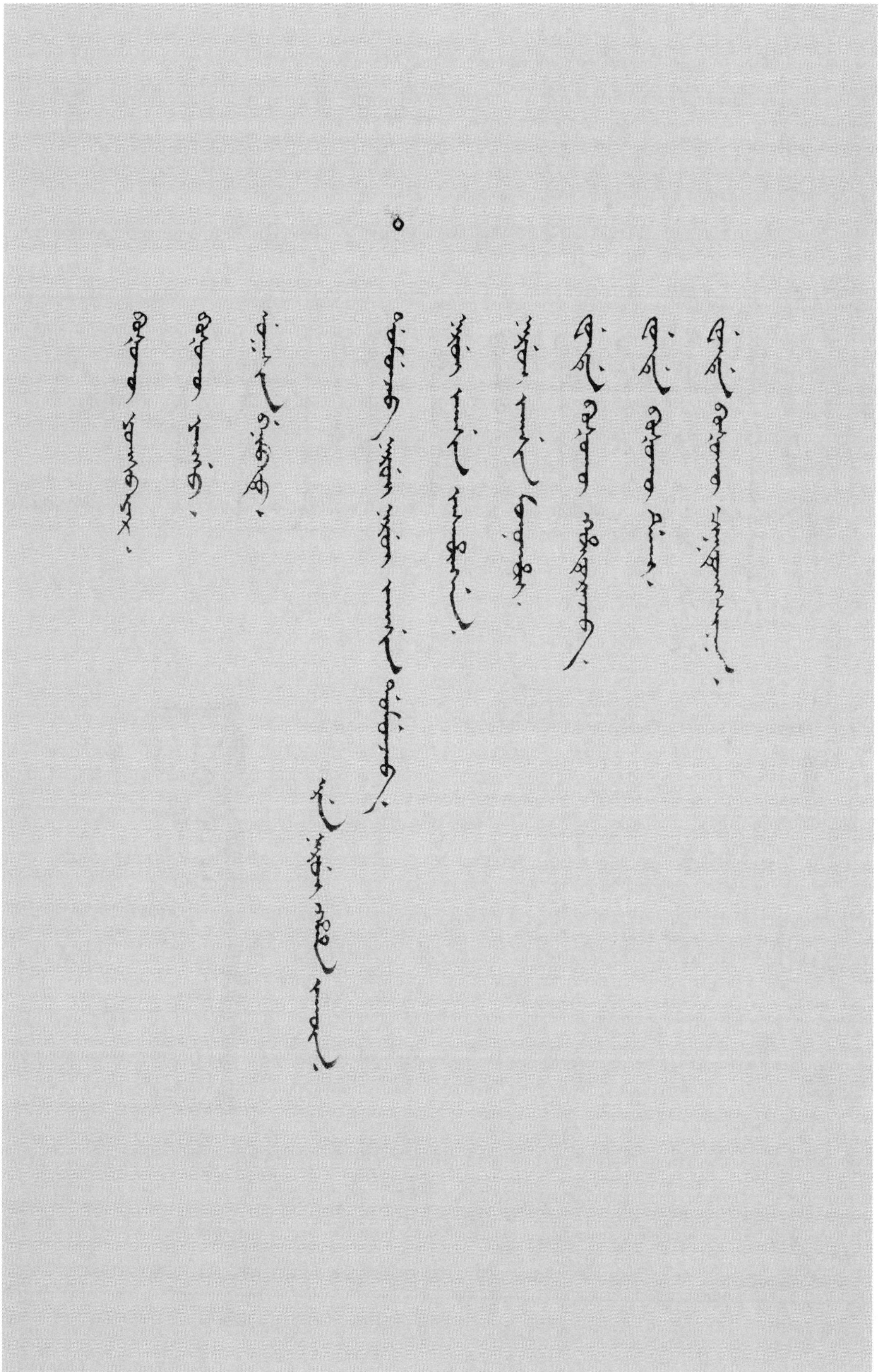

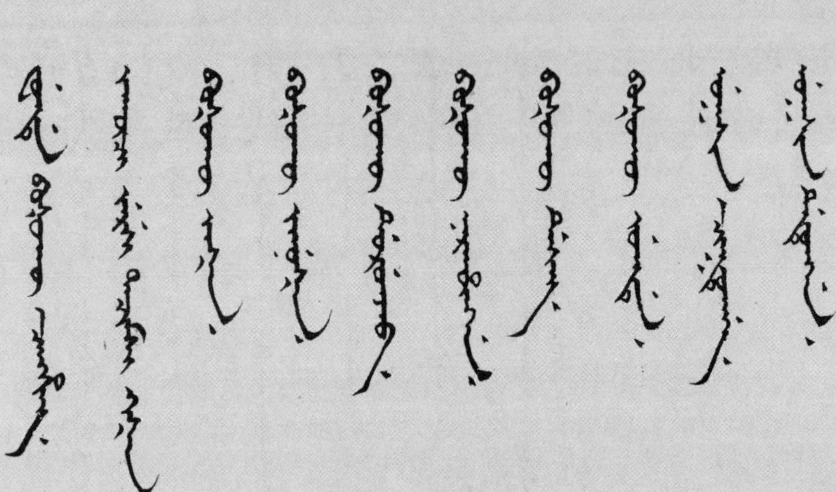

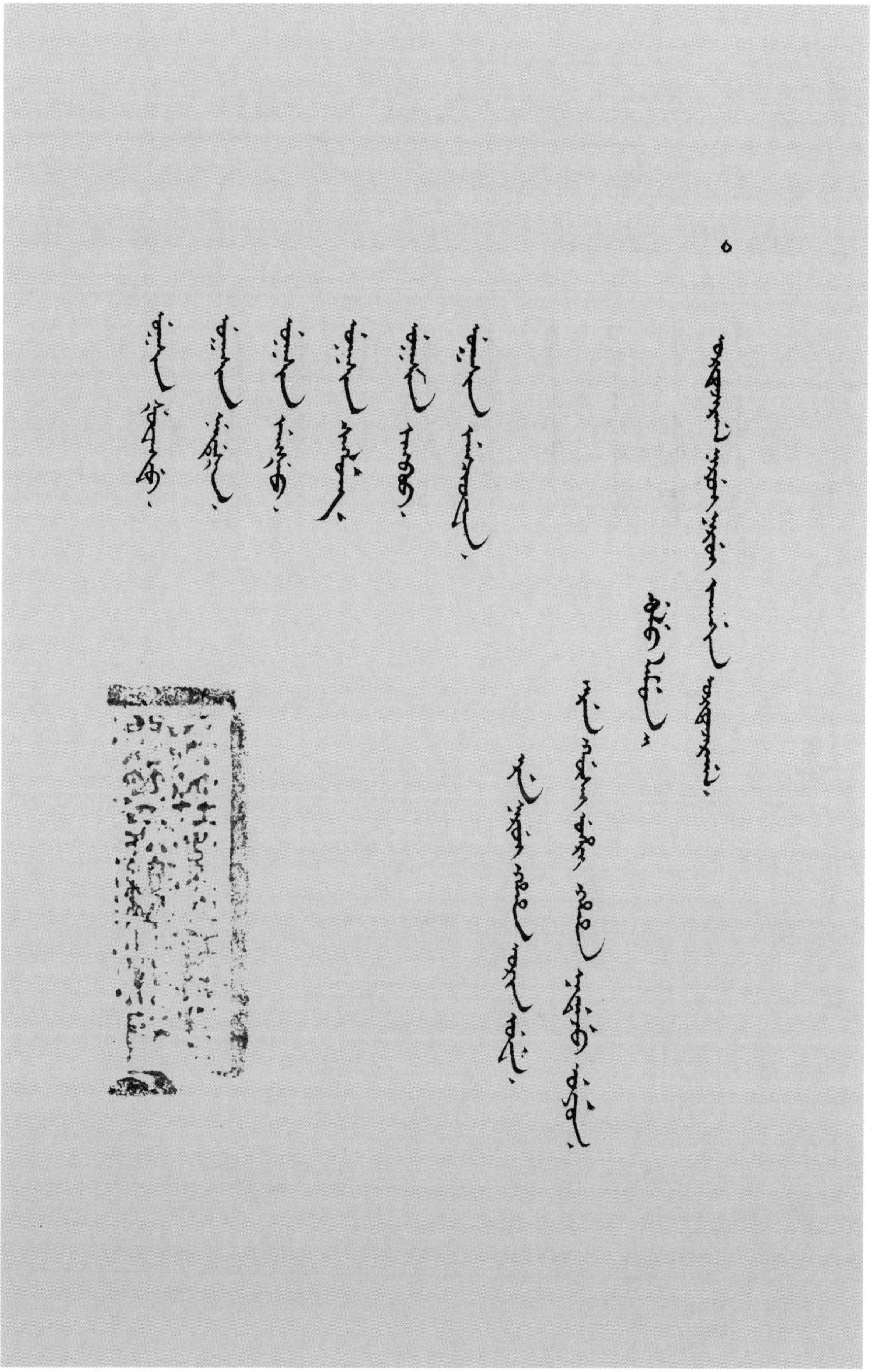

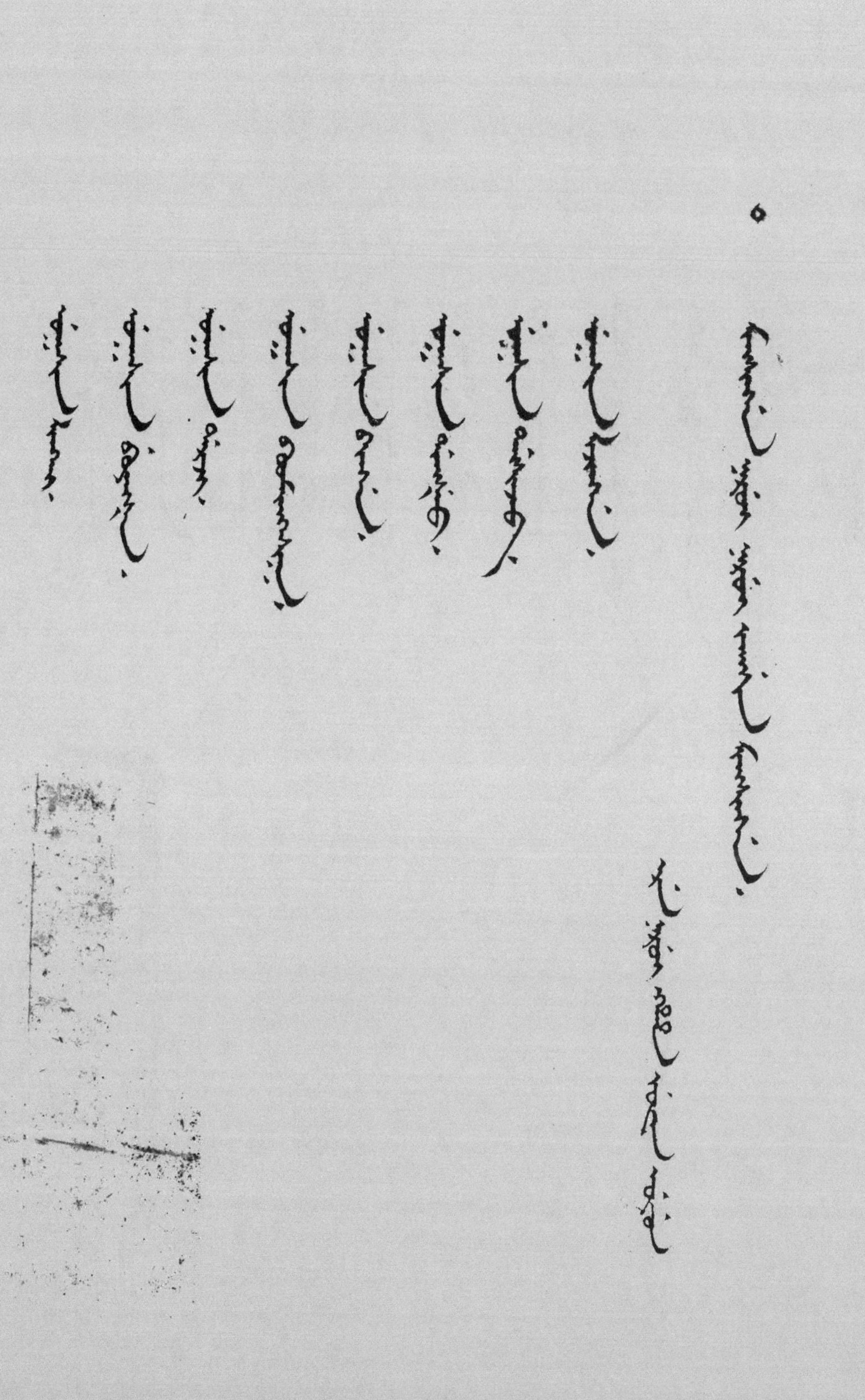

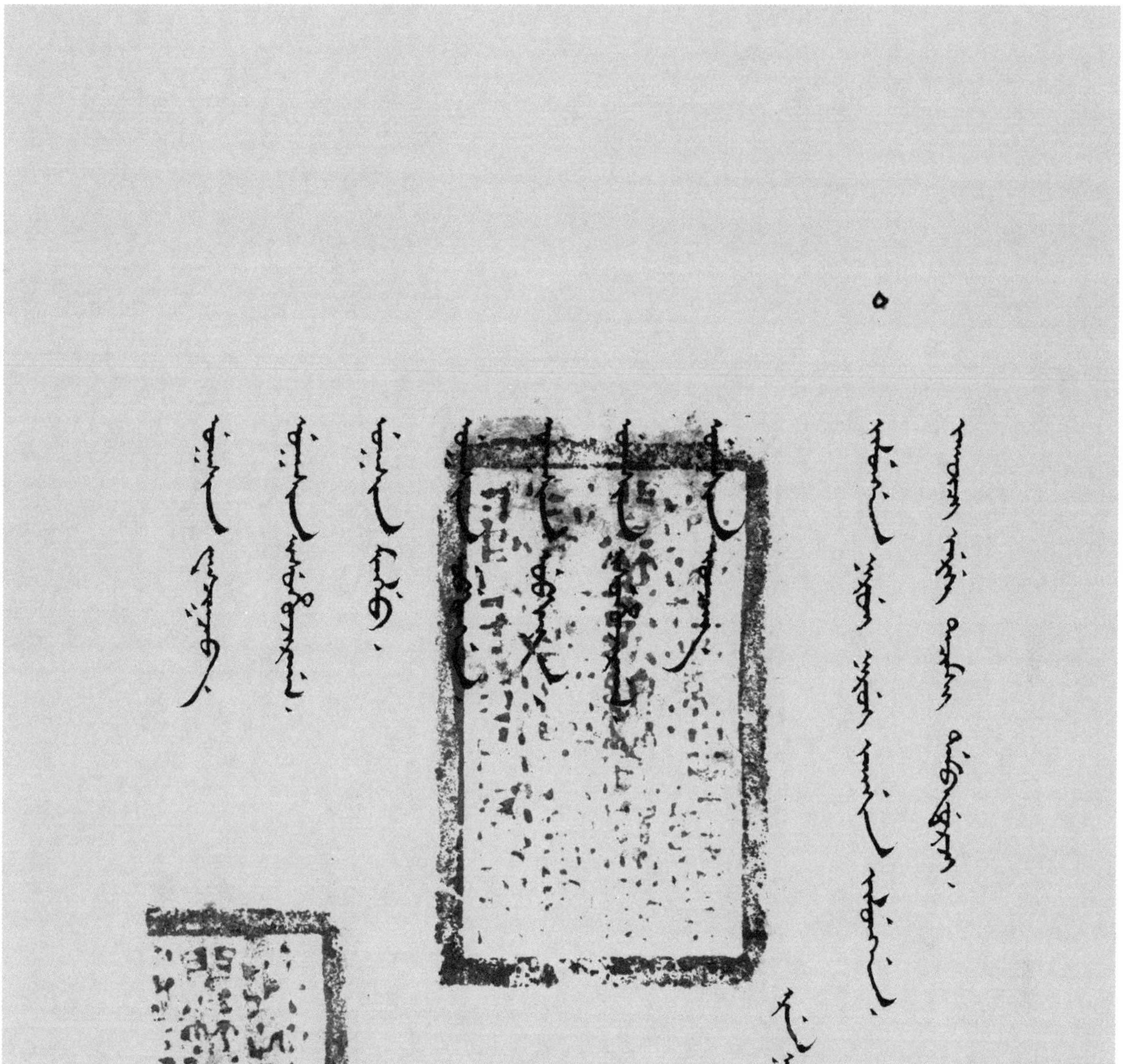

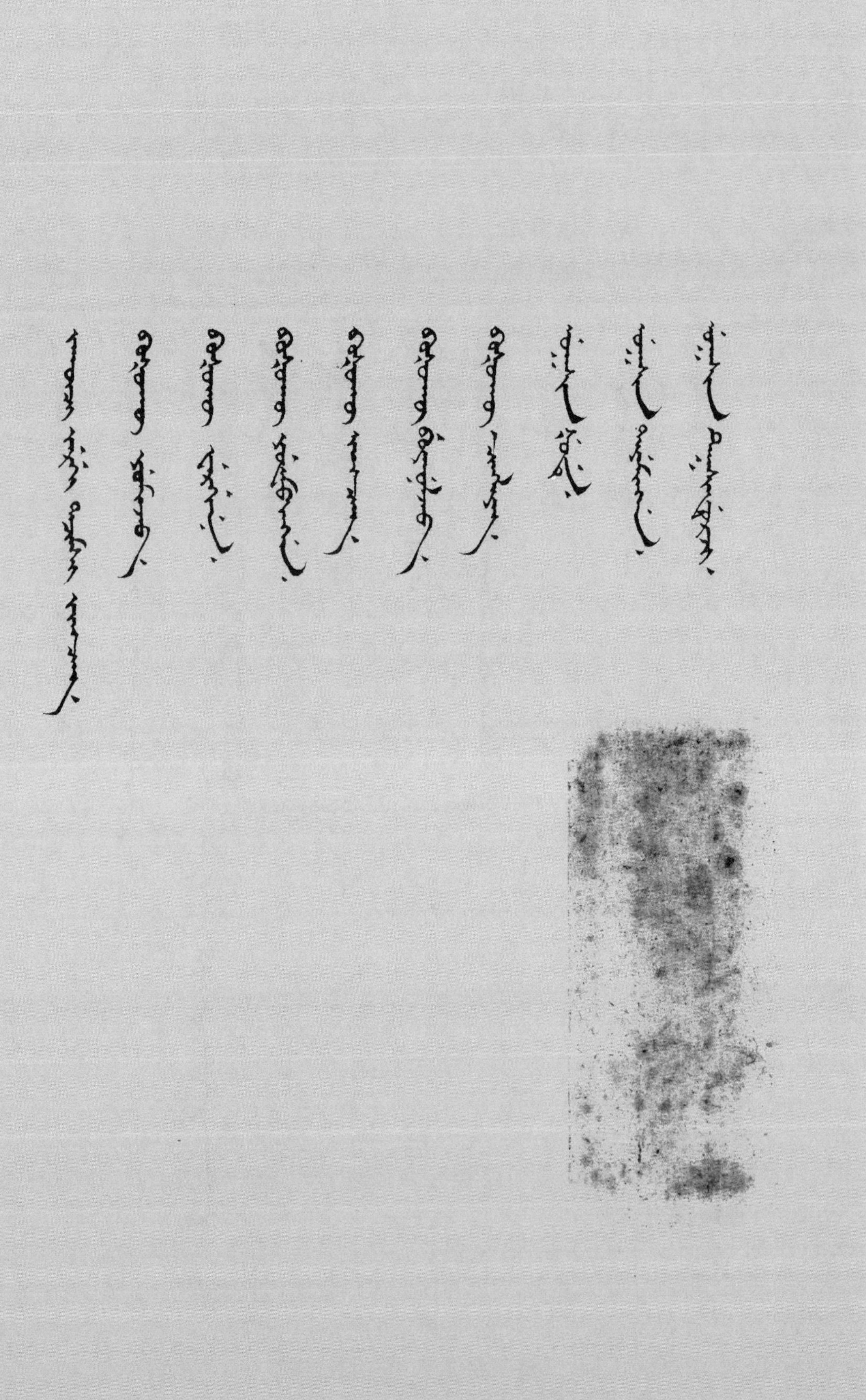

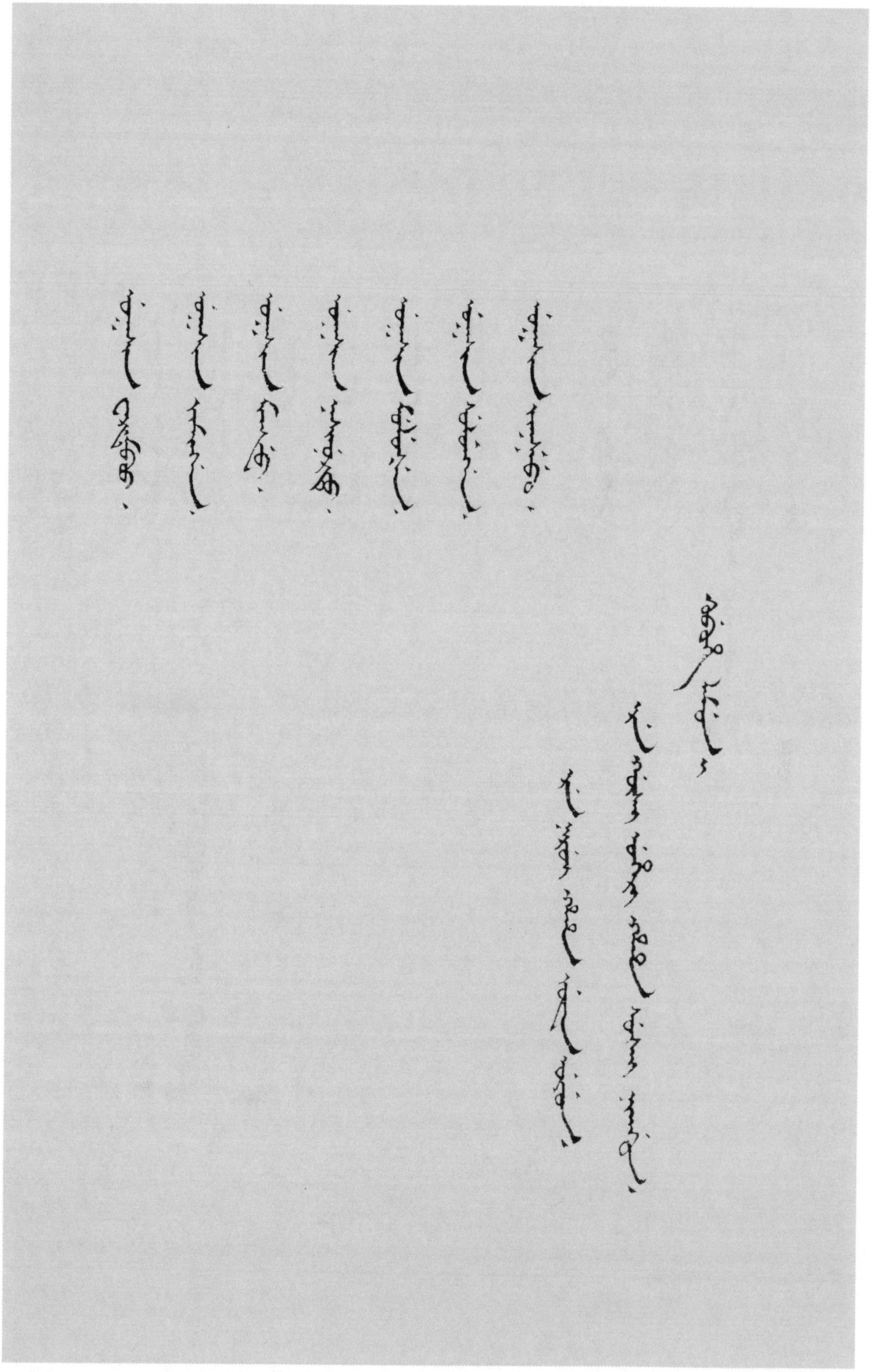

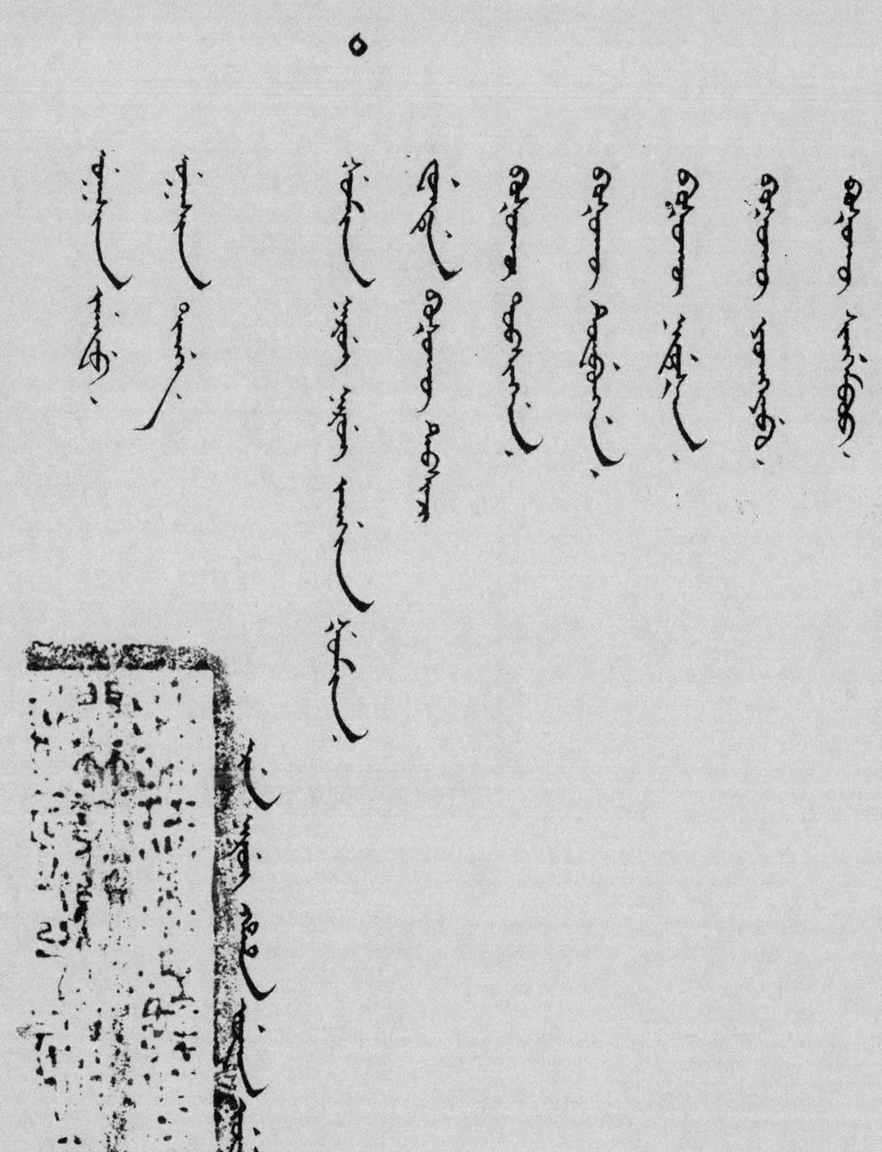

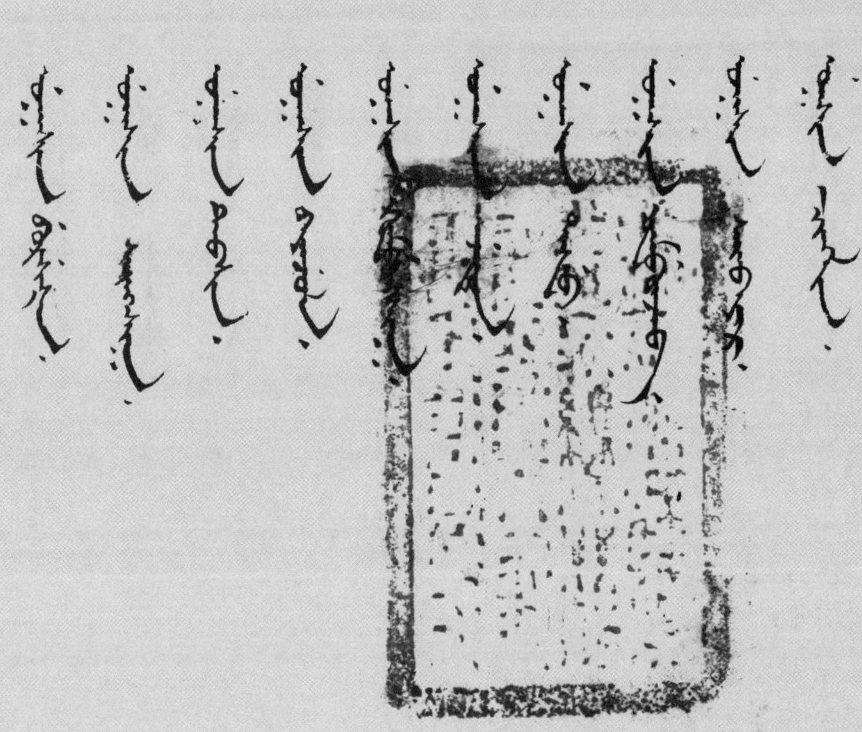

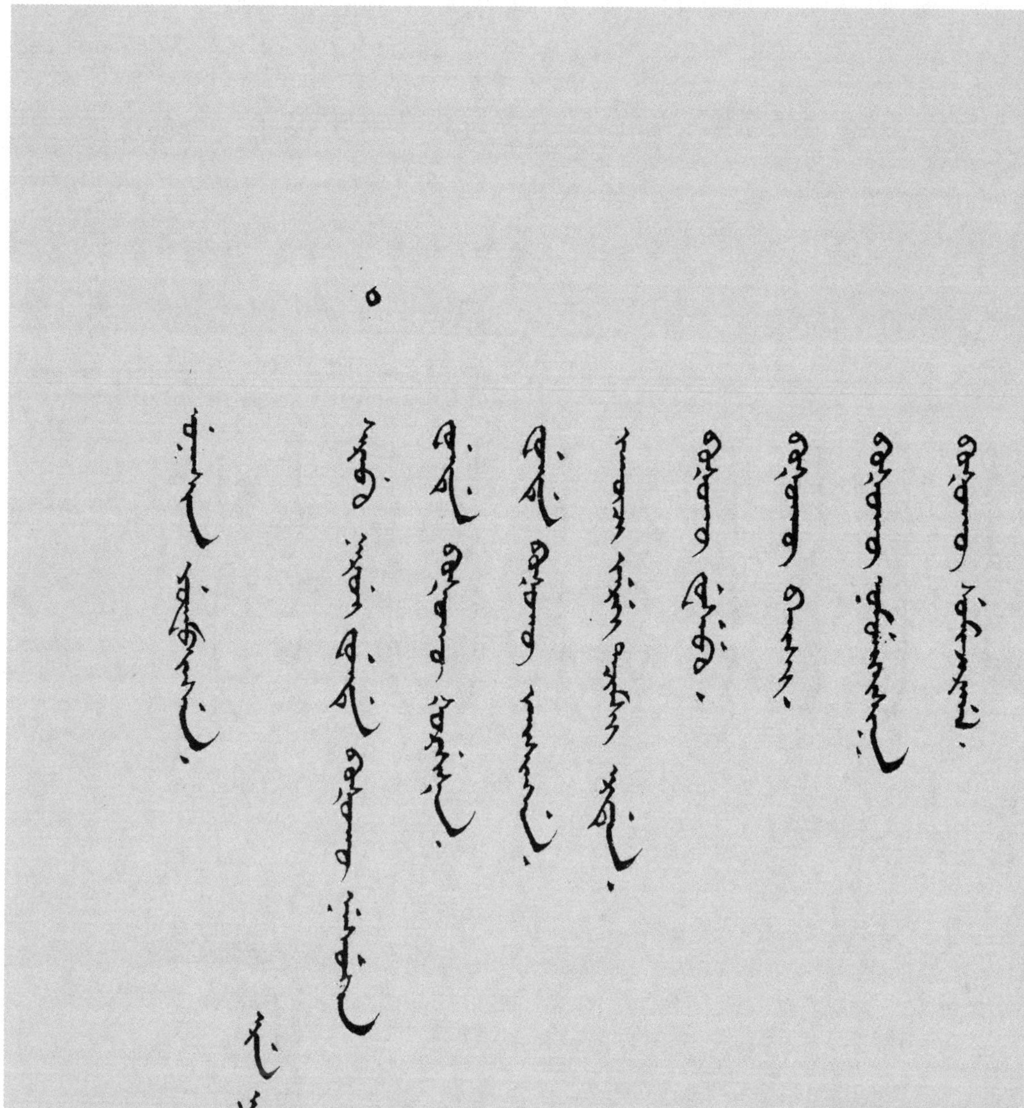

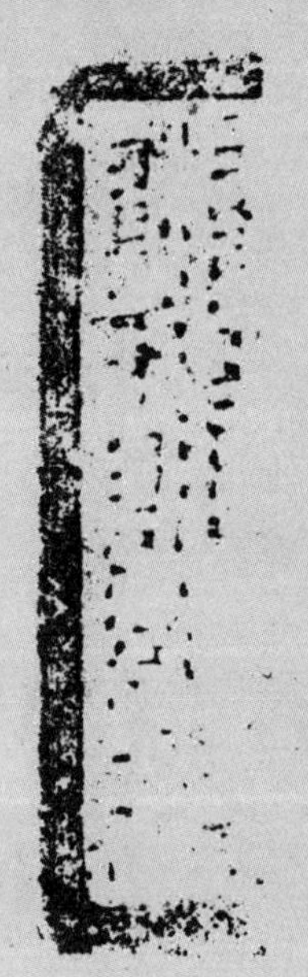

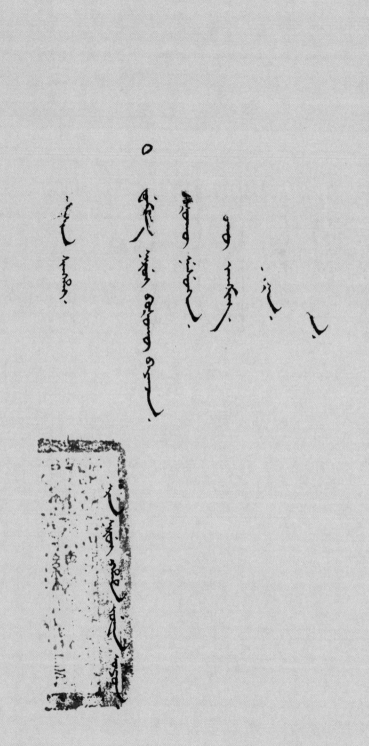

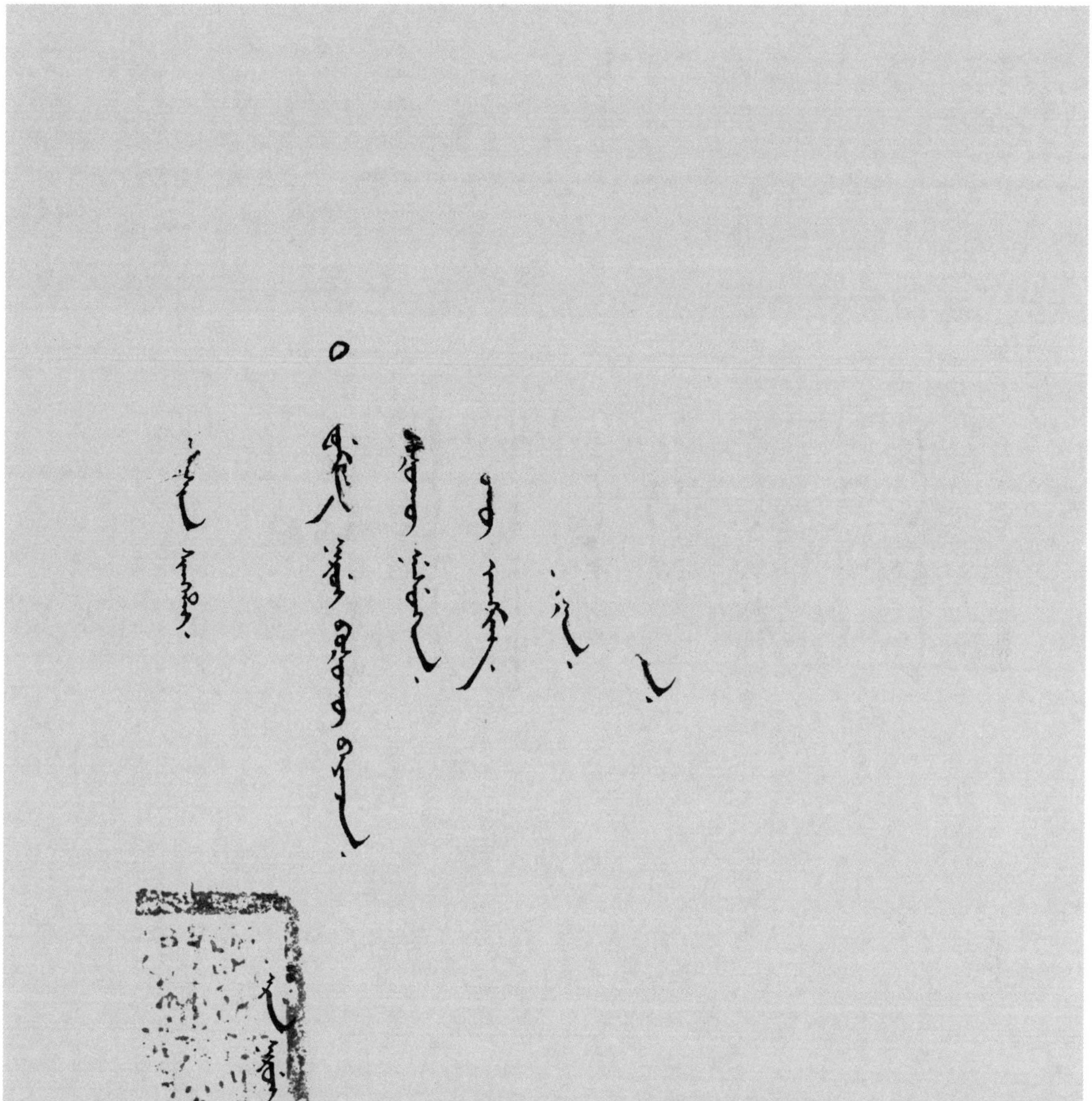

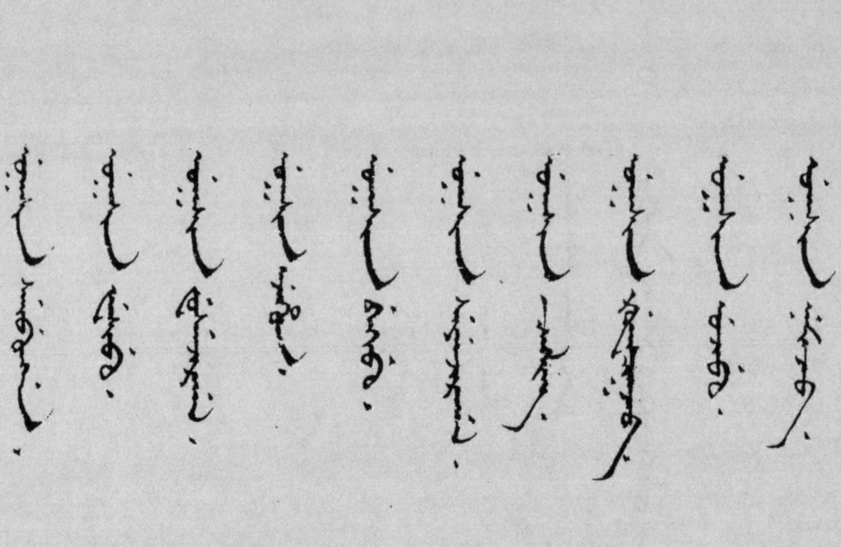

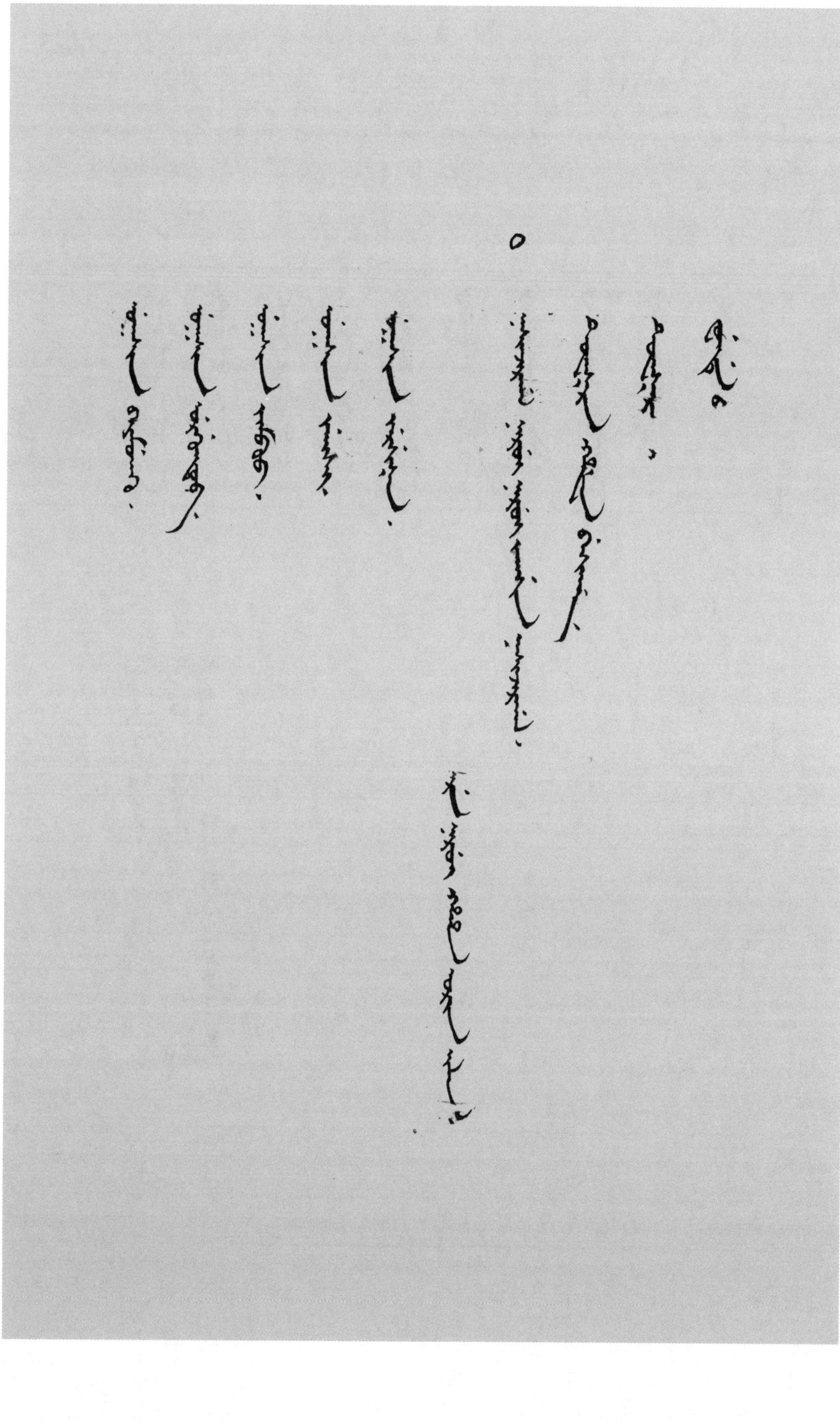

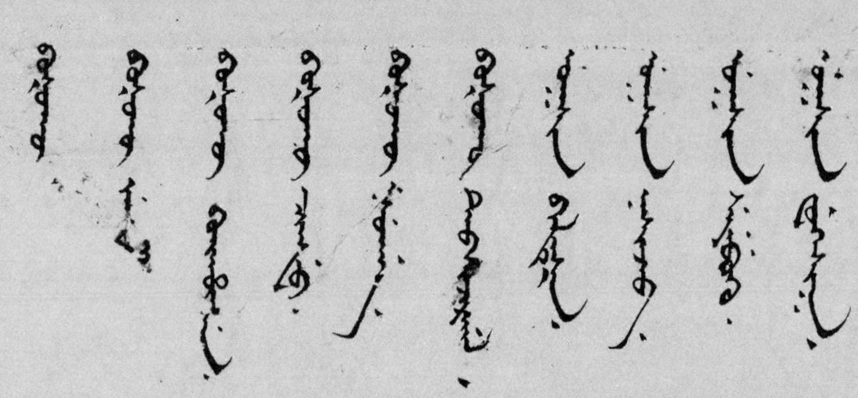

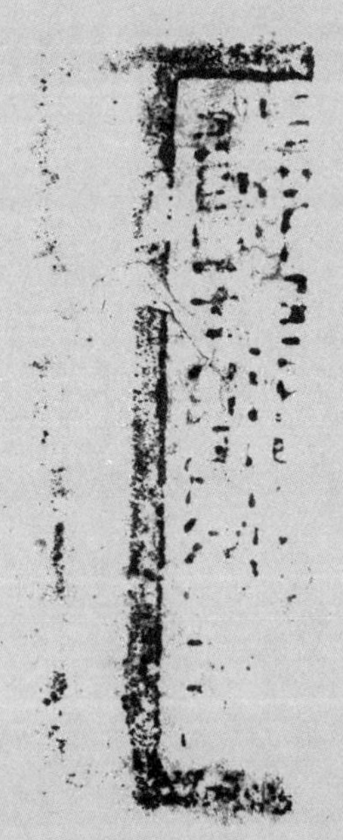

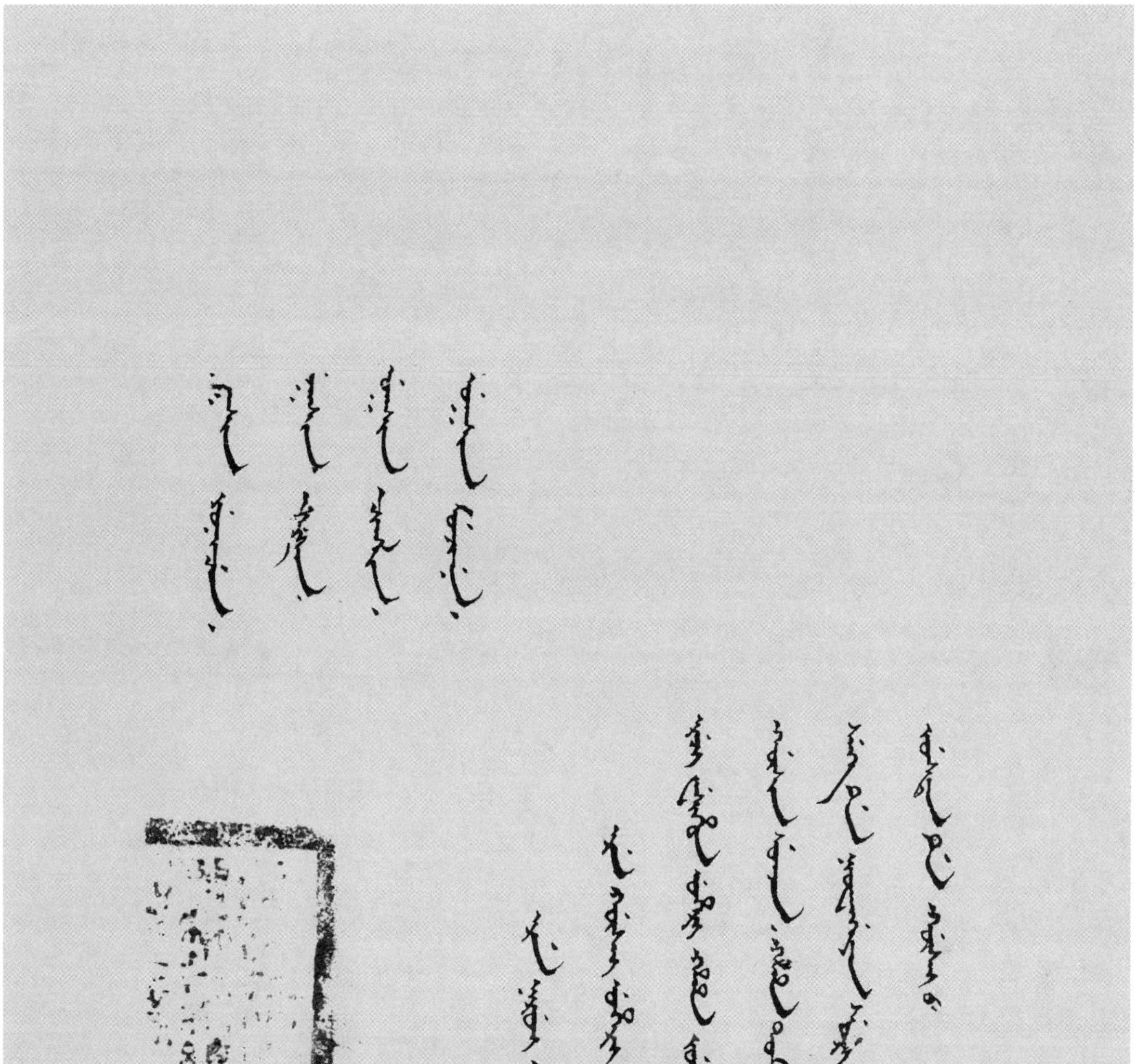